当代经济学系列丛书
Contemporary Economics Series

陈昕 主编

当代经济学文库

中国家庭经济风险研究

尹志超 等 著

格 致 出 版 社
上 海 三 联 书 店
上 海 人 民 出 版 社

主 编 的 话

上世纪 80 年代，为了全面地、系统地反映当代经济学的全貌及其进程，总结与挖掘当代经济学已有的和潜在的成果，展示当代经济学新的发展方向，我们决定出版"当代经济学系列丛书"。

"当代经济学系列丛书"是大型的、高层次的、综合性的经济学术理论丛书。它包括三个子系列：（1）当代经济学文库；（2）当代经济学译库；（3）当代经济学教学参考书系。本丛书在学科领域方面，不仅着眼于各传统经济学科的新成果，更注重经济学前沿学科、边缘学科和综合学科的新成就；在选题的采择上，广泛联系海内外学者，努力开掘学术功力深厚、思想新颖独到、作品水平拔尖的著作。"文库"力求达到中国经济学界当前的最高水平；"译库"翻译当代经济学的名人名著；"教学参考书系"主要出版国内外著名高等院校最新的经济学通用教材。

20 多年过去了，本丛书先后出版了 200 多种著作，在很大程度上推动了中国经济学的现代化和国际标准化。这主要体现在两个方面：一是从研究范围、研究内容、研究方法、分析技术等方面完成了中国经济学从传统向现代的转轨；二是培养了整整一代青年经济学人，如今他们大都成长为中国第一线的经济学家，活跃在国内外的学术舞台上。

　　为了进一步推动中国经济学的发展，我们将继续引进翻译出版国际上经济学的最新研究成果，加强中国经济学家与世界各国经济学家之间的交流；同时，我们更鼓励中国经济学家创建自己的理论体系，在自主的理论框架内消化和吸收世界上最优秀的理论成果，并把它放到中国经济改革发展的实践中进行筛选和检验，进而寻找属于中国的又面向未来世界的经济制度和经济理论，使中国经济学真正立足于世界经济学之林。

　　我们渴望经济学家支持我们的追求；我们和经济学家一起瞻望中国经济学的未来。

陈昕

2014 年 1 月 1 日

前　言

习近平总书记在党的二十大报告中指出，实现全体人民共同富裕是中国式现代化的重要特征，也是中国式现代化的本质要求。根据第七次全国人口普查数据，中国有 4.9 亿多个家庭。家庭既是消费者，又是生产者，在国民经济的运行中扮演着极为重要的角色。最近几年，就业、经营、健康等问题引起的经济风险，使脆弱性家庭不断得到关注。因此，防范家庭经济风险，降低家庭脆弱性，对实现全体人民共同富裕至关重要。

家庭面临着潜在的经济风险。作为生产者，家庭投资损失、经营亏损、成员失业等可能对家庭收入带来冲击。作为消费者，家庭意外支出增加、家庭过度负债等可能给家庭消费带来不利影响。此外，家庭还可能因自然灾害、意外灾祸、重大疫情等不可预见的因素同时遭受收入和消费两方面的冲击。根据国家统计局数据，2023 年 12 月全国城镇调查失业率平均为 5.1%，全国 16—24 岁人口城镇调查失业率为 14.9%。对普通城镇家庭而言，失业风险是不可忽视的经济风险。根据中国家庭普惠金融调查（China Household Financial Inclusion Survey，CHFIS）数据，2023 年投资损失家庭占 3.29％，工商经营损失家庭占 1.58％，家庭以医疗保健支出为主的非预期支出占家庭总支出的 12.49％。可见，无论就何种意义而言，家庭经济风险都是普通家庭不可回避的问题。

在此背景下，本书针对家庭经济风险展开研究，以风险概念的演变为引子，并对中国家庭经济风险进行界定。随后，第 2 章到第 6 章则从家庭收入、支出、失业、健康、外生冲击五个方面探讨家庭经济风险的来源，并基于中国家庭普惠金融调查数据，对家庭经济风险进行描述性统计分析。第 7 章介绍家庭单一风险的测度指标和家庭综合风险的三种测度方法。第 8 章到第 10 章基于调查数据分别对家庭财务脆弱性、家庭贫困脆弱性和家庭破产风险进行测算。第 11 章运用熵权法构建中国家庭经济风险指数，并分析其变化趋势。

根据家庭收入、预期支出、流动性资产、非预期支出的对比关系，家庭财务状况可分成四类：收入大于预期支出，但流动性资产小于非预期支出的家庭为财务脆弱家庭；收入小于预期支出，流动性资产也小于非预期支出的家庭为财务约束家庭；收入小于预期支出，但流动性资产大于非预期支出的家庭为过度消费但具有流动性家庭；收入大于预期支出，流动性资产也大于非预期支出的家庭为财务自由家庭。

可见，家庭财务脆弱性是指家庭总收入能够覆盖预期支出，但是流动性资产不能覆盖非预期支出。根据中国家庭普惠金融调查数据，2021 年财务脆弱家庭为 9 720 万户，约占现有家庭总数的 19.67％；分城乡来看，城镇脆弱家庭占比 16.92％，农村脆弱家庭占比 23.87％。因此，财务脆弱家庭是一个不可忽视的群体。

家庭贫困脆弱性则是指家庭陷入贫困的概率。经过长期持续的精准扶贫，中国已经在 2020 年实现了全面脱贫。但是，由于家庭面临的各种潜在风险，脱贫家庭可能面临返贫的风险。根据中国家庭普惠金融调查数据，用世界银行日人均消费 3.1 美元的标准计算，2021 年中国贫困脆弱家庭占 6.82％，其中农村占比 12.99％，城镇占比 2.96％。因此，在全面脱贫以后，贫困脆弱家庭仍然需要高度关注。

而破产风险是指家庭破产的可能性。中国尚无全国性的个人破产制度，2021 年深圳开始试点。根据《深圳经济特区个人破产条例》，并参考其他国家的标准，我们将总资产小于总负债的家庭界定为具有潜在破产风险的家庭。根据中国家庭普惠金融调查数据，2021 年具有破产风险的家庭为 3.35％，其中城镇家庭占比 4.35％，农村家庭占比 2.69％。因此，中国家庭潜在的破产风险也不可忽视。

由此可见，无论用家庭财务脆弱性、贫困脆弱性，还是用破产风险来度量中国家庭的经济风险，都有不可忽视的脆弱家庭。尤其是新冠疫情以来，农村、四五线城市、老年、受教育程度低等家庭更加脆弱，面临着潜在的家庭经济风险。

此外，本书将提供家庭经济风险的国际比较视角分析。第 12 章基于美国、意大利和欧洲部分国家的微观家庭数据，比较分析各国家庭经济风险的特征。从家庭财务状态来看，2010—2019 年美国财务脆弱家庭和财务约束家庭的比例分别稳定在 43％和 10％左右，财务脆弱家庭的比例明显高于中国。从破产风险来看，美国具有破产风险的家庭比例处于 10.4％—11.5％，高于中国。欧洲国家也呈现相似的特征。

同时，为进一步理解政策意义，本书将研究家庭经济风险和共同富裕的关系。第 13 章发现，家庭经济风险可以显著缩小家庭消费，扩大家庭消费不平等。进一步研究显示，加大流动性约束及增加风险厌恶是家庭经济风险发挥作用的重要渠道；家庭经济风险对低收入家庭、低受教育程度家庭、老年家庭及农村家庭消费的负向影响更大；签订劳动合同及参与商业保险能够转移家庭经济风险，从而提高家庭消费；社会网络及参与失业保险则能发挥风险分担的作用，从而释放家庭消费潜力。因此，降低家庭经济风险，有助于推动共同富裕。

具体到商业保险在应对家庭经济风险中的重要作用，本书第 14 章发现，参与商业保险显著降低了家庭财务脆弱性。进一步研究表明，商业人寿保险、商业健康保险、商业意外伤害保险以及商业财产保险对家庭财务脆弱性均具有一定程度的缓解作用；商业保险参与通过使家庭在冲击中获取更多赔付、降低家庭自付金额，从而缓解家庭面临的流动性约束，降低家庭财务脆弱性。

因此，采取措施缓解家庭脆弱性，是实现共同富裕需要高度关注的问题。本书最后根据研究结果提出对策建议。概括起来，可考虑从以下几个方面采取措施降低家庭脆弱性，增加风险应对能力：

一是推动家庭数字化转型。一方面，通过新基建进一步扩大移动网络覆盖面，通过对低收入群体提供购机补贴等方式进一步普及智能手机。另一方面，通过教育培训，尤其是对老年群体、农村家庭、低受教育程度家庭加强数字知识培训，提高脆弱家庭的数字技术应用能力，缩小数字鸿沟。

二是扩大保险保障覆盖。一方面，扩大商业保险覆盖面。和发达国家比较，目前中国的保险深度和保险密度都还有很大提升空间。鼓励保险机构改善产品设计，提高服务质量，提供受普通家庭欢迎的保险品种。另一方面，提高社会保障水平。进一步普及城乡医保、养老保险，尽量争取全覆盖，同时逐步提高医保、养老保险保障水平。

三是加大对低收入群体的转移支付。对于低收入群体，通过转移支付可以帮助其托住底线，降低面临的潜在收入风险。可以在现有城镇和农村最低生活保障的基础上，适当扩大转移支付覆盖面，并科学设计支付机制，降低道德风险，真正起到对低收入群体、脆弱群体的兜底保障作用。

本书为国家社科基金重大项目"中国家庭经济风险测度、成因及外溢性研究"（21&ZD087）阶段性成果，感谢国家社科基金资助。本书为家庭经济风险来源提供了分析框架，对家庭经济风险进行了测度，为从家庭视角防范和化解经济风险提供了重要证据，是聚焦家庭经济风险研究的重要探索。根据本书研究，采取措施缓解家庭经济风险引起的家庭收入和消费的不平等，有助于促进共同富裕，早日实现中国式现代化。

ABSTRACT

Based on the report of the 20th National Congress of the Communist Party of China, Xi Jinping, the President of the People's Republic of China is pleased to achieve common prosperity. The Honorable President stressed the Chinese-style modernization for the benefit of the common man. According to the 7th census of China, 490 million households act as consumers and producers to play a pivotal role in the functioning of the national economy. In recent years, vulnerable households have received increasing attention due to economic risks stemming from employment, management, health, and other factors. Consequently, preventing household economic risks and mitigating household vulnerability are essential to attaining common prosperity.

Households face several economic challenges. As producers, their income is adversely affected due to capital and operating losses or the unemployment of household members. As consumers, unexpected increases in household expenditures and excessive household debt may adversely affect their consumption. In addition, households may experience simultaneous shocks to income and consumption due to unpre-dicted factors such as natural disasters, pandemics, etc. According to the Na-tional Bureau of Statistics China, the urban unemployment rate in December 2023 was reported at 5.1%, while the specific young age group (16—24) was found to be higher at 14.9%. For ordinary urban families, unemployment risk is an economic challenge that cannot be ignored. The China Household Financial Inclusion Survey (2023) revealed the loss of investment (3.29%) and the loss of industrial and commercial operations (1.58%) at the household level. The findings further showed the unexpected expenditure of the households, mainly medical care expenditure accounted for 12.49% of the total household expendi-ture. Therefore, household economic risks are unavoidable problems for ordinary households.

Considering the above discussion, this book attempts to examine household economic risks. Chapter 1 introduces the evolution and concept of the risk and defines the economic risks of Chinese households. Chapters 2 to 6 discuss the sources of household economic risks from five aspects: household income, ex-penditure, unemployment, health, and exogenous shocks. The descriptive sta-tistical analysis of household economic risks is based on the data from China Household Financial Inclusion Survey. Chapter 7 presents the measurement index for single risk and three measurement methods for comprehensive risk at the household level. Chapters 8, 9, and 10 measure household financial vulnera-bility, household poverty vulnerability, and household bankruptcy risks, respec-tively. Chapter 11 describes the use of the entropy weight method to construct the Chinese household economic risks index and analyzes its changing trend.

To consider household income, expected expenditures, liquid assets, and unexpected expenditures, the financial status of the household can be divided into four categories. Financially vulnerable households: households with income greater than expected expenditures but their liquid assets are less than unexpected expenditures. Financially constrained households: households whose income are less than expected expenditures and their liquid assets are also less than unexpected expenditures. Over-consuming but liquid households: households with income less than expected expenditures but hold liquid assets more than unexpected expenditures. Financially free: households with income greater than expected expenditures and have liquid assets greater than unexpected expenditures.

Household financial vulnerability refers to households whose total income covers the expected expenditures, but their liquid assets are not enough to meet the unexpected expenditures. According to data from the China Household Financial Inclusion Survey, the statistics revealed that 97.2 million financially vulnerable households in 2021 accounted for 19.67% of the total number of households. In urban and rural areas, vulnerable families in urban areas reported 16.92%, while rural areas showed 23.87%. Thus, financially vulnerable households need special attention.

Household vulnerability to poverty refers to the probability of the household falling into poverty. China achieved comprehensive poverty alleviation in 2020 after a long period of targeted poverty alleviation initiatives. However, due to various potential risks, households out of poverty may be at risk of returning to poverty in the future. According to the China Household Financial Inclusion Survey (2021), using the World Bank standard of average daily consumption (US $3.1), the statistics reported the share of poor and vulnerable households (6.82%), the proportion of rural households (12.99%), and the urban households (2.96%). Therefore, after comprehensive poverty alleviation, poor and vulnerable households still need proper consideration.

Bankruptcy risk refers to the probability of a household being unable to meet its loans/debts. China does not have a personal bankruptcy system at the national level. However, Shenzhen introduced a pilot policy in 2021. Based on this policy and referring to the standards of other countries, we define households' potential bankruptcy risk as total assets less total liabilities. According to data from the China Household Financial Inclusion Survey (2021), 3.35% of households were at risk of bankruptcy. Particularly, a difference was found between urban households (4.35%) and rural households (2.69%). Therefore, the potential bankruptcy risk of Chinese households cannot be overlooked.

It is evident that household financial vulnerability, poverty vulnerability, and bankruptcy risk are used to measure the economic risks of Chinese households. Therefore, vulnerable households cannot be ignored. Especially, since the COVID-19 pandemic, families in rural areas, fourth- and fifth-tier cities, the elderly, and those with low education levels are more vulnerable and face potential family economic risks.

This book analyzes household economic risks from an international comparative perspective. Chapter 12 investigates and compares data from 2010—2019 to examine the characteristics of household economic risks in the United States, Italy, and some European countries. The indicators showed that the proportion of financially vulnerable and financially constrained households in the United States was 43% and 10%, respectively. In terms of bankruptcy risk, the proportion of households at risk of bankruptcy in the United States was 10.4%—11.5%. Both of the above indicators were significantly higher as compared to China. However, European countries showed similar characteristics.

This book also examines the relationship between household economic risks and common prosperity. Chapter 13 shows that household economic risks significantly reduce household consumption, thus leading to household consumption inequality. Further statistics reveal that increasing liquidity constraints and risk aversion are essential to household economic risks. Household economic risks have a more significant impact on the consumption of low-income households, low-education households, elderly households and rural households. On the other side, signing labor contracts and participating in commercial insurance can transfer household economic risks and increase household consumption. Moreover, social networks and participation in unemployment insurance also play the role of risk sharing and release the potential of household consumption. Therefore, reducing household economic risks help promoting common prosperity.

This book further examines the important role of commercial insurance in dealing with household economic risks. Chapter 14 presents that commercial insurance participation significantly reduces household financial vulnerability. The findings show that commercial life, commercial health, commercial accidents and commercial property insurance have a certain degree of mitigation effect on household financial vulnerability. In addition, participation in commercial insurance alleviates liquidity constraints faced by households and reduces their financial vulnerability. This will enable them to reduce their out-of-pocket payments and be compensated during economic uncertainty.

Therefore, taking measures to mitigate household vulnerability is a crucial issue that requires attention to achieve common prosperity. Chapter 15 puts forward countermeasures and suggestions based on the research findings. To sum up, measures can be taken to reduce household vulnerability and increase risk response capacity in the following aspects:

First, the digital transformation of households should be promoted. On one side, mobile network coverage will be further expanded through new infrastructure. Introducing subsidies for low-income groups will also help them buy smartphones for their daily activities. On the other side, digital knowledge should be strengthened through education and training, especially for the elderly group, rural households and low-education levels group. Ultimately, digital technology will not only reduce the digital divide but will also help to improve the abilities of vulnerable families.

Second, we also suggest expanding insurance coverage. Commercial insurance will be at par with China's insurance in developed countries. To facilitate people, insurance institutions are encouraged to improve product design, enhance service quality, and introduce convenient and affordable insurance policies for ordinary families. Additionally, the level of social security should also be improved. This will further popularize rural-urban medical and old-age insurance and gradually raise insurance levels for people's betterment.

Third, we recommend increasing transfer payments, particularly for low-income groups. This will help to support the bottom line and reduce potential income risks. Based on the existing minimum living allowances, the coverage of transfer payments can be appropriately expanded. However, the payment mechanism should be scientifically designed to reduce moral hazards and protect low-income and vulnerable groups.

This book provides an analytical framework for household economic risks and how to measure family economic risks. We provide important evidence for preventing and resolving economic risks from the perspective of households. We also suggest measures to alleviate the inequality in household income and consumption caused by household economic risks. It will promote common prosperity by realizing Chinese-style modernization.

目 录

第一篇　中国家庭经济风险来源

第三篇　　中国家庭经济风险微观经济效应

CONTENTS

1

15

家庭经济风险概述

家庭是社会的基本细胞，其命运同国家和民族紧密相连。党的十八大以来，党中央高度重视家庭建设。[1]只有千家万户实现幸福美满，国家才能好，未来才能拥抱中华民族的繁荣富强。根据第七次全国人口普查数据，中国共有家庭户 49 416 万户。[2]家庭部门同时作为生产者和消费者，在生产、消费、就业、经营、投资等经济活动中，面临着诸多风险，比如经济周期变动、收入波动、投资经营损失造成的家庭收入风险，意外事故、过度负债造成的家庭支出风险，公司裁员、离职导致的家庭失业风险，身体健康受损或死亡导致的家庭健康风险，以及自然灾害等意外冲击对家庭的不利影响等。家庭经济风险在生活中广泛存在，研究中国家庭经济风险的内涵和特征，不仅有利于帮助家庭识别其经济行为背后的风险，也有利于降低风险对家庭造成的损失，切实维护家庭利益。

---

[1]　参见 http://www.gov.cn/xinwen/2021-03-28/content_5596365.htm。

[2]　参见《第七次全国人口普查公报》，https://www.gov.cn/guoqing/2021-05-13/content_5606149.htm。

1.1　家庭经济风险的内涵

1.1-1　家庭经济风险的概念

19世纪，西方古典经济学家最早提出风险概念。美国学者Haynes（1895）提出"风险损害可能性"学说，他认为风险是一种造成损害或者损失的可能性，如果某种行为是否产生有害的后果要视其不确定性而定，那么这种行为就意味着承担风险。Willett（1901）把风险和保险理论结合起来，把风险与偶然和不确定性联系在一起，提出"风险不确定性"学说，该学说认为风险是客观存在的，风险的核心本质是不确定性，即是否发生不确定，发生的时间、状态和影响也不确定，概言之，风险是一种未来发生事件的不确定性的客观表现。

Pfeffer（1956）认为，应该对风险和不确定性加以区分，强调风险的主观性和客观性，并据此提出"风险因素结合"学说。该学说认为不确定性具有主观性，而概率是可以测度的客观存在。风险是不幸事件与风险状态之间的一种客观关系，可以用客观尺度衡量，其产生的相对频率可以由概率测定，而不确定性是由个人的心理状态产生的，凭主观判断进行测定。Williams和Heins（1985）认为，风险是预期结果与实际结果之间的差异，并据此提出"预期与实际结果变动"学说。该学说认为，在一定状态下，风险即预期结果与实际结果之间的变动程度，风险随着这种变动程度的大小而变化。当预期结果与实际结果差距变大时，风险也随之变大。

不同学者对风险的研究视角存在差别，因此对风险内涵有着不同解释。国家标准《风险管理术语》（GB/T23694-2013）及《风险管理指南》（GB/T24353-2022）对风险的定义为：不确定性对目标的影响。①学术界普遍接受的观点大致可以分为两种：第一种观点强调风险的不确定性，认为风险是一定时期内，在特定条件下，某一事件预期结果与实际结果的差异情况（Mowbray

---

① 参见 https://openstd.samr.gov.cn/bzgk/gb/newGbInfo?hcno=66DAE29E89C4BD 28F517F870C8D97B35。

et al.，1995），风险随着这种差异程度发生变化。Williams(1964)将风险定义为某一特定时期和一定条件下，未来事件发生结果的变动情况（March and Shapira，1987）。Markowitz(1952)和Sharpe(1966)将证券投资的风险定义为该证券投资产生的各种收益率的变动程度。

第二种观点强调风险损失的不确定性，即风险事件导致潜在损失的不确定状态。风险损失的不确定性表现在风险事故是否发生不确定，损失发生时间不确定，损失发生地点不确定，损失程度和范围不确定（郭颂平、赵春梅，2014）。Knight(1921)指出，风险不同于不确定性，在危险情况下的个人决策可以被视为一种风险态度，每个人都可以做出不同可能性的不同推测，因此会有不同的经济决策。郭晓亭等（2004）认为，风险是风险要素之间相互作用的结果。风险因素诱发风险事故，风险事故使行为主体遭受不确定损失的过程即为风险。在经济学领域，风险常被用于出现某种结果的概率具有不确定性的情况。

中国家庭面临的经济风险十分复杂，目前学术界还没有对中国家庭经济风险进行明确定义。参照风险的内涵与本质，本章将家庭经济风险定义为：在一定的时期内，在某种特定的客观条件下，家庭未来发生损失的不确定性，即各种事件发生结果的不确定性导致行为主体遭受损失的可能性。家庭经济风险是在一定时期和某种特定环境中发生的，这种风险导致的损失是不确定的，风险损失已经存在或风险损失肯定不存在均不为家庭经济风险。家庭经济风险必须与人类活动相伴而生，同时不断发生变化，如果没有人类活动，意外事件的发生就不算风险事故，也就不存在风险（如山体滑坡发生在荒无人烟的地方），如果造成人员伤亡或财产损失，就属于家庭经济风险。家庭经济风险可以是家庭经济活动（如投资）所导致的家庭财务遭受损失的风险，也可以是非经济活动（如政治）或其他自然因素（如地震）给家庭经济活动带来的不利影响。

1.1-2　家庭经济风险的基本特征

在全球化的信息时代，中国家庭面临的经济风险日益复杂，家庭经济风险所造成的损失也越发多样化。因此，对中国家庭风险特征进行刻画和研究，在微观上有利于认识中国家庭的重要性，在宏观上有利于把握经济发展

方向,对规避家庭经济风险、提高人民福祉具有重要意义(张冀、史晓,2022)。具体来说,中国家庭经济风险的特征主要包括:

(1)收入结构相对单一,投资经营方式有限。

家庭的主要收入包括工资性收入、财产性收入、经营性收入和转移性收入。对于大多数中国家庭而言,工资性收入是家庭最主要的经济来源。在农村地区,除农业生产经营外,打工收入往往是家庭经济来源的主要途径,这些现象都意味着中国家庭收入结构呈现单一化特征。中国目前失业保险覆盖不足,一旦发生较大冲击或周期性失业,家庭收入将会骤然下降,如国企转制和员工下岗等就业体制变革将会使家庭收入风险陡然上升(樊潇彦等,2007)。从财产性收入来看,中国家庭的财产性收入占总收入的比重较低,家庭的财产性收入极易受到资本市场冲击,而且家庭财产性收入的波动较大。家庭还存在非金融资产投资相对集中、不动产投资比例高、投资收益波动高等风险特征。对于金融资产投资而言,则存在股票直接投资参与率高、股市间接参与率低、投资收益率低、投资产品单一等风险特征。家庭普遍缺乏金融投资知识,投资渠道窄,具有盲目选择投资产品的倾向(胡振、臧日宏,2016)。

从经营性收入来看,家庭的生产经营活动主要分为工商业生产经营和农业生产经营。中国家庭工商业生产经营过程中,家庭自雇佣创业比例高,没有正规组织形式。家庭工商业经营项目受限于资金支持,主要以中小规模为主,市场竞争力相对较弱。家庭创业经营存在无力应对技术、市场、政策或其他外生冲击,经营收益不高,且波动较大,家庭创业失败概率高等风险特征。中国家庭农业生产经营风险特征则主要包括:农业经营亏损现象频发,应对自然灾害能力弱,经营利润低等。从转移性收入来看,大部分家庭的转移性收入来自父母亲友之间的人情往来,不确定性较强,没有稳定的转移性收入来源。上述特征无形之中都会增加家庭的经济风险(才国伟、刘剑雄,2014)。

(2)支出不确定性较强,过度负债需要关注。

随着社会经济不断发展,家庭支出项目增多,发生意外风险事故的概率增加,中国家庭面临的支出风险也愈发严重。其特征主要体现在:第一,家庭生活成本过高、个人自费医疗支出占比较大等社会问题导致家庭支出风险凸显。第二,老龄化问题加深,家庭抚养负担加重,养老和教育支出不确定性增加,导致家庭支出风险剧增(许玲丽等,2012)。第三,家庭购房支出金额过高,房产负债比例较大,金融市场不完善,使得家庭非正规借贷比例升高,过度负债问题凸显。

关于家庭负债风险的特征:从家庭的偿债能力来看,家庭债务风险存在家庭负债金额过高、家庭资产负债率比值大、资不抵债家庭比例上升、家庭债务违约事件增多等风险特征。从家庭举债的原因来看,家庭债务风险存在因房举债家庭比例不断上升、房贷占比过高、消费贷款不断增长、医疗负债冲击过大、教育负债不断上升等特征,住房贷款比重过高可能会导致系统性债务风险。从家庭举债的资金来源来看,存在非正规借贷比重较大、家庭网络借贷发展过快、正规借贷难以获取等风险特征。中国家庭负债结构太过单一,房产在资产中的比重以及伴随着房产而诞生的家庭债务都明显较高,资产贬值和债务风险发生的概率相对较大,容易造成家庭部门财富缩水和违约风险的发生,还会导致房地产开发商出现资金链断裂,引发系统性金融风险。

(3)健康问题频发,老龄化状况堪忧。

近些年,虽然中国居民营养状况得到显著改善,居民健康意识逐步增强,但家庭不健康的生活方式仍然普遍存在,家庭面临着膳食结构不合理、营养不平衡、慢性病和癌症高发、亚健康问题和精神障碍、老龄化状况严重、用药安全问题等健康风险(黄宵等,2017;张楚、王怡欢,2021)。虽然总体人均医疗资源水平有所提高,但农村地区的医疗卫生水平还有很大进步空间,地区间的医疗卫生水平存在很大差距。随着人口老龄化进程的加深,家庭中身体状况最受关注和令人担忧的就是老年群体,家庭中的老年人一旦生病,家庭就会面临健康风险所导致的非预期支出,不仅对家庭资产配置造成一定影响(余静文、姚翔晨,2019),严重时还会导致家庭"因病致贫,因病返贫"(何兴强、史卫,2014;岳崴等,2021)。对老年群体而言,中国的医疗体系仍不健全,排队时间长、挂号难、住院资源有限、过度医疗等问题,也增加了家庭面临的死亡风险。

(4)总量性与结构性失业并存,农村就业矛盾突出。

一般而言,失业问题普遍存在于任何一个国家。适当的失业率可以使经济在最有效率的规模下运行。随着中国经济的高速发展，中国的城镇登记失业人数与日俱增，家庭面临的失业风险愈发严重。作为人口大国，中国虽然经济飞速增长，但其创造的就业机会远远消化不了新增的失业人口，劳动力供给与劳动力需求存在资源上的错配，无形之中提高了家庭面临的失业风险。总量性与结构性失业风险并存，构成家庭失业风险的主要特征。人口老龄化进程的加深，伴随着失业人群年轻化，家庭固有的社会经济地位在一定程度上也影响着家庭的就业风险，不同地区和社会经济地位的家庭所能得到的就业机会也存在显著差异（张冀、史晓，2022；高娟，2022）。如果家庭的经济支柱因失业而失去工资性收入这一主要经济来源，收入的巨大波动也会加重家庭的收入风险。农村地区的劳动力素质和社会经济地位相对较低，农村家庭的就业矛盾更加突出，在失业风险和收入风险的双重打击下，农村家庭将会面临致贫风险。

（5）风险认知不足，商业保险参与率较低。

中国家庭经济风险还存在诸多特征，如社会保障未完全覆盖、保障程度低、家庭商业保险购买比例低、对保险缺乏信任等。从社会保险和商业保险来说，一方面，虽然社会保障覆盖率很高，但整体尚未实现完全覆盖，社会保障的程度相对较低；另一方面，中国家庭对经济风险的认识不足，家庭部门的商业保险参与率较低，参与程度也相对有限。这主要表现在保费的收取对于家庭来说是笔不小的开支，一般家庭宁愿选择风险自留的方式增加预防性储蓄，也不愿通过风险转移的方式参与商业保险。由于保险制度体系的不健全，很多家庭在参与商业保险时对保险公司缺乏信任，使得家庭不愿意参与商业保险。家庭对于商业保险的排斥心理在一定程度上也会影响家庭经济的决策行为（王伊琳等，2021）。

1.2　家庭经济风险的类型

1.2-1　按风险成因分类

按照成因分类，风险可分为：自然风险、社会风险、经济风险、技术风险和政治风险。自然风险是指自然力的不规则变化对家庭财产或人身安全造成损失的风险(庹国柱,2011;肖望喜等,2020),如洪水、暴雨、干旱、病虫害、泥石流以及各种瘟疫等自然灾害所致人身伤亡和财产损失的风险。社会风险是指由于个人或家庭的过失行为或故意行为对社会生产及人民生活造成损失的风险(冯必扬,2004;童星,2012;黄诚、陈成文,2016),如战争、暴乱、罢工、车祸、抢劫等风险事件。经济风险是指家庭所经营的企业在采购、生产、销售等经营环节中,由于市场关系、政策变动等外部不利影响,或经营者自身经营不当等内部原因,导致家庭所经营的企业遭受财务损失的不确定性(郭颂平、赵春梅,2014)。技术风险是指随着科技的进步和发展,生产经营方式的改变以及体制改革等变化而带来的不确定性损失,如光污染、环境污染、生态破坏等不良事件对家庭或个人造成的危害(庹国柱,2011)。政治风险是指由政局变化、政权更迭、政府法令更新或者宗教冲突等不利于稳定的因素所引起的社会动荡,对家庭造成损失的风险(郭颂平、赵春梅,2014;孟醒、董有德,2015)。

从风险产生的原因分析,近年来随着社会经济的不断发展,过度开发、环境破坏导致的自然风险、社会风险、经济风险、技术风险、政治风险都有不断增加的趋势。但从保险的角度来讲,只有自然风险、技术风险属于可保范畴。

1.2-2 按风险性质分类

按照风险的性质分类,如果这种风险能够为家庭带来获利机会,则这种风险为投机风险;如果这种风险只能为家庭带来损失却没有获利机会,则这种风险为纯粹风险。投机风险是指既有损失概率又有获利可能的风险(李社环,2003;孙祁祥,2017),例如家庭投资风险资产最终获利或亏本,家庭经营企业盈利或亏损,房产价值上涨与下跌都属于投机风险。纯粹风险是指只有可能造成损害的风险(庹国柱,2011),其结果只有损失和无损失两种情况。对于家庭而言,纯粹风险的事故发生,必然会有损失的形成。换言之,纯粹风险是只有损失概率而无获利可能的风险,如火山喷发、海啸等风险事故的暴发。对家庭和个人而言,纯粹风险只会导致受害者的财产损失或者人身安全受到威胁,毫无利益可言。

家庭投机风险和家庭纯粹风险既有区别又有联系。一般来说,投机风险所导致的损失是相对的,而纯粹风险所导致的损失是绝对的,二者彼此共存。比如,作为家庭重要财产的房产就同时面临着投机风险和纯粹风险。当地震、火灾等风险事故导致房屋受损时,家庭房产所面临的就是纯粹风险;当房产市值随着价格的变动而变动时,房屋面临的就是投机风险。投机风险和纯粹风险在一定条件下可以相互转化,同一风险事件在不同主体之间的价值也存在差异。一些自然灾害的发生对于参保的家庭或个人来说只有损失,但对于通过收取保费获取利润的保险公司来说,此时的风险事故则是投机风险。

1.2-3 按风险的影响程度分类

按照影响程度或影响范围分类,风险可以分为特定风险和基本风险。

特定风险是指风险事故的发生只与特定的家庭或个人有因果关系的风险,并且风险结果导致的损失只由特定的家庭或个人承担(张洪涛、郑成功,2004;赵先信,2005)。如盗窃、车祸等意外事件的发生,只会导致特定的家庭或个人遭受损失。这种风险一般可以通过事前预防来降低风险事故发生的概率,或者采取一些措施减轻风险事故对家庭造成的损失。特定风险通常为纯粹风险。

基本风险是指某种风险事故的发生,特定的家庭或个人所不能预防或控制的风险(张洪涛、郑成功,2004)。基本风险的起因及影响不与特定的人相关,其形成需要很长时间,至少是家庭或个人在短时间内很难干预的风险。如特大自然灾害或重大政治事件引起的风险,火山喷发、地震、经济危机、政治变动等风险事件一旦形成,所涉及的范围之广和影响程度之深,绝非一般个体或者组织可以阻挡,只能靠阶段性的措施才能加以预防和克服。基本风险是全社会普遍存在的风险,包括纯粹风险和投机风险。

1.2-4 按风险的对象分类

按照对象分类,风险可以分为财产风险、人身风险、责任风险、信用风险。

财产风险是指导致家庭有形物质财产损毁、灭失或贬值以及对家庭经济造成损失的风险(孙祁祥,2017)。例如,家庭因为地震、海啸、火灾、洪水等自然灾害遭受的财产损失(于也雯等,2022),电视、冰箱、洗衣机等耐用品因为意外所致的破损、毁坏,家庭所使用的汽车等交通工具因碰撞等风险事故遭受的损失,家庭房产价值因经济因素遭受贬值的风险等,这些风险都属于家庭财产风险。这些财产风险除了会直接造成财产损失,还会引起与财产相关的权利丧失等间接损失。

人身风险是指导致家庭成员伤残、死亡、丧失劳动能力以及增加家庭医疗费用支出的风险,即泛指因人的生、老、病、死、残而致的风险(孙祁祥,2017),包括生命风险和健康风险(张洪涛、郑成功,2004)。生命风险是指家庭经济主要来源者的死亡以及家庭经济主要来源者死亡对其他家庭成员造成的影响。健康风险是指家庭成员由于年老、疾病、住院等健康问题导致家庭增加费用支出,进而引发家庭陷入财务困境的风险(岳崴等,2021)。虽然人的生老病死有其必然性,但在人的一生中,人身风险又有其不确定性,如家庭成员生病或死亡的时间、疾病的严重程度等,都是不可预知的。但是这些人身风险都会造成家庭收入或储蓄减少,意外支出费用增加,降低家庭抵抗风险的能力(何兴强、史卫,2014)。

责任风险是指由于家庭的疏忽或过失行为,对其他人造成的财产损失和人身伤害,并依照法律承担赔偿责任的风险(孙祁祥,2017)。比如,机动车驾驶不慎撞伤行人、工作人员因不良操作给公司经营造成损失、医生因误诊致使患者病情加重、产品质量问题、医院的过度医疗行为导致家庭增加医疗费用支出、家用产品故障给用户造成财产损失或人身伤害等(张洪涛、郑成功,2004)。相对于其他风险,责任风险往往涉及的范围更加广泛,风险事故的发生会对家庭造成巨大的经济损失。

信用风险是指在经济社会中,由于交易对手未能按时履行约定契约中的义务而造成自身经济损失的风险(郭颂平、赵春梅,2014),这往往是由信用方面的问题导致的,又称为违约风险(郭巍青、张艺,2021)。例如,亲戚借钱无法按时还款而导致自身财产受到损失的风险,因购房或者购车导致的贷款不能按时缴纳的风险,合同方不能按时履行合同条款而导致家庭经营的企业受到损失的风险,因进口方破产导致出口方造成损失的风险等,这些都属于信用风险。

1.3　家庭经济风险的主要来源

1.3-1　收入风险

收入风险是指家庭未来收入遭受损失的不确定性。中国家庭面临着多重收入风险,如由失业、意外伤害和健康问题导致的收入、消费减少,家庭福利水平的降低,这些都属于家庭的收入风险(马小勇、白永秀,2009)。从收入波动的角度看,当家庭收入波动较大时,收入的不确定性增加,家庭面临的收入风险上升;当家庭的未来收入趋于稳定时,家庭的收入风险有所降低。

中国家庭收入主要包括工资性收入、财产性收入、经营性收入、转移性收入和其他收入。从工资性收入来看,由于家庭存在结构性失业、摩擦性失业等问题,一旦家庭中的主要经济来源者失去工作,家庭收入必然面临骤然变化,直接给家庭的抗风险能力带来极大的不确定性。从财产性收入看,中国家庭通过投资获得财产性收入的方式相对有限,而且中国家庭的金融素养普遍不高,一般家庭无法通过合理配置资产来获取财产性收入,这就造成家庭的财产性收入来源单一,容易受到资本市场和国家政策的冲击,造成家庭收入风险上升。从经营性收入看,家庭经营亏损现象频发,存在经营利润低、规模小等特征,不利于家庭收入的平稳增长。从转移性收入看,大部分家庭无法通过转移性收入的方式获取大量的国家补贴以及其他形式的捐赠,大多数家庭的转移性收入往往来自亲朋好友的人情往来,同时这种转移性收入具有很强的不确定性。这些不同类型的收入特征共同构成了家庭的收入风险。

1.3-2　支出风险

支出风险主要是指家庭由于意外事故导致非预期支出增加的风险,主要包括各种意外事故造成的财产损失和人身伤害(孙祁祥,2017),同时也包括因为刚性支付导致的家庭负债风险。广义的财产损失风险一般包括狭义的财产损失风险、责任损失风险和信用损失风险。虽然中国相关的民事法律制度并不健全,但民事损害赔偿责任范围极广,主要体现在机动车辆第三者责任风险上,而家庭信用损失风险集中表现在家庭的债务风险上。家庭狭义的财产损失主要是指导致人身伤害的意外支出。人身伤害导致的意外支出主要是指疾病(尤其是重大疾病)和意外事故给家庭成员身体带来伤害、需要治疗而产生的各种医疗费用支出(周钦等,2013)。长寿背景下的养老支出也是家庭面临的一个重要风险,随着人均寿命的延长,如何优雅地老去是政府和每个家庭都将面临的重大风险。物价变化过快、自负医疗支出过重、房价过高推动购房支出金额过大、家庭抚养负担加重、养老和教育支出的不确定性等问题都会导致家庭的支出项目增多,不确定性事故发生的概率变大,从而给中国家庭经济带来支出风险。

1.3-3　失业风险

家庭的一系列经济活动伴随着诸多风险,通过就业获取收入的方式可以有效补救风险事故发生后的风险损失。对于没有工作的个人来说,失业对家庭的抗风险能力也是一种挑战。在经济学领域,失业可以分为"狭义的失业"和"广义的失业"。"狭义的失业"是指在一定的年龄范围内,如果一个人有能力并且有意愿工作,但是尚未找到有报酬的工作岗位的情况。而"广义的失业"是指劳动者与生产资料分离的一种情形。劳动者与生产资料分离,不仅会导致劳动者的生产积极性下降,对于社会资源而言也是一种浪费,还会对国家的经济发展造成一定阻碍。按照失业的成因,失业可以分为周期性失业、摩擦性失业、季节性失业等。对家庭而言,失业风险是指因外界环境或自身问题,有意愿有工作能力的人没有工作,进而导致家庭财务受损的风险,即家庭成员失业导致家庭财务损失的不确定性。失业风险的影响难以估计和衡量,一方面,失业风险威胁着家庭稳定,如果家庭没有收入或者收入遭受损失,家庭的需求就得不到满足,这将严重影响家庭正常的消费与支出(温兴祥,2015)。另一方面,由于失业风险,家庭的人际关系和社会网络也会受到严重影响。

1.3-4　健康风险

健康风险是指作用于人的身体,影响家庭成员健康的一种风险。具体而言,健康风险是指在人的生命过程中,因自然、社会和自身发展等因素,家庭成员出现疾病、伤亡以及财产损失的不确定性(孙祁祥，2017)。健康风险对家庭生活的影响十分严重，一方面会直接增加家庭的医疗支出，另一方面还会减少家庭的劳动供给和可支配收入，对家庭的经济负担造成间接影响。家庭不仅要考虑个人的医疗费用和康复支出，还要考虑重大疾病对家庭未来生活质量的影响。死亡风险也是家庭重点关注的风险之一，"家庭顶梁柱"的死亡，除了会造成家庭成员难以安抚的心灵创伤，对家庭经济造成的损失也会十分严重(张冀等，2016)。何兴强和史卫(2014)认为，老年人本身就是家庭产生风险的重要原因，家庭中老人占比越高，家庭面临的医疗风险也就越大，不过养老金的存在一定程度上可以缓解健康风险所造成的损失(张郁杨、袁微，2022)。

1.3-5 外生冲击风险

外生冲击风险是指除上述家庭风险之外家庭需要面对的其他风险，主要指自然灾害、重大疾病、重大疫情等外生冲击对家庭经济造成损失的不确定性。自然灾害等外生冲击带来的风险属于纯粹风险，如地震、洪涝、瘟疫、气候变化等外生冲击，这些难以预料的风险事故对家庭的影响是不可避免的，并且往往伴随着极高的经济损失。具体来说：

(1)自然灾害冲击。自然灾害作为难以预测的突发事件，其出现会对家庭经济活动产生巨大影响。一方面，自然灾害不仅可能导致粮食减产、冰川消融、极端气候、海平面上升，直接增加人们的收入风险、健康风险和医疗风险；另一方面，如地震等自然灾害的发生还会造成家庭成员伤亡以及产生重建家园的成本，间接影响家庭的收入风险、支出风险、健康风险。对于财务脆弱的家庭而言，它甚至还会间接产生债务风险。

(2)重大疾病冲击。重大疾病泛指治疗周期长、花费巨大、很难短期内得到有效治疗的疾病。如果家庭成员不幸身患重大疾病，无疑是对家庭财务和心灵的沉重打击，严重影响家庭的财务水平和日常经济活动。近年来，随着环境污染、食品安全问题的日益严重，重大疾病在几乎所有人群中的发生率都在逐年上升，呈现不断年轻化的趋势。一场大病对个人及家庭的冲击是灾难性的(周钦等，2013)，加强健康保障，防止"因病致贫返贫"是民生问题中的重中之重。

（3）重大疫情冲击。比如,新冠疫情对全球经济活动产生了巨大的冲击,从政府、实体经济和金融部门,再到微观家庭,经济体的每一个构成元素都受到了巨大的影响（黄送钦等,2020;蒋海等,2021;何诚颖等,2020;蒋和平等,2020）。新冠疫情的暴发及其本身带有的破坏性,极大加剧企业主体的盈利不确定性和家庭部门的收入风险、支出风险、健康风险。疫情冲击对实体经济的不良影响,严重加剧金融市场的波动性,大面积的公司裁员导致家庭的失业风险也在大幅增加。

1.4　小结

家庭是社会发展和经济运行的基本单位,家的幸福美满与国家和民族的前途命运紧密相关。研究中国家庭经济风险,是中国在可持续高质量发展过程中防范化解经济风险不可或缺的重要一环,不仅有助于提高宏观调控的科学性和有效性,还可以推进国家治理体系和治理能力的现代化。本章主要介绍风险概念的演变以及中国家庭经济风险的内涵,对家庭经济风险进行清晰界定,在此基础上,对中国家庭经济风险的概念进行阐述。

本章将中国家庭经济风险定义为:一定期间内和一定客观条件下,某种损失发生的不确定性,即各种事件发生结果的不确定性导致行为主体遭受损失的可能性。本章深入分析家庭经济风险特征后发现,家庭经济风险的基本特征包括收入结构单一,投资经营方式有限,支出不确定性较强,过度负债问题严重,健康问题频发,老龄化问题堪忧,就业矛盾突出,风险认识不足等。本章进一步对家庭经济风险进行分类,从不同维度对中国家庭经济风险进行分析,探索适合研究中国家庭经济风险的分类方式。基于风险理论和中国家庭经济行为,本章最后对中国家庭经济风险的主要来源进行界定,将中国家庭经济风险归纳为:收入风险、支出风险、失业风险、健康风险和外生冲击风险。

第一篇
中国家庭经济风险来源

收入风险

2.1 中国家庭收入风险来源、测度及现状

2.1-1 收入风险来源

如第 1 章所述,家庭的主要收入包括工资性收入、财产性收入、经营性收入、转移性收入和其他收入。从工资性收入来看,一旦发生失业或较大的冲击,家庭收入将骤然下降,从而带来收入风险。从财产性收入来看,中国家庭的财产收入占总收入的比重较低,家庭的财产性收入来源单一,容易受到金融市场和政策的冲击,财产性收入的波动性大,从而造成家庭收入风险上升。从经营性收入来看,家庭经营利润低且易亏损,不利于家庭收入的平稳增长。从转移性收入来看,家庭从政府获得的转移性收入较少,大部分家庭的转移性收入来自父母亲友之间的人情往来,不确定性强,没有稳定的转移性收入来源。中国家庭收入的上述特点增加了家庭收入风险。根据总收入的五种类型,本章将总收入风险的来源同样分为五个部分,即工资性收入风险、财产性收入风险、经营性收入风险、转移性收入风险和其他收入风险。由于中国家庭普惠金融调查(China Household Financial Inclusion Survey, CHFIS)

并不涉及转移性收入风险及其他收入风险的相关数据,因此本章将主要对工资性收入风险、财产性收入风险及经营性收入风险的来源进行详细描述。

第一,工资性收入风险来源。失业是中国家庭工资收入发生波动的主要原因。表 2.1 描述了中国的失业率及失业保险参与率状况。数据显示,2015年以来中国的调查失业率一直处于 5.00% 以上,且由于新冠疫情等因素的冲击,调查失业率从 5.20% 上升至 5.50%,登记失业率从 3.60% 上升至4.00%,分别上升 0.30%、0.40%。此外,家庭的失业保险参与率较低,2019年和 2021 年中国家庭失业保险参与率分别为 8.31%、8.32%,新冠疫情之后中国家庭的失业保险参与率未有明显提升,但失业率却明显提高。因此,中国家庭收入发生较大波动。

表 2.1　失业率和失业保险覆盖率

	2011 年	2013 年	2015 年	2017 年	2019 年	2021 年	2022 年
调查失业率	—	—	5.10%	5.00%	5.20%	5.50%	5.60%
登记失业率	4.10%	4.10%	4.10%	3.90%	3.60%	4.00%	—
家庭失业保险参与率	6.99%	8.11%	10.79%	9.45%	8.31%	8.32%	

资料来源:调查失业率和登记失业率数据来自《国家统计年鉴》;家庭失业保险参与率数据来自 CHFIS。

第二,农业经营性收入风险来源。根据 CHFIS 数据,2019 年有 70% 以上的农村居民进行农业生产经营。对于农民而言,农业收入的稳定性是保障其生活水平的基础。2019 年 CHFIS 询问了农户的粮食作物、经济作物的产量不确定性和价格不确定性及畜禽饲养、水产养殖的疾病瘟疫和价格不确定性。表 2.2 对农业生产经营风险进行了基本描述。数据显示,对于粮食作物的产量不确定性而言,仅有 17.36% 的农户认为无风险,有 82.64% 的农户认为有风险。对于粮食作物的价格不确定性而言,仅有 23.57% 的农户认为无风险,有 76.43% 的农户认为有风险。对于经济作物的产量不确定性而言,仅有 19.15% 的农户认为无风险,有 80.85% 的农户认为有风险。对于经济作物的价格不确定性而言,仅有 22.04% 的农户认为无风险,有 77.96% 的农户认为有风险。对于畜禽饲养的疾病瘟疫而言,仅有 15.05% 的农户认为无风险,有 84.95% 的农户认为有风险。对于畜禽饲养的价格不确定性而言,仅有 13.14% 的农户认为无风险,有 86.86% 的农户认为有风险。对于水产养殖的疾病瘟疫而言,仅有 38.46% 的农户认为无风险,有 61.54% 的农户认为有风险。对于水产养殖的价格不确定性而言,仅有 23.08% 的农户认为无风险,有 76.92% 的农户认为有风险。总体而言,农户面临较大的生产不确定性。

表 2.2 农业生产经营风险

粮食作物	产量不确定性	价格不确定性	经济作物	产量不确定性	价格不确定性
几乎无风险	17.36%	23.57%	几乎无风险	19.15%	22.04%
风险较小	18.20%	18.60%	风险较小	19.15%	15.64%
一般	27.94%	35.91%	一般	24.11%	28.91%
风险较大	34.56%	20.26%	风险较大	34.28%	29.62%
风险非常大	1.94%	1.66%	风险非常大	3.31%	3.79%
畜禽饲养	疾病瘟疫	价格不确定性	水产养殖	疾病瘟疫	价格不确定性
几乎无风险	15.05%	13.14%	几乎无风险	38.46%	23.08%
风险较小	16.85%	13.14%	风险较小	7.69%	15.38%
一般	17.92%	29.93%	一般	7.69%	15.38%
风险较大	43.01%	36.86%	风险较大	38.46%	38.46%
风险非常大	7.17%	6.93%	风险非常大	7.69%	7.70%

资料来源:根据 2019 年 CHFIS 数据整理。

第三,工商业经营性收入风险来源。近年来,家庭经营亏损现象加剧,经营利润较低,阻碍了家庭收入平稳增长。表 2.3 描述了 2011—2021 年间家庭工商业经营的基本状况。数据显示,从 2011 年以来,工商业生产经营的状况较差,经营盈利损失及经营盈利持平的创业家庭比例一直增加。在进行工商业生产经营的样本中,2011 年仅有 6.22% 的创业者经营损失,到 2021 年有 13.84% 的创业者经营损失,2011 年仅有 16.72% 的创业者经营盈利持平,到 2021 年有 27.50% 的创业者经营盈利持平。因此,家庭创业仍然存在一定风险。2019 年仅有 9.49% 的工商业创业者经营损失,到 2021 年这一比例却达到 13.84%。可见,新冠疫情对创业家庭带来较大冲击,加大了家庭收入风险。

表 2.3 工商业生产经营风险

	2011 年	2013 年	2015 年	2017 年	2019 年	2021 年
经营损失（工商业样本）	6.22%	6.42%	5.71%	7.65%	9.49%	13.84%
经营损失（全样本）	0.82%	0.91%	0.91%	1.09%	1.08%	1.35%
经营盈利持平（工商业样本）	16.72%	16.22%	13.66%	17.73%	26.48%	27.50%
经营盈利持平（全样本）	2.22%	2.31%	2.18%	2.54%	3.01%	2.68%

资料来源：根据 2011—2021 年 CHFIS 数据整理。

第四，投资性收入风险来源。金融市场参与是风险较高的投资性行为，会导致家庭收入发生波动。表 2.4 汇报了 2011—2021 年间中国家庭在金融市场投资损失基本状况。本章利用 CHFIS 数据，将金融投资产品市值低于金融投资产品投入的家庭定义为投资损失家庭。数据显示，2011 年投资损失的家庭占比为 4.26%，2013 年投资损失的家庭占比为 4.81%，2015 年投资损失的家庭占比为 4.75%，2017 年投资损失的家庭占比为 4.19%，2019 年投资损失的家庭占比为 3.26%，2021 年投资损失的家庭占比为 3.15%。总体而言，中国仍有一定比例的投资损失家庭，是引发家庭收入风险的重要因素。

表 2.4 投资损失

	2011 年	2013 年	2015 年	2017 年	2019 年	2021 年
投资损失	4.26%	4.81%	4.75%	4.19%	3.26%	3.15%

资料来源：同表 2.3。

2.1-2 收入风险测度

收入风险是背景风险的来源之一（Gollier and Pratt，1996），对于家庭的消费和风险投资均有显著的负向影响（魏世勇、沈利生，2015；Guiso et al.，1996）。现有文献对收入风险的主要度量方法有以下三种：

第一，代理变量法，即使用职业、失业率、收入增长率等代理变量度量收入风险。Friedman（1957）在研究中使用户主职业衡量其面临的风险。与此类似，Guiso 等（1992）认为，户主对其未来收入波动的主观评价可以有效度量其收入风险的大小。家庭负担越重，其收入风险往往越大，"平均每一就业者负担人数"越多，家庭的收入风险越大（杭斌、郭香俊，2009）。Carroll 等

（1992）使用失业率期望值作为收入风险的代理变量。孙凤和王玉华（2001）
指出，地区间的收入差距也能作为家庭或居民未来收入风险的代理变量。
万广华等（2001）使用收入增长预测误差值的平方作为不确定性变量的量化
指标。Hanappi 等（2017）则通过"失业风险"来度量收入不确定。

第二，使用趋势值与实际值的差值作为收入风险的代理指标。刘兆博和
马树才（2007）使用农户持久收入与实际纯收入对数值之差的绝对值来测量
收入波动。罗楚亮（2004）考虑到收入变化的不同趋势，运用收入的对数方
差、暂时性收入平方项、预测失业概率三个变量分别定义收入风险进行研
究。尹志超等（2020）以家庭人均收入作为因变量，使用家庭成员的平均年
龄、平均受教育年限、家庭就业比例以及户主性别、政治面貌和省级固定效
应等作为自变量进行 OLS 回归得到残差值，以残差值作为收入风险的度量
指标。尹志超等（2021）用截面数据估计家庭持久收入，再用实际收入与持
久收入的差值衡量收入波动。

第三，使用方差或标准差度量家庭的收入风险。申朴和刘康兵（2003）
以滞后一期的城镇居民人均可支配收入为基础，运用七年的数据计算收入
的标准差，以此度量收入风险。尹志超和严雨（2020）通过构造收入方程并
使用收入的方差作为收入风险的代理变量。王永中（2009）在研究中使用省
际城镇居民人均可支配收入的标准差度量收入波动。也有学者使用微观数
据测量收入风险，比如按照职业、工作单位和受教育年限分组计算而得的方
差或标准差（罗楚亮，2004；樊潇彦等，2007；Dynan et al.，2004；沈坤荣、谢
勇，2012）。

目前学术界对于收入风险的测度较为成熟，上述三种家庭收入风险的度
量方式也被广泛运用，但仍存在一些不足。一方面，代理变量法可能存在误
差。虽然职业、失业率、收入增长率等代理变量能在一定程度上反映家庭的
收入风险，但是主观性相对较大，可能存在一定误差。另一方面，现有文献
对家庭收入风险的测度指标单一。鉴于数据可得性等原因，文献中较少同
时用多种方式测度家庭收入风险，因而对于家庭收入风险的测度可能不够全
面。本章借鉴樊潇彦等（2007）的做法，根据户主年龄、户主受教育程度、户主
工作类型、家庭财富、家庭所在县域将家庭分为若干个组别，计算相应家庭收
入对数的组内方差，然后通过连乘得到家庭收入风险，再将其取自然对数。

2.1-3 收入风险变化

参考樊潇彦等（2007）的做法，本章将户主年龄分组为 i，受教育年限分组为 j，户主工作类型分组为 k，家庭财富分组为 m，家庭所在县域分组为 n，其收入风险如下式所示：

$$Risk_{ijkmn} = \prod \left[\mathrm{var}(income)_{ijkmn} \right] \qquad (2.1)$$

图 2.1 汇报了 2011—2021 年间家庭收入风险的变化趋势。2011 年收入风险值为 4.053 3，2013 年收入风险值为 3.797 3，2015 年收入风险值为 4.146 2，2017 年收入风险值为 3.373 1，2019 年收入风险值为 3.743 6，2021 年收入风险值为 4.949 3。可以看出，一直以来，中国家庭的收入风险处于波动状态，但受新冠疫情等因素影响，家庭的就业、生产经营受到不同程度的冲击，致使到 2021 年中国家庭的收入风险达到顶峰。

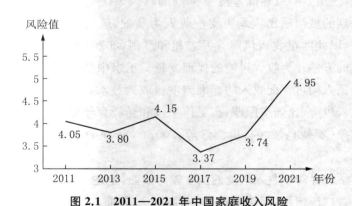

图 2.1　2011—2021 年中国家庭收入风险

资料来源：同表 2.3。

2.2　中国家庭收入风险异质性

2.2-1　户主特征

第一，户主参与体制内工作的家庭的收入风险较小。家庭的收入风险在不同户主特征家庭可能存在异质性。户主在不同的部门工作,家庭面临着不同的收入风险。一般而言,相比于体制外工作,体制内工作较为稳定,收入波动较小。因此,本章分析了户主参与体制内、体制外工作的家庭收入风险差异。具体地,本章将户主工作单位类型为"机关团体/事业单位、国有及国有控股企业"的家庭定义为体制内家庭,将户主工作单位类型为"个体工商户,私营企业,外商、港澳台投资企业,务农及无工作个体"的家庭定义为体制外家庭。表 2.5 中的描述性统计结果显示,2021 年,体制内家庭的收入风险均值为 4.29,而体制外家庭的收入风险均值为 4.97,两者相差 0.68,体制内家庭收入风险的中位数为 4.30,而体制外家庭收入风险的中位数为 5.05,两者相差 0.75。

表 2.5　户主工作类型异质性

	体制内	体制外
收入风险	4.29	4.97
收入风险(中位数)	4.30	5.05
样本数	2 568	19 458

资料来源:根据 2021 年 CHFIS 数据整理。

第二,户主文化程度高的家庭的收入风险较小。人力资本是居民内生禀赋,是提高内生动力的渠道,能够有效避免风险的发生。尹志超等(2020)使用户主受教育程度作为人力资本的度量方式。一般而言,相比于户主高受教育程度家庭,户主低受教育程度家庭本身收入水平较低,就业类型受限,收入波动较大。因此,本章分析了户主低受教育程度及高受教育程度家庭收入风险的差异。具体地,本章将户主受教育程度为高中以下的家庭定义为低受教育程度家庭,否则为高受教育程度家庭。表 2.6 中的描述性统计结果显示,2021 年,高受教育程度家庭的收入风险均值为 4.58,低受教育程度家庭的收入风险均值为 5.06,两者相差 0.48。高受教育程度家庭的收入风险中位数为 4.61,低受教育程度家庭的收入风险均值为 5.14,两者相差 0.53。

表 2.6　户主受教育程度异质性

	高中以下	高中及以上
收入风险	5.06	4.58
收入风险(中位数)	5.14	4.61
样本数	14 272	7 754

资料来源:同表 2.5。

第三,家庭收入风险随户主年龄增大而变大。随着居民年龄的增长,其精力会受到不同程度的限制,收入来源渠道会变得单一,防御外部冲击及内部风险的能力逐渐减弱,家庭收入风险会变大。因此,本章分析了户主不同年龄段的家庭收入风险的差异。具体地,本章将户主年龄在 40 岁以下的家庭定义为青年家庭,将户主年龄在 40 岁到 60 岁之间的家庭定义为中年家庭,将户主年龄在 60 岁以上的家庭定义为老年家庭。表 2.7 中的描述性统计结果显示,2021 年,在青年家庭中,收入风险均值为 4.59,在中年家庭中,收入风险均值为 4.90,而在老年家庭中,收入风险均值为 4.99。在青年家庭中,收入风险中位数为 4.51,在中年家庭中,收入风险中位数为 4.99,而在老年家庭中,收入风险中位数为 5.03。因此可以得出家庭收入风险随户主年龄增大而变大的结论。

表 2.7　户主年龄异质性

	青年	中年	老年
收入风险	4.59	4.90	4.99
收入风险(中位数)	4.51	4.99	5.03
样本数	7 755	10 756	8 723

资料来源:同表 2.5。

2.2-2　家庭特征

第一,家庭收入风险随着家庭财富水平的提高而变小。财富是长期以来收入的积累,是一种存量。财富的增长能够帮助家庭有效抵御风险冲击,维持基本生活水平。相比于高财富群体,低财富群体抵御风险的能力较弱,往往会导致风险的恶性循环,出现小风险引起大风险的状况。因此,本章分析了不同财富水平家庭收入风险的差异。具体地,本章将家庭财富水平处于样本 25 分位数以下的家庭定义为低财富家庭,将家庭财富水平处于样本 25 分位数以上及 75 分位数以下的家庭定义为中等财富家庭,将家庭财富水平处于样本 75 分位数以上的家庭定义为高财富家庭。表 2.8 中的描述性统计结果显示,2021 年,低财富家庭的收入风险均值为 5.17,中等财富家庭的收入风险均值为 4.93,高财富家庭的收入风险均值为 4.55。低财富家庭的收入风险中位数为 5.25,中等财富家庭的收入风险中位数为 5.02,高财富家庭

表 2.8　家庭财富异质性

	低财富	中等财富	高财富
收入风险	5.17	4.93	4.55
收入风险（中位数）	5.25	5.02	4.62
样本数	5 506	10 841	5 680

资料来源：同表 2.5。

的收入风险中位数为 4.62。因此，可以得出结论，财富水平越高的家庭，收入风险越低。

第二，家庭收入风险随着社会网络的拓宽而变小。中国是一个社会网络极度发达的国家，对居民经济行为具有积极影响。社会网络可以提高居民就业机会和居民收入水平。此外，社会网络作为一种非正式保障机制能够对冲家庭面临的风险。因此，社会网络越广泛的家庭面临的收入风险越小。本章分析了不同社会网络家庭收入风险的差异。具体地，本章将家庭社会网络处于样本 25 分位数以下的家庭定义为低社会网络家庭，将家庭社会网络处于样本 25 分位数以上及 75 分位数以下的家庭定义为中等社会网络家庭，将社会网络处于样本 75 分位数以上的家庭定义为高社会网络家庭。表 2.9 中的描述性统计结果显示，2021 年，低社会网络家庭的收入风险均值为 5.00，中等社会网络家庭的收入风险均值为 4.89，高社会网络家庭的收入风险均值为 4.73。低社会网络家庭的收入风险中位数为 5.10，中等社会网络家庭的收入风险中位数为 4.98，高社会网络家庭的收入风险中位数为 4.79。因此，社会网络程度越高，家庭的收入风险越低。

表 2.9　家庭社会网络异质性

	低社会网络	中等社会网络	高社会网络
收入风险	5.00	4.89	4.73
收入风险（中位数）	5.10	4.98	4.79
样本数	8 737	7 746	5 544

资料来源：同表 2.5。

第三，被社会养老保险覆盖的家庭，收入风险较低。社会养老保险的收入属于国家无偿支付给家庭的，具有固定且稳定的特点，社会养老保险覆盖会提高家庭收入的稳定性,降低收入的波动性。因此,本章将具有机关事业单位退休金/离休金、城镇职工基本养老保险、新型农村社会养老保险、城镇居民社会养老保险、城乡统一居民社会养老保险的家庭成员定义为参与社会养老保险,并在家庭层面进行加总,再除以家庭总人数,从而得到社会养老保险占比。将占比为1的家庭定义为社会养老保险占比高家庭,否则为社会养老保险占比低家庭。表2.10中的描述性统计结果显示,2021年,社会养老保险占比高家庭的收入风险均值为4.89,社会养老保险占比低家庭的收入风险均值为4.90。社会养老保险占比高家庭的收入风险中位数为4.94,社会养老保险占比低家庭的收入风险中位数为5.05。可以得出结论,社会养老保险覆盖度越高,家庭的收入风险越低。

表 2.10　家庭社会养老保险参与异质性

	社会养老保险占比低	社会养老保险占比高
收入风险	4.90	4.89
收入风险(中位数)	5.05	4.94
样本数	8 889	13 138

资料来源:同表2.5。

第四,被社会医疗保险覆盖的家庭,收入风险较低。社会医疗保险的覆盖,解决了老百姓"看病贵、看病难"的问题,使得居民的医疗成本大大降低,居民的健康风险有所降低,从而提高了居民的健康水平,降低了家庭收入风险。因此,本章将具有城镇职工基本医疗保险、城镇居民基本医疗保险、新型农村合作医疗保险、城乡居民基本医疗保险、公费医疗的家庭成员定义为参与社会医疗保险,并在家庭层面进行加总,再除以家庭总人数,从而得到社会医疗保险占比。将占比为1的家庭定义为社会医疗保险占比高家庭,否则为社会医疗保险占比低家庭。表2.11中的描述性统计结果显示,2021年,社会医疗保险占比高家庭的收入风险均值为4.89,社会医疗保险占比低家庭的收入风险均值为4.95。社会医疗保险占比高家庭的收入风险中位数为4.98,社会医疗保险占比低家庭的收入风险中位数为5.00。可以得出结论,社会医疗保险覆盖度越高,家庭的收入风险越低。

表 2.11　家庭社会医疗保险参与异质性

	社会医疗保险占比低	社会医疗保险占比高
收入风险	4.95	4.89
收入风险（中位数）	5.00	4.98
样本数	3 715	18 312

资料来源：同表 2.5。

第五，被社会失业保险覆盖的家庭，收入风险较低。失业保险是指国家通过立法强制实行的，由用人单位、职工个人缴费及国家财政补贴等渠道筹集资金建立失业保险基金，对因失业而暂时中断生活来源的劳动者提供物质帮助以保障其基本生活，是社会保障体系的重要组成部分，也是社会保险的主要项目之一。参与失业保险可能能够降低家庭面临的收入风险。因此，本章计算了家庭的社会失业保险参与率，发现仅有 25％ 的家庭有失业保险，而 75％ 的家庭未参与失业保险。表 2.12 中的描述性统计结果显示，2021 年，未参与社会失业保险家庭的收入风险均值为 4.99，参与社会失业保险家庭的收入风险均值为 4.44。未参与社会失业保险家庭的收入风险中位数为 5.06，参与社会失业保险家庭的收入风险中位数为 4.39。可以得出结论，社会失业保险覆盖度越高，家庭的收入风险越低。

表 2.12　家庭社会失业保险参与异质性

	未参与社会失业保险	参与社会失业保险
收入风险	4.99	4.44
收入风险（中位数）	5.06	4.39
样本数	3 715	18 312

资料来源：同表 2.5。

2.2-3　地区特征

第一，城市规模越大，家庭收入风险越小。市场的发达程度是影响经济增长的重要因素，而资本、劳动力、信息等生产要素更多集中于市场较为发达区域，直接导致弱势地区的市场活力无法充分发挥，成为制约经济增长的主要瓶颈。经济活动聚集能够促进区域经济增长，为居民带来更多的就业机会，降低家庭的收入风险。因此，城市规模越大的地区，家庭收入风险越小。表 2.13 中的描述性统计结果显示,2021 年,一线(新一线)城市家庭收入风险的均值为 4.66,二线城市家庭收入风险的均值为 4.81,三线及三线以下城市家庭收入风险的均值为 5.01。①一线(新一线)城市家庭收入风险的中位数为 4.75,二线城市家庭收入风险的中位数为 4.86,三线及三线以下城市家庭收入风险的中位数为 5.11。可见,三线及三线以下城市家庭收入风险最大,二线城市家庭次之,一线(新一线)城市家庭收入风险最小。

表 2.13 城市规模异质性

	一线(新一线)	二线	三线及三线以下
收入风险	4.66	4.81	5.01
收入风险(中位数)	4.75	4.86	5.11
样本数	5 693	3 061	13 272

资料来源:同表 2.5。

第二,农村家庭的收入风险大于城镇家庭。相较城镇地区,农村地区家庭大多以务农为主,非农就业程度不足,面临收入来源单一且收入水平较低的困境。因此,农村地区家庭的收入风险可能高于城镇地区家庭。表 2.14 中的描述性统计结果显示,2021 年,城镇家庭收入风险的均值为 4.75,农村家庭收入风险的均值为 5.12,农村家庭收入风险的均值比城镇家庭高出 0.37。城镇家庭收入风险的中位数为 4.81,农村家庭收入风险的中位数为 5.21,农村家庭收入风险的中位数比城镇家庭高出 0.40。

表 2.14 城乡异质性

	农村	城镇
收入风险(均值)	5.12	4.75
收入风险(中位数)	5.21	4.81
样本数	8 703	13 324

资料来源:同表 2.5。

---

① 一线城市包括上海、北京、深圳、广州;新一线城市包括成都、杭州、重庆、西安、苏州、武汉、南京、天津、郑州、长沙、东莞、佛山、宁波、青岛、沈阳;二线城市包括合肥、昆明、无锡、厦门、济南、福州、温州、大连、哈尔滨、长春、泉州、石家庄、南宁、金华、贵阳、南昌、嘉兴、珠海、南通、惠州、太原、中山、徐州、绍兴、常州、台州、烟台、兰州、潍坊、临沂。其余城市归为三线及以下城市。

第三,西部地区、中部地区家庭的收入风险高于东部地区家庭。地理位置差异是导致家庭收入不尽相同的重要因素。东部地区凭借着沿海优势及改革开放带来的一系列政策使其经济水平得到了极为快速的发展,在就业选择及交通基础设施等多方面均优于中西部地区。因此,中西部地区家庭的收入风险可能高于东部地区。表 2.15 中的描述性统计结果显示,2021年,东部地区家庭收入风险的均值为 4.78,中部地区家庭收入风险的均值为4.94,西部地区家庭收入风险的均值为 5.01。西部地区家庭的收入风险最高,中部地区家庭次之,东部地区家庭最低。就收入风险的均值而言,西部家庭收入风险的均值比东部家庭高出 0.23,中部家庭收入风险的均值比东部家庭高出 0.16。东部地区家庭收入风险的中位数为 4.87,中部地区家庭收入风险的中位数为 5.03,西部地区家庭收入风险的中位数为 5.11。

表 2.15 区域异质性

	东部	中部	西部
收入风险	4.78	4.94	5.01
收入风险(中位数)	4.87	5.03	5.11
样本数	10 072	3 833	8 122

资料来源:同表 2.5。

2.3 收入风险与中国家庭金融行为

第一,收入风险越高的家庭,消费水平越低。预防性储蓄理论认为家庭面临的不确定性是导致高储蓄的重要因素。具体地,不确定性会加大家庭未来边际效用与当期边际效用的差距,家庭只能通过增加当期储蓄、降低当期消费来使每期边际效用相等,从而使得其整个生命周期的效用最大化。因此,收入风险可能降低家庭消费水平。本章分别根据收入风险的均值及中位数将样本划分为高收入风险组和低收入风险组。表 2.16 中的描述性统计结果显示,两种分组方式下,2021 年,高收入风险组的消费分别为 54 712 元、52 706元,低收入风险组的消费分别为 92 792 元、89 973 元。在两种划分组别的情况下,高收入风险组的消费比低收入风险组分别低 38 080 元、37 267 元。

表 2.16　收入风险与家庭消费

均值	低收入风险	高收入风险
消费	92 792	54 712
样本数	9 610	12 411

中位数	低收入风险	高收入风险
消费	89 973	52 706
样本数	11 005	11 016

资料来源:同表 2.5。

第二,收入风险越高的家庭,参与金融市场的概率越低。参与金融市场本身是一种带有较高风险的投资行为。当家庭具有较高的收入风险时,其可能更多会为应对不确定性进行储蓄而非进入金融市场。因此,收入风险可能抑制家庭进入金融市场。本章分别根据收入风险的均值及中位数将样本划分为高收入风险组和低收入风险组。表 2.17 中的描述性统计结果显示,两种分组方式下,2021 年高收入风险组的金融市场参与的家庭占比分别为 5.21%、4.10%,低收入风险组的金融市场参与的家庭占比为 20.62%、19.78%。在两种划分组别的情况下,高收入风险组的金融市场参与家庭占比要比低收入风险组分别低 15.41%、15.68%。

表 2.17　收入风险与家庭金融市场参与

均值	低收入风险	高收入风险
金融市场参与	20.62%	5.21%
样本数	9 613	12 414

中位数	低收入风险	高收入风险
金融市场参与	19.78%	4.10%
样本数	11 009	11 018

资料来源:同表 2.5。

第三,收入风险越高的家庭,借出的概率越低。借出行为也同样具有一定风险,当家庭具有较高的收入风险时,其储蓄往往会被拿来应对自身风险,而非借出。因此,收入风险对家庭借出行为具有负向影响。本章分别根据收入风险的均值及中位数将样本划分为高收入风险组和低收入风险组。

表 2.18 中的描述性统计结果显示,两种分组方式下,2021 年,高收入风险组具有民间借出的家庭占比分别为 11.72%、11.43%,低收入风险组具有民间借出的家庭占比分别为 18.15%、17.63%。在两种划分组别的情况下,高收入风险组的具有民间借出的家庭占比要比低收入风险组分别低 6.43%、6.20%。

表 2.18　收入风险与家庭民间借出

均值	低收入风险	高收入风险
民间借出	18.15%	11.72%
样本数	9 613	12 414

中位数	低收入风险	高收入风险
民间借出	17.63%	11.43%
样本数	11 009	11 018

资料来源:同表 2.5。

2.4　小结

收入风险是众多背景风险的来源。本章基于 2011—2021 年 CHFIS 数据,分析了收入风险的来源,运用组内方差连乘方法测度家庭收入风险,探讨了 2011—2021 年家庭收入风险的变化,描绘了不同工作类型、不同受教育程度、不同年龄等户主特征,不同财富水平、不同社会网络、不同保险参与程度等家庭特征及不同区域特征家庭的收入风险的差异,并从家庭消费、家庭参与金融市场、家庭借出角度分析了收入风险与家庭金融行为的关系。具体有如下结论:

第一,中国家庭收入风险处于波动状态。本章的描述性统计结果表明,2011—2013 年,中国家庭的收入风险呈上升趋势,2013—2015 年,中国家庭的收入风险呈下降趋势,2017—2021 年中国家庭的收入风险呈上升趋势,2019—2021 年间家庭收入风险上升幅度较大。

第二,新冠疫情等外在因素使得家庭收入风险加大。2019 年中国家庭收入风险的均值为 3.74,后受到新冠疫情等外在因素的冲击,2021 年中国家庭收入风险加大,均值达到 4.94,相比 2019 年提升了 1.20。

第三,中国家庭收入风险存在户主工作性质、受教育程度、年龄上的异质性。从户主工作性质来看,户主在体制内工作家庭的收入风险低于户主在体制外工作家庭;从户主受教育程度来看,低受教育程度家庭的收入风险高于高受教育程度家庭;从户主年龄来看,老年家庭的收入风险远高于中青年家庭。

第四,家庭收入风险存在家庭财富水平、社会网络、社会保险上的异质性。从家庭财富水平来看,低财富家庭的收入风险远高于中高财富家庭,低社会网络家庭的收入风险远高于中高社会网络家庭。从社会养老保险来看,社会养老保险占比低的家庭的收入风险高于社会养老保险占比高的家庭;从社会医疗保险来看,社会医疗保险占比低的家庭的收入风险高于社会医疗保险占比高的家庭;从社会失业保险来看,未参与社会失业保险的家庭的收入风险高于参与社会失业保险的家庭。

第五,家庭收入风险存在地区异质性。从城市规模来看,三线及三线以下城市家庭的收入风险高于二线及一线城市家庭的收入风险;从城乡来看,城镇家庭的收入风险低于农村家庭。从东中西部来看,西部家庭的收入风险最高,中部家庭次之,东部家庭的收入风险最低。

第六,收入风险降低消费、抑制金融市场参与及民间借出。从家庭消费水平来看,高收入风险家庭的消费值远低于低收入风险家庭;从家庭金融市场参与来看,高收入风险家庭的金融市场参与率远低于低收入风险家庭;从家庭民间借出参与来看,高收入风险家庭的民间借出参与率远低于低收入风险家庭。

支出风险

3.1 中国家庭支出变化

3.1-1 中国家庭总支出稳步增加

　　根据国家统计局标准,本章定义的家庭总支出由八项分项组成,分别为家庭食品支出、衣着支出、居住支出、设备服务支出、交通通信支出、教育文娱支出、医疗保健支出和其他支出。图 3.1 给出了 2011—2021 年中国家庭总支出变化趋势。可以看出,2011—2021 年家庭总支出均值不断增加。具体来看,2011 年家庭总支出均值为 4.10 万元,2013 年家庭总支出均值为 5.32 万元,2015 年家庭总支出均值为 5.57 万元,2017 年家庭总支出均值为 6.41 万元,2019 年家庭总支出均值为 7.51 万元,2021 年家庭总支出均值为 7.83 万元。2011—2021 年,中国家庭总支出增加到 1.91 倍。以上数据表明,过去十年,家庭总支出不断增长。

图 3.1　中国家庭总支出变化趋势

资料来源:根据 2011—2021 年 CHFIS 数据计算。

3.1-2　中国家庭支出结构发生变化

表 3.1 给出了 2011—2021 年中国家庭支出结构变化趋势。整体来看,2011—2021 年,家庭八大项支出均显著增加。具体来看,食品支出由 2011 年的 1.41 万元上升至 2021 年的 2.75 万元,增加到 1.95 倍。衣着支出由 2011 年的 0.09 万元上升至 2021 年的 0.25 万元,增加到 2.78 倍。居住支出由 2011 年的 0.51 万元上升至 2021 年的 1.05 万元,增加到 2.06 倍。家庭设备服务支出由 2011 年的 0.19 万元上升至 2021 年的 0.86 万元,增加到 4.53 倍。交通通信类支出由 2011 年的 0.34 万元上升至 2021 年的 1.11 万元,增加到 3.26 倍。教育文娱支出由 2011 年的 0.44 万元上升至 2021 年的 0.74 万元,增加到 1.68 倍。医疗保健支出由 2011 年的 0.63 万元上升至 2021 年的 1.21 万元,增加到 1.92 倍。其他支出由 2011 年的 0.07 万元上升至 2021 年的 0.26 万元,增加到 3.71 倍。

可以看出,2011—2021 年,家庭各分项支出均显著增加,食品为家庭支出的主要来源。此外,受新冠疫情等外在因素影响,可以看出,2019—2021 年间家庭食品支出略有下降,由 2019 年的 2.79 万元下降至 2021 年的 2.75 万元;家庭交通通信支出显著下降,由 2019 年的 1.48 万元下降至 2021 年的 1.11 万元;家庭教育文娱支出显著下降,由 2019 年的 0.93 万元下降至 2021 年的 0.74 万元；医疗保健支出显著上升，由 2011 年的 0.63 万元上升至 2021 年的 1.21 万元。总体来看，过去十年，虽然家庭各分项支出均显著增加，食品的主要家庭支出地位变化不显著，但受新冠疫情等因素的影响，家庭的交通通信支出、教育文娱支出均显著下降，家庭医疗保健支出显著增加。

表 3.1　中国家庭支出结构变化：2011—2021 年（单位：万元）

	2011 年	2013 年	2015 年	2017 年	2019 年	2021 年
食品支出	1.41	1.95	1.94	2.29	2.79	2.75
衣着支出	0.09	0.29	0.25	0.24	0.24	0.25
居住支出	0.51	0.74	0.81	0.83	0.92	1.05
设备服务支出	0.19	0.38	0.63	0.59	0.72	0.86
交通通信支出	0.34	0.49	0.61	0.64	1.48	1.11
教育文娱支出	0.44	0.69	0.57	0.71	0.93	0.74
医疗保健支出	0.63	0.63	0.66	0.99	0.93	1.21
其他支出	0.07	0.08	0.06	0.08	0.18	0.26

资料来源：同图 3.1。

3.1-3　中国家庭消费差距较大

2011—2021 年，中国家庭消费差距整体处于较高水平。表 3.2 给出了 2011—2021 年中国家庭消费基尼系数、家庭消费 90 分位数与 10 分位数占比、家庭消费 60 分位数与 40 分位数占比。从家庭消费基尼系数来看，中国家庭消费差距整体处于较高水平。近年来，家庭消费差距呈扩大趋势，家庭消费基尼系数由 2017 年的 0.47 上升至 2021 年的 0.52。从家庭消费 90 分位数与 10 分位数占比来看，近年来，家庭消费差距逐年增加。家庭消费 90 分位数与 10 分位数占比由 2017 年的 9.05 上升至 2021 年的 13.24。值得注意的是，由于新冠疫情等因素的冲击，家庭消费 90 分位数与 10 分位数占比由 2019 年的 10.93 显著上升至 2021 年的 13.24。从家庭消费 60 分位数与 40 分位数占比来看，2011—2015 年，这一数据逐年下降，2015 年后却逐年增加，由 2015 年的 1.49 上升至 2021 年的 1.60。总体来看，过去十年，中国家庭消费差距处于较高水平，且 2021 年消费差距进一步扩大。

表 3.2　中国家庭消费差距：2011—2021 年

	基尼系数	90 分位数/10 分位数	60 分位数/40 分位数
2011 年	0.50	10.97	1.54
2013 年	0.44	7.81	1.45
2015 年	0.48	9.27	1.49
2017 年	0.47	9.05	1.51
2019 年	0.51	10.93	1.56
2021 年	0.52	13.24	1.60

资料来源：同图 3.1。

3.2　中国家庭支出风险测度及变化

3.2-1　中国家庭支出风险测度

支出风险主要指的是意外支出和非预期支出。家庭意外支出是指各种意外事故造成财产损失和人身伤害，从而给家庭带来意外的财务支出。广义的财产损失风险一般包括狭义的财产损失风险、责任损失风险和信用损失风险。家庭的财产损失风险通常由意外事故导致。具体来看，人身意外支出主要包括疾病（尤其是重大疾病）和意外事故给家庭成员身体带来伤害以及需要治疗产生的各种医疗费用支出。家庭信用损失风险一般由家庭债务风险导致。家庭债务包括家庭中个人负担的债务和家庭的共同负债，具体是指家庭在过去各类经济活动中产生的，由个人或家庭承担并预期导致经济利益流出家庭的现实义务。债务风险是指债务增长带来危害和损失的不确定性预期。当家庭出现收不抵支、存不抵贷现象，家庭负债率超过合理界限，以及出现家庭债务违约现象，给家庭带来不确定的后果时，称家庭遭遇了债务风险。尤其是当家庭处于过度负债时，家庭将遭遇信用损失，进而面临支出风险。

家庭支出风险主要从家庭非预期支出与过度负债两个方面进行测度。随着家庭微观数据的丰富，家庭支出以及债务风险衡量指标和研究方法不断发展和完善。第一，家庭非预期支出。现有文献主要研究财产保险、责任保险、短期健康险和意外伤害险等风险的损失分布及其估计，并讨论对支出风险进行测度的理论和方法（孟生旺等，2019）。Jorgensen 和 Souza（1994）证明了当索赔次数服从泊松分布以及索赔强度服从伽马分布时，Tweedie 分布能很好地刻画因非预期支出导致的财产损失分布，并发现似然函数是投保单位期望损失的线性指数函数以及使用广义线性函数来估计参数成为可能。Lusardi 等（2011）指出非预期支出通常包括健康医疗、汽车维修、法律诉讼以及房屋维修等方面的支出，并且前两项占绝大部分。不同于 Lusardi 等（2011）中非预期支出选取为 1 200 美元和 Brunetti 等（2016）中非预期支出选取为固定的 1 500 欧元，岳崴等（2021）选取健康医疗支出作为非预期支出，指出医疗支出的随机性与非预期性更相符合。研究发现，健康风险会显著增加家庭财务脆弱性，而家庭购买商业保险能够显著缓解家庭财务脆弱性并降低健康风险对家庭财务脆弱性的边际影响。基于已有文献相关测度方法与相关家庭微观数据的可得性，本章借鉴岳崴等（2021）的做法，使用家庭医疗保健支出（扣除社会医疗保险报销部分）度量家庭非预期支出，并以该指标反映家庭面临的支出风险，家庭非预期支出越大，表明家庭潜在的支出风险越高。

第二，家庭过度负债。Davis（2007）利用杠杆率、利息收入比、负债收入比和资产收入比等一系列企业财务风险的衡量指标对澳大利亚家庭财务的潜在风险进行描述，运用微观家庭数据从多个角度提供家庭财务风险的实证证据。分析显示，金融自由化的发展和金融产品的多元化趋势减弱了个人的抗风险能力，蕴含了极大的风险，并且风险有进一步扩大的趋势。Martínez 等（2013）基于智利 2007 年的调查数据，对负债收入比（DSR）进行改进，提出改良的负债收入比指标（MDSR）。隋钰冰等（2020）基于 2013年 CHFIS 的数据，利用杠杆率指标和财务边际指标测算了家庭的债务风险，并分析了外部冲击对家庭债务风险的影响。有关家庭过度负债指标的衡量，现有文献主要采用主观评价与客观事实两种。Lusardi 和 Tufano（2015）使用"家庭在偿还贷款的过程中是否存在困难"这一主观评价度量家庭过度负债。Gathergood 和 Disney（2011）使用"家庭最近几个月是否有拖欠或违约的事情发生"这一客观事实度量家庭过度负债。吴卫星等（2018）则将主观评价与客观事实相结合，利用家庭实际负债与家庭年收入的比值减去认为家庭债务不应超过的年收入的倍数作为过度负债的代理指标。张中祥和胡雅慧(2023)则基于中国家庭金融调查数据,将家庭负债收入比大于1的家庭定义为过度负债家庭,研究了数字普惠金融发展对家庭过度负债风险的影响。

通过梳理上述文献并基于中国家庭微观数据的可得性,本章借鉴张中祥和胡雅慧(2023)的做法,使用家庭负债收入比测度家庭过度负债,并以该指标反映家庭面临的支出风险。具体来看,若家庭负债收入比大于1,则将该家庭定义为过度负债家庭,否则为非过度负债家庭。其中,家庭负债主要包括金融资产负债、农业负债、工商业负债、房屋负债、商铺负债、车辆负债、其他非金融资产负债、教育负债、信用卡负债、医疗负债以及其他负债;家庭总收入由工资性收入、农业收入、工商业收入、财产性收入和转移性收入五个分项组成。

综上所述,本章使用家庭医疗保健支出(扣除社会医疗保险报销部分)作为家庭非预期支出的代理变量,使用家庭负债收入比是否大于1定义家庭过度负债情况,并以上述两个指标反映家庭面临的支出风险。

3.2-2 中国家庭支出风险变化

2011—2021年,中国家庭支出风险显著增加。图3.2给出了2011—2021年中国家庭支出风险变化趋势。可以看出,2011—2021年中国家庭非预期支出与过度负债比例不断扩大。具体来看,第一,家庭非预期支出由2011年的0.44万元上升至2021年的1.35万元,增加到3.07倍。值得注意的是,受到新冠疫情等因素的冲击,2019—2021年家庭非预期支出显著增加,由2019年的1.04万元上升至2021年的1.35万元。以上数据表明,过去十年,家庭非预期支出不断扩大。第二,家庭过度负债比例由2011年的0.15上升至2021年的0.21,增加到1.40倍。与此同时,受到新冠疫情等因素的影响,家庭过度负债比例显著增加,家庭过度负债比例由2019年的0.19上升至2021年的0.21。以上数据表明,过去十年,家庭过度负债比例显著增加。总体来看,过去十年中国家庭支出风险不断扩大,家庭面临的潜在支出风险不容忽视。

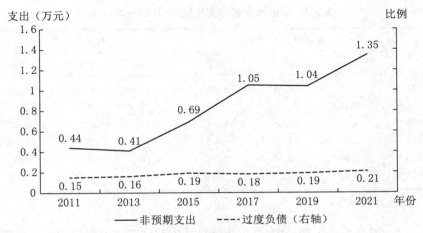

图 3.2　中国家庭支出风险变化趋势

资料来源:同图 3.1。

2011—2021 年,中国城乡家庭支出风险差距显著扩大。表 3.3 给出了此十年中国城乡家庭支出风险变化趋势。可以看出,2011—2021 年中国城乡家庭非预期支出以及过度负债比例差距显著扩大。具体来看,就家庭非预期支出而言,2011 年城镇家庭和农村家庭的非预期支出分别为 0.45 万元和 0.44 万元,二者的差距为 0.01 万元。2021 年城镇家庭和农村家庭的非预期支出分别为 1.49 万元和 1.06 万元,二者的差距为 0.43 万元。可见,2011—2021 年城乡家庭的非预期支出均显著增加,城镇家庭的非预期支出增加到 3.31 倍,农村家庭的非预期支出增加到 2.41 倍。2011—2021 年城镇家庭和农村家庭的非预期支出差距扩大,城乡家庭非预期支出差距扩大到 43 倍。

就家庭过度负债比例而言,2011 年城镇家庭和农村家庭的过度负债比例分别为 0.17 和 0.12,前者显著高于后者。2013—2021 年农村家庭的过度负债比例显著高于城镇家庭。2013 年城镇家庭和农村家庭的过度负债比例分别为 0.15 和 0.17,二者差距为 0.02。2021 年城镇家庭和农村家庭的过度负债比例分别为 0.18 和 0.24,二者差距为 0.06。可以看出,2013—2021 年城乡家庭的过度负债比例均显著增加,城镇家庭的过度负债比例增加到 1.06 倍,农村家庭的过度负债比例增加到 2.00 倍。2011—2021 年城镇家庭和农村家庭的过度负债比例扩大,城乡家庭的过度负债比例差距扩大到

表 3.3　中国城乡家庭支出风险：2011—2021 年

	非预期支出（万元）			过度负债比例		
	城镇	农村	差距	城镇	农村	差距
2011 年	0.45	0.44	0.01	0.17	0.12	0.05
2013 年	0.41	0.35	0.07	0.15	0.17	0.02
2015 年	0.69	0.68	0.01	0.19	0.21	0.03
2017 年	1.08	1.00	0.08	0.16	0.22	0.06
2019 年	1.08	0.94	0.14	0.18	0.21	0.03
2021 年	1.49	1.06	0.43	0.18	0.24	0.06

资料来源：同图 3.1。

1.20 倍。以上数据表明，2011—2021 年，城镇家庭和农村家庭的支出风险均显著增加，城乡家庭支出风险差距显著扩大。

2011—2021 年，中国东中西部家庭支出风险差距显著扩大。表 3.4 给出了 2011—2021 年东部地区和中西部地区家庭支出风险变化趋势。可以看出，2011—2021 年东部地区家庭和中西部地区家庭的非预期支出均值以及过度负债比例差距显著扩大。具体来看，就非预期支出均值而言，2011 年东部地区和中西部地区家庭的非预期支出均值分别为 0.40 万元和 0.49 万元，二者的差距为 0.09 万元。2021 年东部地区和中西部地区家庭的非预期支出均值分别为 1.70 万元和 1.01 万元，二者的差距为 0.69 万元。可以看出，2011—2021 年东部地区和中西部地区家庭的非预期支出显著增加，东部地区家庭的非预期支出增加到 4.25 倍，中西部地区家庭的非预期支出增加到 2.06 倍。2011—2021 年东部地区家庭和中西部地区家庭的非预期支出差距扩大到 7.67 倍。

就家庭过度负债比例而言，2011 年东部地区和中西部地区家庭的过度负债比例分别为 0.17 和 0.14，二者的差距为 0.03。2021 年东部地区和中西部地区家庭的过度负债比例分别为 0.17 和 0.23，二者的差距为 0.06。可以看出，2011—2021 年东部地区家庭的过度负债比例较为稳定，中西部地区家庭的过度负债比例显著增加，约增加到 1.64 倍。2011—2021 年东部地区家庭和中西部地区家庭的过度负债比例差距显著扩大，扩大到 2.00 倍。以上

表 3.4　中国东中西部地区家庭支出风险：2011—2021 年

	非预期支出（万元）			过度负债比例		
	东部	中西部	差距	东部	中西部	差距
2011 年	0.40	0.49	0.09	0.17	0.14	0.03
2013 年	0.42	0.38	0.04	0.13	0.18	0.05
2015 年	0.62	0.75	0.13	0.17	0.22	0.05
2017 年	1.05	1.05	0.00	0.16	0.21	0.05
2019 年	1.06	1.02	0.04	0.17	0.21	0.04
2021 年	1.70	1.01	0.69	0.17	0.23	0.06

资料来源：同图 3.1。

数据表明，2011—2021 年东部地区家庭和中西部地区家庭的支出风险显著增加，东部地区家庭和中西部地区家庭的支出风险差距呈扩大趋势。

　　2011—2021 年，中国南北家庭支出风险差距较大。表 3.5 给出了 2011—2021 年中国南北家庭支出风险变化趋势。可以看出，南方家庭和北方家庭的非预期支出以及过度负债比例差距较大；2011—2021 年，南方家庭和北方家庭的非预期支出差距显著扩大，过度负债比例差距则基本稳定。具体来看，就家庭非预期支出而言，2011 年南方家庭和北方家庭的非预期支出均值分别为 0.40 万元和 0.51 万元，二者的差距为 0.11 万元。2021 年南方家庭和北方家庭的非预期支出均值分别为 1.01 万元和 1.69 万元，二者的差距为 0.68 万元。可以看出，2011—2021 年南方家庭和北方家庭的非预期支出均显著增加，南方家庭的非预期支出均值增加到 2.53 倍，北方家庭的非预期支出均值增加到 3.31 倍。2011—2021 年南方家庭和北方家庭的非预期支出差距扩大，南北家庭非预期支出差距扩大到 6.18 倍。

　　就家庭过度负债比例而言，2011 年南方家庭和北方家庭的过度负债比例分别为 0.13 和 0.15，北方家庭的过度负债比例高于南方家庭。2013—2021 年，南方家庭的过度负债比例均高于北方家庭。2013 年南方家庭和北方家庭的过度负债比例分别为 0.16 和 0.14，二者的差距为 0.02。2021 年南方家庭和北方家庭的过度负债比例分别为 0.21 和 0.19，二者的差距为 0.02。可以看出，2011—2021 年南方家庭和北方家庭的过度负债比例均显著增加，南方家庭的过度负债比例增加到 1.62 倍，北方家庭的过度负债比例增加到

1.27 倍。2011—2021 年南方家庭和北方家庭的过度负债比例差距基本稳定。以上数据表明,过去十年,南方家庭和北方家庭的支出风险均显著增加,南北家庭的支出风险差距明显。

表 3.5 中国南北家庭支出风险:2011—2021 年

	非预期支出(万元)			过度负债比例		
	南方	北方	差距	南方	北方	差距
2011 年	0.40	0.51	0.11	0.13	0.15	0.02
2013 年	0.35	0.46	0.11	0.16	0.14	0.02
2015 年	0.64	0.76	0.12	0.20	0.19	0.01
2017 年	0.96	1.17	0.21	0.19	0.19	0.00
2019 年	1.01	1.08	0.07	0.19	0.18	0.01
2021 年	1.01	1.69	0.68	0.21	0.19	0.02

资料来源:同图 3.1。

3.3 中国家庭支出风险分布

3.3-1 户主特征

老年家庭的非预期支出最多,青年家庭的过度负债比例最高。表 3.6 给出了 2021 年按户主年龄分组的家庭支出风险现状。从家庭非预期支出均值来看,青年家庭的非预期支出为 0.77 万元,中年家庭的非预期支出为 0.89 万元,老年家庭的非预期支出为 2.06 万元。老年家庭非预期支出是青年家庭非预期支出的 2.68 倍,老年家庭非预期支出是中年家庭非预期支出的 2.31 倍。以上数据表明,随着户主年龄的增长,家庭非预期支出不断升高。从家庭过度负债比例来看,青年家庭的过度负债比例为 0.34,中年家庭的过度负债比例为 0.25,老年家庭的过度负债比例为 0.12。青年家庭的过度负债比例是中年家庭过度负债比例的 1.36 倍,青年家庭的过度负债比例是老年家庭过度负债比例的 2.83 倍。可以看出,青年家庭的过度负债比例最高,老年家庭的过度负债比例较低。总体来看,老年家庭的非预期支出最多,青年家庭的过度负债比例最高,家庭支出风险在不同户主年龄阶段差距较大。

表 3.6 家庭支出风险:年龄分组

	青年	中年	老年
非预期支出(万元)	0.77	0.89	2.06
过度负债比例	0.34	0.25	0.12
样本数	2 548	10 394	9 085

资料来源:根据 2021 年 CHFIS 计算。

受教育年限较高群体的支出风险显著高于受教育年限较低群体。表 3.7 给出了 2021 年按户主受教育年限分组的家庭支出风险现状。从家庭非预期支出均值来看,户主学历为高中及以下的家庭的非预期支出为 1.04 万元,户主学历为高中以上的家庭的非预期支出为 2.91 万元。户主学历为高中以上的家庭的非预期支出是户主学历为高中及以下的家庭的 2.80 倍,表明教育显著增加了家庭非预期支出。从家庭过度负债比例来看,户主学历为高中及以下的家庭的过度负债比例为 0.19,户主学历为高中以上的家庭的过度负债比例为 0.25。户主学历为高中以上的家庭的过度负债比例是户主学历为高中及以下的家庭的 1.32 倍,表明教育显著增加了家庭过度负债的概率。总体来看,户主学历为高中以上的家庭的支出风险显著高于户主学历为高中及以下的家庭。

表 3.7 家庭支出风险:按照受教育年限分组

	高中及以下	高中以上
非预期支出(万元)	1.04	2.91
过度负债比例	0.19	0.25
样本数	18 525	3 502

资料来源:同表 3.6。

已婚家庭的支出风险显著高于未婚家庭。表 3.8 给出了 2021 年按户主是否结婚分组的家庭支出风险现状。从家庭非预期支出均值来看,未婚家庭的非预期支出为 0.67 万元,已婚家庭的非预期支出为 1.48 万元。已婚家庭的非预期支出是未婚家庭非预期支出的 2.21 倍,表明婚姻显著增加了家庭非预期支出。从家庭过度负债比例来看,未婚家庭的过度负债比例为 0.17,已婚家庭的过度负债比例为 0.21。已婚家庭的过度负债比例是未婚家庭的

表 3.8 家庭支出风险：按照婚姻状况分组

	未婚	已婚
非预期支出（万元）	0.67	1.48
过度负债比例	0.17	0.21
样本数	3 554	18 473

资料来源：同表 3.6。

1.24 倍，表明婚姻显著增加了家庭过度负债比例。以上分析表明，婚姻显著增加了家庭支出风险。

户主在外企工作的家庭支出风险最高，而户主为个体工商户的家庭支出风险最低。表 3.9 给出了 2021 年按户主工作类型分组的家庭支出风险现状。从家庭非预期支出均值来看，户主在机关事业单位工作的家庭的非预期支出为 0.77 万元，户主在国有/国有控股企业工作的家庭的非预期支出为 0.79 万元，户主为个体工商户的家庭的非预期支出为 0.72 万元，户主在私营企业工作的家庭的非预期支出为 0.79 万元，户主在外企工作的家庭的非预期支出为 0.99 万元。可以看出，户主在外企工作的家庭非预期支出最高，户主为个体工商户的家庭非预期支出最低，户主在外企工作的家庭的非预期支出是个体工商户的 1.38 倍。从家庭过度负债比例来看，户主在机关事业单位工作的家庭的过度负债比例为 0.23，户主在国有/国有控股企业工作的家庭的过度负债比例为 0.20，户主为个体工商户的家庭的过度负债比例为 0.16，户主在私营企业工作的家庭的过度负债比例为 0.22，户主在外企工作的家庭的过度负债比例为 0.24。可以看出，户主在外企工作的家庭过度负债比例最高，户主为个体工商户的家庭过度负债比例最低，前者是后者的 1.50 倍。以上分析表明，中国家庭中户主工作类型不同的家庭面临的支出风险差距较大。

表 3.9 家庭支出风险：按照户主工作类型分组

	机关事业单位	国有/国有控股企业	个体工商户	私营企业	外企
非预期支出（万元）	0.77	0.79	0.72	0.79	0.99
过度负债比例	0.23	0.20	0.16	0.22	0.24
样本数	1 633	935	867	1 961	101

资料来源：同表 3.6。

3.3-2　家庭特征

高财富家庭的支出风险显著高于低财富家庭。表 3.10 给出了 2021 年按家庭总财富中位数分组的家庭支出风险现状。从家庭非预期支出均值来看,高财富家庭的非预期支出为 1.63 万元,低财富家庭的非预期支出为 1.04 万元,前者是后者的 1.57 倍,表明高财富家庭的非预期支出显著高于低财富家庭。从家庭过度负债比例来看,高财富家庭的过度负债比例为 0.22,低财富家庭的过度负债比例为 0.19,前者是后者的 1.16 倍,表明高财富家庭的过度负债概率显著高于低财富家庭。总体来看,财富积累显著增加了家庭支出风险。

表 3.10　家庭支出风险:按照财富水平分组

	低财富	高财富
非预期支出(万元)	1.04	1.63
过度负债比例	0.19	0.22
样本数	11 014	11 013

资料来源:同表 3.6。

拥有住房显著降低了家庭非预期支出,增加了家庭过度负债概率。表 3.11 给出了 2021 年按家庭是否拥有住房分组的家庭支出风险现状。从家庭非预期支出均值来看,拥有住房的家庭的非预期支出为 1.02 万元,未拥有住房的家庭的非预期支出为 4.69 万元。未拥有住房家庭的非预期支出是拥有住房家庭的 4.60 倍,表明拥有住房能够显著降低家庭的非预期支出。从家庭过度负债比例来看,拥有住房的家庭的过度负债比例为 0.21,未拥有住房的家庭的过度负债比例为 0.12。拥有住房家庭的过度负债比例是未拥有住房家庭的 1.75 倍,表明住房显著增加了家庭过度负债的概率。以上分析表明,未拥有住房的家庭非预期支出较高,拥有住房的家庭过度负债的概率较大。

表 3.11　家庭支出风险:按照是否拥有住房分组

	无房	有房
非预期支出(万元)	4.69	1.02
过度负债比例	0.12	0.21
样本数	1 735	20 292

资料来源:同表 3.6。

　　社会网络能够显著缓解家庭支出风险。表3.12给出了2021年按家庭社会网络水平高低分组的家庭支出风险现状。本章使用家庭人情礼支出代表家庭社会网络水平,并按家庭人情礼支出中位数将样本分为低社会网络组和高社会网络组。从家庭非预期支出均值来看,低社会网络家庭的非预期支出为1.64万元,高社会网络家庭的非预期支出为1.06万元。低社会网络家庭的非预期支出是高社会网络家庭的1.55倍,表明高社会网络家庭的非预期支出显著小于低社会网络家庭。从家庭过度负债比例来看,低社会网络家庭的过度负债比例为0.22,高社会网络家庭的过度负债比例为0.19。低社会网络家庭的过度负债比例是高社会网络家庭的1.16倍,表明高社会网络家庭的过度负债概率小于低社会网络家庭。以上分析表明,社会网络能够显著缓解中国家庭支出风险。

表 3.12　家庭支出风险:按照社会网络水平分组

	低社会网络	高社会网络
非预期支出(万元)	1.64	1.06
过度负债比例	0.22	0.19
样本数	11 014	11 013

资料来源:同表3.6。

　　参与社保显著增加了家庭非预期支出,降低了家庭过度负债概率。表3.13给出了2021年按家庭成员是否参与社保分组的家庭支出风险现状。从家庭非预期支出均值来看,未参与社保家庭的非预期支出为0.74万元,参与社保家庭的非预期支出为1.36万元。参与社保家庭的非预期支出是未参与社保家庭的1.84倍,表明参与社保家庭的非预期支出显著高于未参与社保家庭。从家庭过度负债比例来看,未参与社保家庭的过度负债比例为0.27,参与社保家庭的过度负债比例为0.21。未参与社保家庭的过度负债比例是参与社保家庭的1.29倍,表明参与社保家庭的过度负债比例显著低于未参与社保家庭。以上分析表明,参与社保显著增加了家庭非预期支出,显著降低了家庭过度负债的概率。

表 3.13　家庭支出风险:按照是否参与社保分组

	未参与社保	参与社保
非预期支出(万元)	0.74	1.36
过度负债比例	0.27	0.21
样本数	578	21 449

资料来源:同表 3.6。

　　参与商业保险显著降低了家庭非预期支出,增加了家庭过度负债概率。表 3.14 给出了 2021 年按家庭成员是否参与商业保险分组的家庭支出风险现状。从家庭非预期支出均值来看,未购买商业保险家庭的非预期支出为 1.37 万元,购买商业保险家庭的非预期支出为 1.21 万元。未购买商业保险家庭的非预期支出是购买商业保险家庭的 1.13 倍,表明未购买商业保险家庭的非预期支出显著高于购买商业保险家庭。从家庭过度负债比例来看,未购买商业保险家庭的过度负债比例为 0.20,购买商业保险家庭的过度负债比例为 0.24。购买商业保险家庭的过度负债比例是未购买家庭的 1.20 倍,表明购买商业保险家庭的过度负债概率显著高于未购买商业保险家庭。以上分析表明,家庭购买商业保险能够显著降低家庭非预期支出,显著增加家庭过度负债概率。

表 3.14　家庭支出风险:按照是否参与商业保险分组

	未参与商业保险	参与商业保险
非预期支出(万元)	1.37	1.21
过度负债比例	0.20	0.24
样本数	18 649	3 378

资料来源:同表 3.6。

3.3-3　区域特征

　　家庭支出风险的城乡差距较大。表 3.15 给出了 2021 年按城乡家庭分组的家庭支出风险现状。从家庭非预期支出均值来看,城镇家庭的非预期支出为 1.49 万元,农村家庭的非预期支出为 1.06 万元。城镇家庭的非预期支出是农村家庭的 1.41 倍,表明城镇家庭的非预期支出显著高于农村家庭。从家庭过度负债比例来看,城镇家庭的过度负债比例为 0.18,农村家庭的过度负债比例为 0.24。农村家庭的过度负债比例是城镇家庭的 1.33 倍,表明农村家庭的过度负债概率显著高于城镇家庭。以上分析表明,家庭支出风险城乡差距较大,城镇家庭的非预期支出较高,农村家庭的过度负债比例较大。

表 3.15　家庭支出风险:按照城乡分组

	城镇	农村
非预期支出(万元)	1.49	1.06
过度负债比例	0.18	0.24
样本数	13 324	8 703

资料来源:同表 3.6。

　　家庭支出风险的东中西部差距较大。表 3.16 给出了 2021 年按不同地区分组的家庭支出风险现状。从家庭非预期支出来看,东部地区家庭的非预期支出为 1.70 万元,中部地区家庭的非预期支出为 1.11 万元,西部地区家庭的非预期支出为 0.99。可以看出,东部地区家庭的非预期支出最高,西部地区家庭的非预期支出最低,前者是后者的 1.72 倍。从家庭过度负债比例来看,东部地区家庭的过度负债比例为 0.17,中部地区家庭的过度负债比例为 0.18,西部地区家庭的过度负债比例为 0.26。可以看出,西部地区家庭的过度负债比例最高,东部家庭的过度负债比例最低,前者是后者的 1.53倍。以上分析表明,不同地区家庭支出风险差距较大,东部地区家庭的非预期支出最高,西部地区家庭的过度负债比例最大。

表 3.16　家庭支出风险:按照地区分组

	东部	中部	西部
非预期支出(万元)	1.70	1.11	0.99
过度负债比例	0.17	0.18	0.26
样本数	10 072	3 833	8 122

资料来源:同表 3.6。

　　家庭支出风险的南北差距较大。表 3.17 给出了 2021 年按南北分组的家庭支出风险现状。从家庭非预期支出来看,南方地区家庭的非预期支出为 1.01 万元,北方地区家庭的非预期支出为 1.69 万元。可以看出,北方地区家庭的非预期支出显著高于南方地区家庭,北方地区家庭的非预期支出是南方家庭的 1.67 倍。从家庭过度负债比例来看,南方地区家庭的过度负

债比例为0.21,北方地区家庭的过度负债比例为 0.19。可以看出,南方地区
家庭的过度负债比例显著高于北方地区家庭,南方地区家庭的过度负债比
例是北方地区家庭的1.11 倍。以上分析表明,家庭支出风险的南北差距较
大,北方地区家庭的非预期支出较高,南方地区家庭的过度负债概率较大。

表 3.17　家庭支出风险:按照南北分组

	南方	北方
非预期支出(万元)	1.01	1.69
过度负债比例	0.21	0.19
样本数	12 485	9 542

资料来源:同表 3.6。

3.4　小结

本章基于 2011—2021 年 CHFIS 数据,全面分析了中国家庭支出现状、家庭
支出风险测度和现状以及不同群体家庭支出风险分布。具体有如下结论:

第一,家庭总支出稳步增加,家庭消费差距处于较高水平。本章描述性
统计结果表明,2011—2021 年,家庭总支出、各分项支出不断增加,食品为家
庭支出的主要来源。由于新冠疫情等外在因素的影响,2019—2021 年家庭
交通通信、教育文娱支出均显著下降,而家庭医疗保健支出显著增加。此
外,家庭消费差距较大。2011—2021 年,家庭消费差距整体处于较高水平,
且 2021 年消费差距进一步扩大。

第二,家庭支出风险整体呈上升趋势。本章使用家庭医疗保健支出
(扣除社会医疗保险报销部分)作为家庭非预期支出的代理变量,使用家庭
负债收入比是否大于 1 定义家庭过度负债,并以上述两个指标反映家庭面
临的支出风险。本章描述性统计结果表明:(1)2011—2021 年,家庭支出
风险显著增加。过去十年,家庭非预期支出和家庭过度负债比例均大幅增
加。(2)2011—2021 年,城乡家庭支出风险差距显著扩大,城镇家庭和农村
家庭非预期支出差距扩大到 43 倍,城镇家庭和农村家庭过度负债比例差距
扩大到 1.20 倍。(3)2011—2021 年,东中西部家庭支出风险差距显著扩大,

东部地区和中西部地区家庭的非预期支出和过度负债比例均呈扩大趋势。(4)2011—2021年,南方家庭和北方家庭支出风险差距较大,主要体现在家庭非预期支出上。这一时期南北方家庭的非预期支出均值和过度负债比例均呈扩大趋势,尤其是前者,后者差距基本稳定。

第三,新冠疫情等因素使得家庭支出风险增加。由于2020年新冠疫情等因素的冲击,2019—2021年家庭非预期支出显著增加,由2019年的1.04万元上升至2021年的1.35万元。家庭过度负债比例显著增加,由2019年的0.19上升至2021年的0.21。

第四,家庭支出风险存在户主工作性质、受教育水平、婚姻状况、年龄上的异质性。本章描述性统计结果表明:(1)不同年龄群体家庭的支出风险差异较大。老年家庭的非预期支出最多,青年家庭的过度负债比例最高。(2)户主受教育年限较高群体的支出风险显著高于户主受教育年限较低群体,表明受教育年限提高能在一定程度上增加家庭支出风险。(3)已婚家庭的支出风险显著高于未婚家庭。已婚家庭的非预期支出和过度负债比例均高于未婚家庭。(4)户主不同工作类型家庭面临的支出风险差距较大。户主在外企工作家庭支出风险最高,而个体工商户支出风险最低。

第五,家庭支出风险存在家庭财富水平、社会网络、社会保险参与和商业保险参与上的异质性。本章描述性统计结果表明:(1)财富积累显著增加了家庭支出风险。高财富家庭的非预期支出和过度负债比例均高于低财富家庭。(2)拥有住房显著降低家庭非预期支出,增加家庭过度负债概率。(3)社会网络能够显著缓解家庭支出风险。相较于低社会网络家庭,高社会网络家庭的非预期支出以及过度负债比例均较低。(4)参与社保显著增加家庭非预期支出,降低家庭过度负债概率。(5)参与商业保险显著降低家庭非预期支出,增加家庭过度负债概率。

第六,家庭支出风险存在地区异质性。本章描述性统计结果表明:(1)家庭支出风险城乡差距较大。非预期支出方面,城镇家庭的非预期支出显著高于农村家庭。过度负债方面,农村家庭的过度负债比例显著高于城镇家庭。(2)家庭支出风险地区差距较大。东部地区家庭的非预期支出最高,西部地区家庭的过度负债比例最大。(3)家庭支出风险南北差距较大。北方地区家庭非预期支出较高,南方地区家庭过度负债比例较大。

失业风险

4.1 中国家庭就业现状

就业是最基本的民生,事关人民群众的切身利益,事关国家发展大局和社会和谐稳定。党和国家始终将稳就业工作摆在突出位置,党的二十大报告提出"实施就业优先战略"。对家庭而言,就业关系其切身利益。受到经济环境的影响,家庭面临一定的失业风险,本章关注家庭的失业风险,首先描述中国家庭的就业现状,其次介绍中国家庭失业风险的测度和现状,最后描画失业风险的异质性特征。

首先,需要明确本章中关于劳动力、就业和失业等相关指标的定义。结合 CHFIS 数据信息,本章在上述指标的定义上尽可能与国家统计局的统计标准靠近。

劳动力。国家统计局定义劳动力为年龄在 16 周岁及以上,有劳动能力,参加或要求参加社会经济活动的人口,包括就业人员和失业人员。①本章同

---

① 参见 http://www.stats.gov.cn/sj/zbjs/202302/t20230202_1897107.html。

样将劳动力人口定义为就业和失业人口的总和。

就业人员。国家统计局定义就业人员为年满 16 周岁,有劳动能力,为取得劳动报酬或经营收入而从事一定社会劳动的人员,也包括农村就业人员和因各种原因当前未工作但未来可以返回工作岗位的人员。基于上述定义标准,结合 CHFIS 数据信息,本章定义就业为:目前或过去一周,受访者有工作,其中,如果就业状态是"务农""季节性工作""临时解雇,等待返回原工作""无报酬的家庭帮工""因度假、生病或生小孩正在休假而无法工作",同样认为受访者为就业人员,但就业不包括家务劳动和志愿活动。

失业人员。国际国内对于失业的判定均设定了以下四个条件:一定年龄范围、没有工作、能够工作和有就业意愿。①根据 CHFIS 数据信息,本章定义失业为:第一,目前或过去一周,受访者没有工作。第二,受访者没有工作的原因是"失业或者没有找到工作""因单位经营不善、裁员等非个人原因失去原来的工作""因个人原因失去原来的工作""毕业后一直没有工作"或"其他"。②第三,受访者年龄在 16 周岁以上,并排除"正在上学""因病丧失劳动能力"或"离退休"的情况。满足以上三个条件则认为受访者处于失业状态。由于 2011 年和 2019 年 CHFIS 数据中缺少就业意愿变量,其他年份也仅在

---

① 根据国际劳工组织的定义,失业人员是指在一定年龄以上(通常是 16 岁及以上),在参考时期内没有工作、目前可以工作而且正在寻找工作的人。《中国人口和就业统计年鉴》也将失业人员定义为,年满 16 周岁,具有劳动能力,并且满足以下三个条件:(1)在调查周内未从事为取得劳动报酬或经营利润的劳动,且不处于暂未就业状态;(2)在某一特定时期内采取了某种方式寻找工作;(3)当前如果有工作机会可以应聘就业或从事自营劳动。

② 2011—2015 年 CHFIS 调查中,询问未工作原因的问题为"为什么没有工作?1.在校学生;2.操持家务者;3.丧失劳动能力者;4.季节性工作;5.失业或者没有找到工作;6.不愿意或者不需要工作;7.离休或退休;8.临时解雇;9.临时解雇,等待返回原工作;10.其他"。2017—2021 年 CHFIS 调查中,询问未工作原因的问题为"为什么没有工作?1.因残障/疾病丧失劳动能力;2.在校学习;3.离退休;4.因单位经营不善、裁员等非个人原因失去原来的工作;5.因个人原因失去原来的工作;6.承包土地被征用或流转;7.料理家务;8.毕业后一直没有工作;9.年纪大了,干不动了;10.其他"。

部分子样本上询问了就业意愿,因此本章对失业的定义没有考虑就业意愿这一条件,对失业定义的放松可能会导致本章估计的失业率高于国家统计局公布的失业率水平。

4.1-1　劳动参与率

劳动参与率是指全部劳动力占劳动适龄人口的比率。[①]国家统计局定义劳动适龄人口的年龄范围为 16—64 岁[②],《中国人力资本报告 2022》则将劳动年龄人口限定在法定工作年龄范围内,即男性 16—59 岁,女性 16—54 岁,且不处于正在上学的状态。[③]为了与国家统计局公布的劳动参与率可比,本章将劳动年龄限制在 17—64 岁之间[④],同时也将就业和失业人员年龄限制在了 17—64 岁之间。由于当前中国对失业的统计仅在城镇地区展开,没有对农村人口失业的准确判定标准,本章以上述定义先粗略计算全国的劳动参与率[⑤],再计算城镇地区的劳动参与率。

研究发现,劳动参与率下降。表 4.1 是 2011—2021 年中国劳动参与率变化的情况,2011 年中国劳动参与率为 78.14%,城镇地区的劳动参与率为 71.30%,2013 年分别下降至 76.13% 和 71.22%,国家统计局公布的 2013 年劳动参与率为 71.3%,根据 CHFIS 计算的城镇劳动参与率与之接近。图 4.1 直观地表明了 2011—2021 年间中国劳动参与率的变化趋势,劳动参与率整体呈不断下降的态势[⑥],这也与国家统计局公布的 2013—2017 年劳动参与率的变化趋势相同。根据 CHFIS 数据,十年间,中国劳动参与率整体下降了

---

① 参见 http://www.stats.gov.cn/xxgk/jd/sjjd2020/202004/t20200420_1764920.html。

② 参见 http://www.stats.gov.cn。

③ 参见李海峥等的《中国人力资本报告》,中央财经大学 2022 年发布。

④ 由于 2015 年、2019 年和 2021 年 CHFIS 中,工作信息只询问 17 岁及以上样本,因此将劳动年龄下限设为 17 岁。

⑤ 在此粗略地认为务农也是就业。

⑥ 其中,2019 年劳动参与率上升的原因可能是 CHFIS 问卷改变,2019 年和 2021 年 CHFIS 只询问了受访者前一年的工作情况,而不是目前的工作,这将导致本章高估就业人数、失业人数和劳动力人数。为了克服这一偏差,本章根据前一年工作的时间,仅将前一年工作时间超过两个月的样本视为就业。

表 4.1　劳动参与率

	2011 年	2013 年	2015 年	2017 年	2019 年	2021 年
劳动参与率（CHFIS）	78.14%	76.13%	74.28%	73.07%	73.47%	69.70%
城镇劳动参与率（CHFIS）	71.30%	71.22%	70.32%	70.29%	68.57%	67.58%
劳动参与率①（国家统计局）	—	71.3%	70.9%	68.9%	—	—

注：以上数据经家庭权重调整。

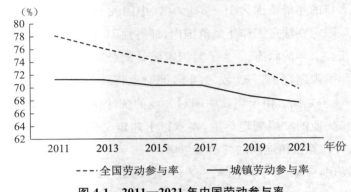

图 4.1　2011—2021 年中国劳动参与率

资料来源：根据 2011—2021 年 CHFIS 计算。

8.44%；尤其是 2021 年，受新冠疫情等因素影响，劳动参与率相比 2019 年下降了 3.77%，城镇劳动参与率也相比 2011 年下降了 3.72%。

4.1-2　家庭就业面

接下来描述家庭的就业状况，表 4.2 分城乡描述了 2011—2021 年平均每户家庭人口、平均每户就业人口、平均每户就业面和平均每一就业者负担人数的变化情况。根据国家统计局的定义，平均每户就业面为平均每户就业人口比平均每户家庭人口，平均每一就业者负担人数为平均家庭人口比平均每户就业人口，平均每一就业者负担人数也包括了就业者本人。

从平均每户家庭人口看，2011—2021 年城乡家庭规模均在缩小。从平均每户就业人口看，2011—2021 年城乡家庭就业人数在稳定下降，城镇家庭

① 数据来自国家统计局《国际统计年鉴》。

表 4.2 家庭就业面

	2011 年	2013 年	2015 年	2017 年	2019 年	2021 年
Panel A:城镇						
平均每户家庭人口（人）	3.20	3.27	3.18	3.05	2.91	2.92
平均每户就业人口（人）	1.56	1.56	1.46	1.38	1.27	1.20
平均每户就业面（%）	48.75	47.71	45.91	45.25	43.64	41.10
平均每一就业者负担人数（人）	2.05	2.10	2.18	2.21	2.29	2.43
样本量（户）	5 194	19 203	25 635	27 279	22 307	13 324
Panel B:农村						
平均每户家庭人口（人）	3.82	3.97	3.86	3.57	3.15	3.28
平均每户就业人口（人）	2.45	2.39	2.14	1.99	1.84	1.66
平均每户就业面（%）	64.14	60.20	55.44	55.74	58.41	50.61
平均每一就业者负担人数（人）	1.56	1.66	1.80	1.79	1.71	1.98
样本量（户）	3 244	8 932	11 654	12 732	12 336	8 703

资料来源:同图 4.1。

就业人数从 2011 年的 1.56 人下降到 2021 年的 1.20 人,农村家庭就业人数从 2011 年的 2.45 人下降到 2021 年的 1.66 人,分别下降了 0.36 人和 0.79 人。从平均每户就业面看,2011—2021 年城镇家庭就业面一直保持下降,农村家庭除 2019 年略有上升外,整体也呈下降趋势。城镇家庭就业面从 2011 年的 48.75% 下降到 2021 年的 41.10%,农村家庭就业面从 2011 年的 64.14% 下降到 2021 年的 50.61%,分别下降了 7.65% 和 13.53%。从平均每一就业者负担人数看,2011—2021 年城乡就业人员负担人数均不断增加,城镇就业人员负担人数从 2011 年的 2.05 人上升到 2021 年的 2.43 人,农村家庭就业人员负担人数从 2011 年的 1.56 人上升到 2021 年的 1.98 人,分别上升了 0.38 人和 0.42 人,就业人员负担在不断加重。

图 4.2 直观地表明了这些变化趋势。根据图 4.2,本章还发现农村家庭的平均每户就业人口和平均每户就业面均高于城镇家庭,平均每一就业者负担人数低于城镇家庭,原因在于本章将农村劳动力务农也视为就业,农村劳动力务农没有门槛,可以随时投入农业工作,因此产生了农村劳动者就业比例高的现象。总体来看,中国家庭就业人口和就业面在下降,就业者的负担在增加。

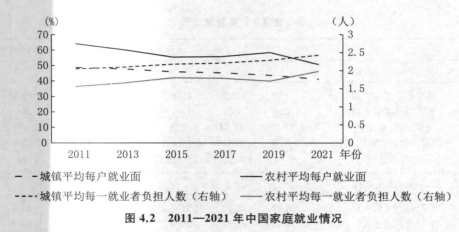

图 4.2　2011—2021 年中国家庭就业情况

资料来源:同图 4.1。

4.2　中国家庭失业风险测度及现状

4.2-1　中国家庭失业风险测度

失业风险是指劳动者面临失业并导致损失的可能性。当前文献中主要有三种定义失业风险的方式。第一,未就业或失业,大量文献直接通过工作状态定义失业风险,个体如果未工作或失业,则表示存在失业风险。第二,失业风险感知,通过问卷调查采集信息,根据受访者自我判断的预期失业可能性定义失业风险。第三,失业概率,使用模型估算个体的失业概率,以此表示个体的失业风险。当前对失业风险的测度集中在以上三个方面,具体测度如下:

(1) 未就业或失业。

高娟(2022)以"是否实现就业"这一虚拟变量作为失业风险的衡量指标,如果未实现就业则赋值为 1,表明存在失业风险;若已实现就业则赋值为 0。Gathergood(2011)使用英国微观家庭面板数据,定义失业风险为家庭在两次调查之间有就业成员失业,其中失业被定义为非自愿终止雇佣关系,不包括退休、提前退休、解雇或自愿离职。张号栋等(2017)重点关注劳动力市场中"失业或者没有找到工作"和"不愿意或者不需要工作"的失业情况,放松了失业判定中"就业意愿"这一条件。

上述文献对失业风险的定义主要从劳动者未就业角度展开。马艳林（2016）认为未就业的人群分为失业人口和退出劳动力市场的人，包括正在上学的人，料理家务未打算工作的人，因健康状况未工作的人，因单位破产、改制、下岗、内退、辞退等原因未工作的人，正在找工作还未找到工作的失业人口。张号栋等（2017）基于2015年CHFIS数据，认为在校学生、丧失劳动能力者和离休或退休人口不属于未就业人员，应被排除在失业定义之外。

以下文献则严格按照国际国内对失业的四个判断条件定义失业。马忠东和王建平（2011）根据中国2005年1‰人口抽样调查中的信息，将就业定义为在调查时点过去一周内工作超过一个小时，或者处于在职休假、学习、临时停工或季节性歇业未工作；失业被定义为过去一周内未做任何工作、三个月内找过工作且如果有工作机会能在两周内开始工作。杨紫薇和邢春冰（2019）也将失业人口定义为没有工作并正在寻找工作的劳动者。

对于家庭的失业风险而言，温兴祥（2015）认为户均失业人数能够在一定程度上反映尚未失业的家庭成员面临的潜在失业风险，将家庭的失业风险定义为家庭失业人口数量占家庭劳动力人口的比例。

（2）失业风险感知。

风险的本质是不确定性，一部分学者认为失业率虽然反映了失业的确定事实，但不能体现风险的不确定性，提出了可以基于劳动者对自身未来失业可能性的判断，来测量失业风险。受访者基于自身工作状况，预测将来失业的可能性。该种定义可以通过问卷调查直接获得，如龚忆楠（2022）根据问卷中的问题"您认为在未来失业的可能性有多大"来定义失业风险，并认为以失业风险感知表示失业风险更具合理性。

（3）失业概率。

Meng（2003）使用Probit模型估计了劳动力的失业概率，以劳动者的年龄、年龄平方、性别、受教育年限、健康水平、工作类型和地区固定效应等变量对失业状态变量进行回归，得到失业概率，以此衡量失业风险。尹志超等（2020）的研究沿用了这一失业风险的测度方式。通过模型估计的失业风险中蕴含了教育、健康等人力资本信息的影响，人力资本水平和失业风险相关，较低的人力资本水平会加剧失业风险（温兴祥，2015），这一测度方式也具有一定合理性。

通过上述对失业风险文献的梳理,结合 CHFIS 问卷,由于该调查问卷中没有失业风险感知相关的问题,下文将以失业和失业概率两种方式定义失业风险。

4.2-2　中国家庭失业风险现状

国家统计局公布的城镇调查失业率的统计范围是城镇常住人口,城镇登记失业率的统计范围限制在城镇户籍人口。对于农村劳动力而言,务农的比例较高,且尚未有标准的计算农村失业率的统计方法,因此,本章将对失业风险现状和失业风险分布的分析限制在城镇家庭样本中。

(1) 失业。

本节对失业的定义与 4.1-1 节中的定义保持一致。该定义虽然没有考虑"就业意愿",但满足了失业的其他三个条件,可以用来表示失业风险。参考温兴祥(2015)、张号栋等(2017)、高娟(2022)等文献,本章主要考察家庭失业风险,从失业角度定义三个表示城镇家庭失业风险的指标,分别是"户主失业""城镇家庭平均失业人数"和"城镇家庭失业率"。但是,由于失业是个体行为,为了更全面地理解家庭失业风险,本章也在劳动力个体样本中计算了劳动力失业率。

过去几年受新冠疫情等外在因素影响,家庭失业风险上升。表 4.3 描述了 2011—2021 年中国城镇家庭失业风险的变化情况。户主是家庭重要的经济活动的决策者,户主的工作状态能够一定程度上代表家庭面临的失业风险,本章基于家庭户主是劳动力的样本统计了户主的失业状况。如表 4.3 第一行所示,2011 年,7.63% 的家庭户主失业,2011—2019 年户主失业的概率在不断下降,下降了 2.25 个百分点,但受新冠疫情等一些外在因素的影响,2021 年户主失业的比例大幅增加,甚至超过了 2011 年的水平。从家庭的平均失业人数来看,2011 年,城镇家庭平均失业人数为 0.17 人,2015—2019 年城镇家庭平均失业人数保持下降,从 0.17 人下降到 0.14 人,受新冠疫情等一些外在因素的影响,2021 年城镇家庭平均失业人数增加到 0.20 人。本章定义家庭失业率为家庭失业人数占家庭失业人数和就业人数之和的比例;从城镇家庭失业率来看,2011—2019 年城镇家庭失业率整体呈下降趋势,2021 年受到新冠疫情等一些外在因素的影响,家庭失业率上升,并超出了往年的最高水平,高达 10.51%。

从劳动力的样本看,2011 年有 8.46% 的劳动力失业,2015—2019 年劳动力失业的比例在不断下降。但同样,2021 年受新冠疫情等一些外在因素影响,劳动力失业的比例增加;总体而言,失业风险急剧上升。

表 4.3　失业风险:失业

	2011 年	2013 年	2015 年	2017 年	2019 年	2021 年
户主失业(%)	7.63	6.70	6.49	5.99	5.38	8.37
城镇家庭平均失业人数(人)	0.17	0.15	0.17	0.16	0.14	0.20
城镇家庭失业率(%)	9.06	7.74	8.32	8.11	7.31	10.51
劳动力失业率(%)	8.46	7.50	8.39	8.05	6.23	9.73

注:以上数据经家庭权重调整。
资料来源:同图 4.1。

(2) 失业概率。

参考 Meng(2003)和尹志超等(2020),本章接下来定义失业风险为失业概率,使用 Probit 模型,并控制年龄、年龄平方、性别、受教育年限、健康状况和地区固定效应,在城镇劳动力样本中估计失业概率,之后又在家庭层面计算劳动力的平均失业概率。图 4.3 描述了 2011—2021 年劳动力平均失业概率的变化趋势,估计的失业概率表明 2011 年和 2015 年中国家庭失业风险略高,2017—2019 年失业风险有所下降,但 2021 年受新冠疫情等各种外在因素的影响,家庭失业风险又开始上升。

图 4.3　2011—2021 年劳动力平均失业概率

资料来源:同图 4.1。

4.3 中国家庭失业风险分布

接下来,本章将基于 2021 年 CHFIS 数据对中国城镇家庭失业风险的分布情况进行分析,以城镇家庭平均失业人数和城镇家庭失业率为基础进行家庭失业风险的异质性描述。

4.3-1 户主特征

(1)年龄与失业风险。

中老年户主家庭面临更高的失业风险。表 4.4 给出了 2021 年按城镇家庭户主年龄分组的家庭失业风险现状。户主年龄在 17—30 岁之间的家庭为青年家庭,在 31—45 岁之间的为中青年家庭,在 46—60 岁之间的为中年家庭,60 岁以上的是老年家庭。从家庭平均失业人数看,青年家庭平均失业人数为 0.09 人,中青年家庭平均失业人数为 0.13 人,中年家庭平均失业人数为 0.21 人,老年家庭平均失业人数为 0.20 人。相比于年轻的家庭,中老年家庭面临的失业风险更大。从家庭失业率来看,青年家庭的失业率为 5.26%,中青年家庭的失业率为 6.74%,中年家庭的失业率为 10.39%,老年家庭的失业率为 13.47%,老年家庭失业率是中青年家庭失业率的 2.00 倍,是青年家庭失业率的 2.56 倍。中老年家庭的失业率更高。总体来看,家庭失业风险在不同户主年龄的家庭之间存在一定差距,中老年家庭的失业风险大。

表 4.4 家庭失业风险:按照户主年龄分组

	青年	中青年	中年	老年
城镇家庭平均失业人数(人)	0.09	0.13	0.21	0.20
城镇家庭失业率(%)	5.26	6.74	10.39	13.47
劳动力失业率(%)	16.95	6.87	8.68	10.73

注:以上数据经家庭权重调整。
资料来源:根据 2021 年 CHFIS 数据整理。

青年劳动力群体的失业率最高。国家统计局的调查失业率表明年龄在 16—25 岁之间的青年的失业率远高于 26—64 岁群体的失业率,上述以户主年龄分组描述的家庭失业风险没有体现这一特征。因此,下面继续以劳动力年龄分组,描述不同年龄劳动力的失业率。对年龄的分组和前文相同。表 4.4 第三行的数据表明,17—30 岁之间的青年失业率最高,高达 16.95%,而中青年和中年群体的失业率较低,分别为 6.87% 和 8.68%,老年劳动力的失业率为 10.73%。从劳动力的角度看,青年的就业压力更大。

（2）性别与失业风险。

女性户主家庭面临更高的失业风险。表 4.5 给出了 2021 年按家庭户主性别分组的家庭失业风险现状。从家庭平均失业人数看,男性户主家庭平均失业人数为 0.18 人,女性户主家庭平均失业人数为 0.19。相比于男性户主家庭,女性户主家庭面临的失业风险略大。从家庭失业率来看,男性户主家庭的失业率为 9.21%,女性户主家庭的失业率为 10.10%,女性户主家庭的失业率高出男性户主家庭 0.89 个百分点。总体来看,女性户主家庭的失业风险略高于男性户主家庭,但差距不大。

表 4.5　家庭失业风险:按照户主性别分组

	男性	女性
城镇家庭平均失业人数（人）	0.18	0.19
城镇家庭失业率（%）	9.21	10.10

注:以上数据经家庭权重调整。
资料来源:同表 4.4。

（3）教育与失业风险。

户主学历为高中及以下的家庭面临更严重的失业风险。表 4.6 给出了 2021 年按户主受教育程度分组的家庭失业风险现状。从家庭平均失业人数看,户主学历为小学及以下和初高中的家庭的平均失业人数均为 0.21 人,户主学历为大专及以上水平的家庭的平均失业人数为 0.11 人。从家庭失业率来看,户主学历为小学及以下的家庭的失业率为 12.08%,户主学历为初高中的家庭的失业率为 11.22%,户主学历为大专及以上的家庭的失业率为 5.65%,户主学历为小学及以下的家庭的失业率是大专及以上家庭的 2.14 倍,户主学历为初高中的家庭的失业率是大专及以上家庭的 1.99 倍。户主学历影响家庭的失业风险,户主高中及以下受教育水平家庭的失业风险约是户主大专及以上受教育水平家庭的 1.99 倍。

表 4.6　家庭失业风险:按照户主受教育程度分组

	小学及以下	初高中	大专及以上
城镇家庭平均失业人数(人)	0.21	0.21	0.11
城镇家庭失业率(%)	12.08%	11.22%	5.65%

注:以上数据经家庭权重调整。
资料来源:同表 4.4。

（4）婚姻与失业风险。

户主未婚或离异家庭面临更高的失业风险。表 4.7 给出了 2021 年按家庭户主婚姻状况分组的家庭失业风险现状。从家庭平均失业人数来看,户主已婚家庭平均失业人数为 0.18 人,户主未婚/离异家庭平均失业人数为 0.17 人。而从家庭失业率来看,户主已婚家庭的失业率为 9.43%,户主未婚/离异家庭的失业率为 12.48%,户主未婚/离异家庭的失业率高出户主已婚家庭3.05 个百分点。上述现象可能受到家庭规模的影响,已婚家庭的人口数量一般要高于未婚/离异家庭,导致已婚家庭的失业人数较高,但总体来看,已婚家庭的失业风险略低,户主未婚/离异家庭面临的失业风险略高。

表 4.7　家庭失业风险:按照户主婚姻状况分组

	已婚	未婚/离异
城镇家庭平均失业人数(人)	0.18	0.17
城镇家庭失业率(%)	9.43	12.48

注:以上数据经家庭权重调整。
资料来源:同表 4.4。

（5）健康与失业风险。

户主有慢性病的家庭面临更严重的失业风险。表 4.8 给出了 2021 年按家庭户主健康状况分组的家庭失业风险现状,根据户主有无慢性病将样本分成两组。从家庭失业人数来看,户主有慢性病的家庭平均失业人数为 0.21 人,户主无慢性病的家庭平均失业人数为 0.17 人。从家庭失业率来看,户主有慢性病的家庭的失业率为 12.57%,户主无慢性病的家庭的失业率为 8.43%,户主有慢性病家庭的失业率高出户主无慢性病家庭 4.14 个百分点。总体来看,户主的慢性病一定程度上加重了家庭的失业风险,要重点关注劳动力有慢性病的家庭。

表 4.8 家庭失业风险:按照户主健康状况分组

	有慢性病	无慢性病
城镇家庭平均失业人数(人)	0.21	0.17
城镇家庭失业率(%)	12.57	8.43

注:以上数据经家庭权重调整。
资料来源:同表 4.4。

4.3-2 家庭特征

(1)财产性收入①与失业风险。

财产性收入低的家庭面临的失业风险更高。表 4.9 给出了 2021 年按城镇家庭财产性收入中位数分组的家庭失业风险现状。从家庭平均失业人数来看,财产性收入低的家庭,平均失业人数为 0.21 人;财产性收入高的家庭,平均失业人数为 0.15 人。从家庭失业率来看,财产性收入低的家庭,家庭失业率为 11.67%;财产性收入高的家庭,家庭失业率为 7.93%,财产性收入较低家庭的失业率超出财产性收入较高家庭 3.74 个百分点。总体来看,财产性收入低的家庭,平均失业人数和家庭失业率较高,家庭失业风险更大。

表 4.9 家庭失业风险:按照财产性收入中位数分组

	低收入	高收入
城镇家庭平均失业人数(人)	0.21	0.15
城镇家庭失业率(%)	11.67	7.93

注:以上数据经家庭权重调整。
资料来源:同表 4.4。

(2)转移性收入②与失业风险。

转移性收入高的家庭面临的失业风险更高。表 4.10 给出了 2021 年按城镇家庭转移性收入中位数分组的家庭失业风险现状。从家庭平均失业人数来看,转移性收入低的家庭,平均失业人数为 0.17 人;转移性收入高的家

---

① 即家庭凭借自有的房屋、土地、金融资产等财产获得的收入。
② 即家庭成员退休金收入、住房公积金收入、社会救济收入、私人转移收入、保险理赔收入等的总和。

庭,平均失业人数为 0.19 人。从家庭失业率来看,转移性收入低的家庭,家庭失业率为 8.37%;转移性收入高的家庭,家庭失业率为 11.27%,转移性收入较高家庭的失业率超出转移性收入较低家庭 2.90 个百分点。总体来看,转移性收入高的家庭,平均失业人数和家庭失业率较高,家庭失业风险更大。获得更多的政府转移支付可能意味着家庭更脆弱,家庭失业风险较大。

表 4.10　家庭失业风险:按照转移性收入中位数分组

	低收入	高收入
城镇家庭平均失业人数(人)	0.17	0.19
城镇家庭失业率(%)	8.37	11.27

注:以上数据经家庭权重调整。
资料来源:同表 4.4。

（3）财富水平与失业风险。

低财富家庭面临更严重的失业风险。表 4.11 给出了 2021 年按家庭净财富中位数分组的家庭失业风险现状。从家庭平均失业人数来看,低财富家庭的平均失业人数为 0.21 人,高财富家庭的平均失业人数为 0.15 人。从家庭失业率来看,低财富家庭的失业率为 12.02%,高财富家庭的失业率为 7.72%,低财富家庭的失业率超出高财富家庭 4.30 个百分点。总体来看,高、低财富家庭失业风险差距大,低财富家庭面临更严重的失业风险。

表 4.11　家庭失业风险:按照家庭净财富中位数分组

	低财富	高财富
城镇家庭平均失业人数(人)	0.21	0.15
城镇家庭失业率(%)	12.02	7.72

注:以上数据经家庭权重调整。
资料来源:同表 4.4。

（4）负债与失业风险。

无负债的家庭面临更严重的失业风险。表 4.12 给出了 2021 年按家庭有无负债分组的家庭失业风险现状。从家庭平均失业人数来看,有负债家庭的平均失业人数为 0.17 人,无负债家庭的平均失业人数为 0.18 人。从家庭失业率来看,有负债家庭的失业率为 8.75%,无负债家庭的失业率为 10.36%,

无负债家庭的失业率超出有负债家庭 1.61 个百分点。总体来看,有负债家庭面临着还贷压力,家庭成员在主观上更愿意就业,这导致有负债家庭的失业率低于无负债家庭。

表 4.12　家庭失业风险:按照家庭有无负债分组

	有负债	无负债
城镇家庭平均失业人数(人)	0.17	0.18
城镇家庭失业率(%)	8.75	10.36

注:以上数据经家庭权重调整。
资料来源:同表 4.4。

（5）社会网络与失业风险。

低社会网络家庭面临的失业风险高于高社会网络家庭。表 4.13 给出了 2021 年按家庭社会网络(礼金收支金额)中位数分组的家庭失业风险现状。从家庭平均失业人数来看,低社会网络家庭平均失业人数为 0.20 人,高社会网络家庭平均失业人数为 0.16 人。从家庭失业率来看,低社会网络家庭的失业率为 11.07%,高社会网络家庭的失业率为 8.59%,低社会网络家庭的失业率高出高社会网络家庭 2.48 个百分点。总体来看,高、低社会网络家庭存在一定的失业风险差距,社会网络能够在一定程度上缓解家庭的失业风险。

表 4.13　家庭失业风险:按照社会网络中位数分组

	高社会网络	低社会网络
城镇家庭平均失业人数(人)	0.16	0.20
城镇家庭失业率(%)	8.59	11.07

注:以上数据经家庭权重调整。
资料来源:同表 4.4。

4.3-3　区域特征

（1）东中西部地区与失业风险。

中西部家庭面临更严重的失业风险。表 4.14 给出了 2021 年按家庭地理位置分组的家庭失业风险现状。从家庭平均失业人数来看,东部家庭平均失业人数为 0.17 人,中部家庭平均失业人数为 0.19 人,西部家庭平均失业人数为0.20 人。西部家庭的失业人数最多。从家庭失业率来看,东部家庭的失业率为 8.87%,中部家庭的失业率为 11.01%,西部家庭的失业率为 10.16%。中部家庭的失业率最高,西部家庭次之,东部家庭最低。总体来看,家庭失业风险在不同区域之间存在一定差异,中西部家庭面临更严重的失业风险。

表 4.14　家庭失业风险:按照东中西部地区分组

	东部	中部	西部
城镇家庭平均失业人数(人)	0.17	0.19	0.20
城镇家庭失业率(%)	8.87	11.01	10.16

注:以上数据经家庭权重调整。
资料来源:同表 4.4。

(2)城市等级与失业风险。

二线城市的家庭面临更严重的失业风险。表 4.15 给出了 2021 年按家庭所在城市商业发展等级分组的家庭失业风险现状。从家庭平均失业人数来看,一线/新一线城市家庭平均失业人数为 0.16 人,二线城市家庭平均失业人数为0.23 人,三线及以下城市家庭平均失业人数为 0.18 人。二线城市家庭失业人数最多。从家庭失业率来看,一线/新一线城市家庭的失业率为8.63%,二线城市家庭的失业率为 12.72%,三线及以下城市家庭的失业率为9.69%。二线城市家庭的失业率最高,三线及以下城市家庭次之,一线/新一线城市家庭最低。总体来看,家庭失业风险在不同区域之间存在一定差异,且二线城市的失业风险最高,不仅高于一线/新一线城市,还比三线及以下城市家庭的失业风险高,二线城市的就业压力最大。

表 4.15　家庭失业风险:按照所在城市经济水平分组

	一线/新一线城市	二线城市	三线及以下城市
城镇家庭平均失业人数(人)	0.16	0.23	0.18
城镇家庭失业率(%)	8.63	12.72	9.69

注:以上数据经家庭权重调整。
资料来源:同表 4.4。

4.4 小结

本章基于 CHFIS 数据,分析了中国家庭的就业现状、中国家庭失业风险的测度及现状和中国家庭失业风险的分布,主要有如下发现:

第一,中国家庭的就业形势挑战巨大。从中国家庭的就业状况看,一方面,劳动适龄人口的劳动参与率在持续下降。2011—2021 年,中国劳动参与率下降了 8.44％,城镇地区劳动参与率下降了 3.72％,从宏观层面表明了中国当前就业市场形势的严峻。另一方面,家庭层面统计的就业人口数量和平均每户就业面在下降,就业者的负担在增加。2011—2021 年,农村家庭的平均每户就业面下降比例高于城镇家庭,农村就业者的负担人数上升比例高于城镇就业者,从家庭层面反映了就业形势的不容乐观。

第二,新冠疫情等因素加重了中国城镇家庭的失业风险。通过对失业风险测度文献的梳理,本章以失业和失业概率两种方式定义失业风险,分别计算了"户主失业概率""城镇家庭平均失业人数""城镇家庭失业率"和"失业概率"四个指标来表示失业风险。上述指标均表明 2011—2019 年中国家庭失业风险呈下降态势,但新冠疫情等外在因素冲击使得 2021 年中国家庭失业风险大幅上升,甚至超过了之前年份的最高水平。

第三,中国城镇家庭失业风险呈现出户主受教育水平、性别、年龄、婚姻状况及健康水平的异质性。从户主年龄角度来看,老年家庭的失业风险高于中青年家庭,但单从劳动力层面分析,青年群体的失业风险最高。从户主性别角度来看,女性户主家庭的失业风险略高于男性户主家庭。从户主学历来看,户主受教育水平为高中及以下的家庭失业风险更大。从户主婚姻状况来看,户主未婚或离异的家庭相比户主已婚的家庭面临更高的失业风险。从户主健康来看,户主有慢性病的家庭的失业风险高于户主无慢性病的家庭。

第四,中国家庭失业风险存在家庭财产性收入、财富水平、社会网络以及地区上的异质性。从家庭财产性收入来看,财产性收入低的家庭的失业风险高于财产性收入高的家庭。从家庭转移性收入来看,转移性收入低的家庭的失业风险低于转移性收入高的家庭。从家庭财富来看,低财富的家庭相比高财富的家庭面临更高的失业风险。从家庭负债来看,有负债的家庭相比无负债的家庭失业风险更低。从家庭社会网络角度来看,低社会网络家庭面临的失业风险高于高社会网络家庭。从地理位置来看,中西部地区家庭相比东部地区家庭面临更高的失业风险。从城市等级角度来看,二线城市的家庭面临的失业风险最高,其次是三线及以下城市,最后是一线/新一线城市。

健康风险

5.1 中国家庭健康风险内涵、测度及现状

5.1-1 中国家庭健康风险内涵

健康是重要的人力资本,也是人的一项基本权利。世界卫生组织指出,"健康不仅是躯体没有疾病,还要具备心理健康、良好的社会适应和道德"。健康对家庭的经济活动和居民福祉有着深刻的影响。健康不佳会加重家庭医疗负担,容易导致个体劳动能力下降(楚克本等,2018),产生失业、收入下降、消费降级(何兴强、史卫,2014)等问题。"人民健康是民族昌盛和国家强盛的重要标志",党的二十大报告指出要"推进健康中国建设",把保障人民健康放在优先发展的战略位置。新冠疫情的冲击也使得健康问题愈加重要,在此背景下,本章将对中国家庭的健康风险进行分析。

健康风险是一种背景风险。第一,健康不可交换和储蓄,无法通过跨期进行优化,也无法通过组合配置方式来分散健康风险(Love and Smith,2010)。第二,医疗保险主要通过转移疾病发生后带来的经济损失来分担部分健康风险(刘祚祥,2008)。但由于未来的健康状况和疾病无法完全预测,

健康不佳或疾病带来的身体、精神、社会损失难以完全得到保险(何兴强、史卫,2014)。第三,健康具有典型的生命周期属性,年龄增加意味着健康风险上升,健康风险影响寿命预期(丁梦、冯宗宪,2020)。因此,健康风险属于背景风险,是背景风险的重要部分。

5.1-2 中国家庭健康风险测度

从健康的定义看,世界卫生组织认为健康不仅仅为疾病或羸弱之消除,而系体格、精神与社会之完全健康状态。[1]现有对健康风险的定义较多涉及身体和精神健康,缺少对社会健康的度量,对健康风险的测度主要从身体和精神两方面展开,从这个角度看,健康测度分为医学上的疾病诊断和自我评价的主观健康感受。现有文献也主要从疾病冲击和自评健康两方面测度健康风险。[2]

基于上述对健康定义和健康测度的分析,本章对健康风险测度方式的梳理主要从"健康冲击和健康感受"两方面出发,又细分身体健康和精神健康两个角度。本章还总结了健康风险的其他定义。

(1)健康冲击。

从身体健康角度看,Atella 等(2012)根据 Sprangers 等(2000)梳理的疾病严重程度和隐含的残疾,构建了慢性疾病的加权指数,用以衡量家庭的慢性疾病负担。Bressan 等(2014)使用欧洲健康、老龄化和退休调查(SHARE)数据,从日常活动受限数量和慢性病数量两方面定义健康风险,其中日常活动受限包括穿衣、行走、洗澡、吃饭、上下床和上厕所方面的困难,慢性病主要包括心脏病、高血压、高胆固醇、糖尿病、哮喘、关节炎、骨质疏松症、帕金森病和癌症(慢性)。他的研究发现,9.50%的样本在日常活动中存在某种限制,受限活动数量平均为 0.18 种,超过 41%的样本宣称患有两种或两种以上的慢性疾病。楚克本等(2018)将健康冲击分为大病健康冲击和一般健康冲击,大病健康冲击以"家庭在一定时期内的住院人数"和"大额医疗支出"衡量,一般健康冲击以"近两周身体感觉不适"衡量。马健囡(2021)基于中

---

[1] 参见 https://www.who.int/zh/about/frequently-asked-questions。
[2] 后文将客观上发生的、经医疗诊断的疾病统称为健康冲击。

国家庭追踪调查数据（CFPS），根据"受访者过去半年内是否有医生诊断的慢性病"和"是否有抽烟、酗酒、失眠、运动过少等不良生活习惯情况"两个问题从身体健康角度分别定义家庭的健康风险。从精神健康角度看，Bressan 等（2014）从抑郁角度分析了精神健康风险，根据受访者对"上个月是否抑郁、悲观、内疚、易怒和流泪"这一问题的回答定义精神健康状态。

综上，大部分文献从身体健康角度定义健康风险，较少一部分文献涉及了精神健康。继续从身体健康角度细分，健康冲击又可分为重大疾病冲击和慢性病冲击。

（2）健康感受。

何兴强和史卫（2014）认为，健康状态越差，遭受健康冲击的可能性越大，Bressan 等（2014）也认为健康感受具有独特的优势，可被用来测度健康风险，建议从健康感受方面挖掘健康风险信息。大量的中英文文献从自评健康角度定义健康风险。健康感受又分为身体健康感受和精神健康感受。从身体健康感受看，微观家庭调查数据如 CHFIS、CFPS 等，调查了自评身体健康状况。以 CHFIS 为例，问卷中有问题"与同龄人相比，您现在的身体状况如何？ 1.非常好；2.好；3.一般；4.不好；5.非常不好"。根据该问题的回答进行赋值，得到有序变量，表示受访者的自评健康情况。文献一般以户主的回答或者家庭成员的平均情况表示家庭的健康风险，或直接使用该有序离散变量表示健康风险，或定义是否存在健康风险这一虚拟变量，如果自评健康回答为"不好"或"非常不好"，则定义健康风险变量为1，表示存在健康风险，否则定义为0（Edwards，2008；Atella et al.，2012；Bressan et al.，2014；何兴强、史卫，2014；方黎明，2017；楚克本等，2018；祝福云等，2019；丁梦、冯宗宪，2020；岳崴等，2021）。祝福云等（2019）还以"除户主之外家庭成员健康感受不好的人数占家庭规模的比例"来定义健康风险。尹志超等（2020）基于 CFPS 数据以户主和家庭劳动力的平均健康状况变化情况作为健康风险的代理变量。具体讲，如果与前一年相比，健康状况更好，赋值为 0；健康状况不变，赋值为 1；健康状况变差，则赋值为 2。

从精神健康感受看，马健囡（2021）根据 CFPS 数据中"因一些小事而烦恼""做任何事都很费劲""睡眠不好""哭过或想哭"等 12 个精神状态定义了健康风险。方黎明（2017）根据流行病学研究中心抑郁量表简表（CES—

D10)测量调查对象的抑郁状况,量表得分范围在 0—30 分之间,得分越高,表示抑郁程度和抑郁风险越高;得分合计在 11 分及以上则表明受访者存在显著的抑郁症状。

综上,由于数据相对容易获取,大量的文献使用自评健康来定义健康风险,并以户主的自评健康或家庭成员平均的自评健康状况表示家庭的健康风险。

(3)其他健康风险定义。

老年人占比。部分文献以家庭老年人占比定义家庭健康风险,原因在于老年人身体机能退化,更容易患病。何兴强和史卫(2014)以家庭 65 岁及以上成员占比情况表示家庭的健康风险。祝福云等(2019)用家庭成员中退休人口比重定义健康风险。尹志超等(2020)分别以家庭 60 岁和 65 岁以上老年人数占比作为医疗风险的代理变量。

因病丧失劳动能力。祝福云等(2019)从家庭中户主是否因生病或受伤而不能正常工作角度定义健康风险。Currie 和 Madrian(1999)提出了八类不同的健康指标:主观健康状况;工作能力或者正常活动能力受疾病限制;正常活动的功能限制;慢性病;永久性残疾;卫生保健利用状况;营养状况,用体重指数来衡量;预期死亡率。祝福云等(2019)的定义与 Currie 和 Madrian(1999)的八大健康指标中"工作能力或者正常活动能力受疾病限制"一致。

家庭医疗支出。Edwards(2008)则从医疗支出角度定义了健康风险,如果医疗费用将在未来五年内耗尽家庭所有储蓄,则定义家庭存在健康风险。楚克本等(2018)认为如果家庭年住院支出超出家庭可支配收入的 50%,则家庭产生巨大医疗支出,面临健康风险。

结合上述文献中关于健康风险的定义和 2011—2021 年 CHFIS 提供的数据信息,接下来将从不同角度定义具体健康风险,描述中国家庭健康风险现状。

5.1-3　中国家庭健康风险现状

(1)大病冲击。

近两年遭受大病冲击的家庭比例上升。重大疾病(如癌症等)能够最直接客观地表明家庭存在不可忽视的健康风险。本章定义健康风险 1 为家庭

遭受重大疾病冲击。2019 年和 2021 年 CHFIS 设置问题"近年来,您家是否
发生过对你们有重大影响的事件? 哪一年发生的?";其中,重大影响事件的
选项中包括"重大疾病"。本章根据这一问题获得 2014—2021 年中国家庭
遭受重大疾病冲击的状况及发生年份等信息,2014 年和 2015 年的健康冲击
信息来自 2019 年 CHFIS,包括 34 589 个有效家庭。2016—2020 年的健康
冲击信息来自 2021 年 CHFIS,包括 21 860 个有效家庭。图 5.1 给出了
2014—2020 年中国家庭健康风险 1 的变化趋势。2014—2018 年间,遭受大
病冲击的家庭比例在逐年缓慢下降①,2014 年有 1.43% 的家庭遭受了大病
冲击,2018 年这一比例下降到 1.08%。在此之后,健康风险 1 的变化趋势
逆转,2019 年遭受大病冲击的家庭比例快速增加,上升至 1.49%,2020 年
遭受大病冲击的家庭比例继续上升至 2.20%,家庭面临着不可忽视的健
康风险。

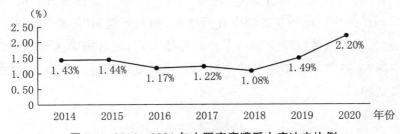

图 5.1　2011—2021 年中国家庭遭受大病冲击比例

资料来源:根据 2019 年、2021 年 CHFIS 计算。

（2）自评健康。

自评健康状况虽然具有主观性,但代表了受访者对自我健康的整体评
价,与死亡率和患病率等客观指标高度相关,能够直接地反映个人健康状
况,而且数据较易收集且质量较高,微观调查中普遍涉及自评健康状况
(Hornbrook and Goodman,1996;Gerdtham and Johannesson,1999)。自评

---

① 由于问卷调查的特殊性,调查中仅询问了重大疾病发生的年份,没有结束年
份。重大疾病一般持续数年,这里的比例仅为当年新遭受重大疾病冲击的家
庭比例。

健康状况同样也是衡量健康风险最常用的指标。

2011—2021 年户主自评健康均值整体增大,家庭健康风险有所增加。本章定义健康风险 2 为户主的自评健康状况①,问卷中的自评健康问题为"与同龄人相比,您现在的身体状况如何? 1.非常好;2.好;3.一般;4.不好;5.非常不好",从非常好到非常不好,依次赋值为 1—5,数值越高,表明自评健康越差。②表 5.1 给出了 2011—2021 年中国家庭健康风险 2 的变化趋势。2011—2019 年户主自评健康均值不断提高,说明户主对自身健康的评价变差,评价均值从 2011 年的 2.58 上升到 2019 年的 2.77,整体评级在健康感受"好"和"一般"之间,健康风险有所上升。2021 年户主自评健康均值为2.64,虽略有下降,但仍高于 2017 年的水平,长时间范围看,居民对健康的整体感受变差。从具体的健康评级来看,2011—2021 年间,约 13% 的户主认为自身健康非常好,约 30% 的户主认为自身健康好,自评健康"非常好"和"好"的户主比例有所下降,约 40% 的户主认为自身健康一般,自评健康"一般"的户主比例在波动中有所增加,而自评健康"不好"和"非常不好"的户主比例保持波动上涨的态势。总体而言,随着越来越多户主认为自身健康"不好""非常不好"和"一般",自评健康均值增大,家庭面临的健康风险增加。

---

① 本章以户主自评健康表示家庭的健康风险,原因在于 2011—2015 年 CHFIS 调查中除户主外其他家庭成员的健康状况信息存在大量缺失,而户主是家庭经济活动的主要决策者,具有家庭代表性,微观家庭研究中常以户主的特征表示家庭的情况。

② 2013 年 CHFIS 自评健康问题口径和其他年份不一致,2013 年 CHFIS 自评健康问题为"与同龄人相比,您现在的身体状况如何? 1.非常好;2.很好;3.好;4.一般;5.不好"。这导致表 5.1 第一行中 2013 年的数据产生跳跃,与其他年份数值不可比。本章对健康评级重新赋值,将自评健康为"非常好""很好""好"的样本赋值为 1,将自评健康为"一般"的样本赋值为 2,将自评健康为"不好""非常不好"的样本赋值为 3。表 5.1 第二行给出了新赋值的自评健康均值。重新赋值不能完全克服问卷设计不一致带来的数据偏差,本章后续在对自评健康的分析中仅展示数据,不对 2013 年数据做比较分析。

表 5.1　健康风险 2：户主自评健康

	2011 年	2013 年	2015 年	2017 年	2019 年	2021 年
户主自评健康均值（1—5）	2.58	3.39	2.61	2.61	2.77	2.64
户主自评健康均值（1—3）	1.69	1.73	1.71	1.71	1.84	1.75
自评健康等级：						
非常好（%）	13.75	7.39	11.89	13.98	12.17	14.53
好（%）	31.90	37.82①	33.72	33.85	25.83	28.87
一般（%）	39.26	36.41	38.21	32.93	40.29	38.33
不好（%）	12.45	18.38	13.47	15.57	16.62	14.76
非常不好（%）	2.64	—	2.71	3.67	5.09	3.51
样本量（个）	6 735	25 984	37 200	40 002	34 637	21987

注：以上数据经家庭权重调整。
资料来源：根据 2011—2021 年 CHFIS 数据整理。

（3）健康感受"不好"和"非常不好"。

2011—2021 年户主健康感受"不好"和"非常不好"的比例整体增加，家庭健康风险上升。本章参考何兴强和史卫（2014）、岳崴等（2021）定义健康风险 3 为受访者健康感受"不好"和"非常不好"，如果是，则赋值为 1，否则为 0。图 5.2 给出了 2011—2021 年中国家庭健康风险 3 先增加后有所下降的变化趋势。2011—2019 年户主健康感受"不好"和"非常不好"的比例从 15.09% 上升到 21.71%，上升了 6.62 个百分点，户主的健康风险增加。2021 年这一比例略微下降至 18.27%。新冠疫情期间的个人防护措施，能够有效减少流

图 5.2　2011—2021 年中国家庭户主健康感受"不好"和"非常不好"的比例
资料来源：同表 5.1。

---

①　回答"很好"和"好"的比例。

行性感冒和其他流行病的感染（谭章平等，2023），这可能使居民对自我健康产生积极的评价，因此产生了2021年户主健康感受有所改善的现象。但这并不表明家庭健康风险下降，2021年户主健康感受"不好"和"非常不好"的比例仍高于2011年和2015年，家庭面临着一定的健康风险。

由于2011—2015年CHFIS调查中除户主之外的其他家庭成员的健康状况信息存在大量缺失，表5.2仅在2017—2021年的样本中对家庭成员的健康状况进行描述，相比于户主健康状况的代表性，家庭成员的健康状况更能全面反映家庭的健康风险。本章分别参考岳崴等（2021）、何兴强和史卫（2014）、祝福云等（2019）计算了家庭中健康感受"不好"和"非常不好"的成员数量、家庭中健康感受"不好"和"非常不好"的成员数量占家庭人口总数的比重、除户主之外家庭中健康感受"不好"和"非常不好"的成员数量占家庭人口总数的比重这三个变量，作为健康风险3的延伸指标，具体见表5.2。2017—2021年，家庭中健康感受"不好"和"非常不好"的成员数量基本维持在0.5人左右；家庭中健康感受"不好"和"非常不好"的成员数量占家庭人口总数的比重分别为14.96％、17.44％和15.26％，健康风险先增加后有所下降；排除户主后健康感受"不好"和"非常不好"的成员数量占家庭人口总数的比例分别为15.75％、19.64％和17.47％，健康风险的变化趋势没有改变。总体而言，家庭中近五分之一的成员健康感受不好，2017—2021年家庭健康风险的变化趋势可能是上文解释的受新冠疫情防护的影响，其他流行病减少，使家庭成员对自身健康产生了乐观的评价，并不表示健康风险的缓解。

表 5.2　健康风险 3：家庭成员健康感受"不好"和"非常不好"

	2017 年	2019 年	2021 年
家庭中健康感受"不好"和"非常不好"的成员数量（人）	0.54	0.58	0.53
家庭中健康感受"不好"和"非常不好"的成员数量/家庭规模（％）	14.96	17.44	15.26
家庭中除户主之外健康感受"不好"和"非常不好"的成员数量/家庭规模（％）	15.75	19.64	17.47

注：以上数据经家庭权重调整。

资料来源：根据2017—2021年CHFIS数据整理。

（4）因病丧失劳动能力。

2011—2021 年劳动人口因病丧失劳动能力比例整体上涨。参考 Currie 和 Madrian(1999)、Bressan 等(2014)和祝福云等(2019)，本章定义家庭健康风险 4 为 17—59 岁适龄劳动人口中因病丧失劳动能力的情况，分别计算了"家庭中因病丧失劳动能力的劳动人口数目"和"家庭中因病丧失劳动能力的劳动人口数量占家庭适龄劳动人口总数的比例"两个指标。[①]表 5.3 给出了 2011—2021 年中国家庭健康风险 4 的变化趋势。家庭中因病丧失劳动能力的劳动人口数目从 2011 年的 0.03 人上升到 2017 年的 0.08 人，此后年份一直保持在 0.08 人，家庭中因病丧失劳动能力的劳动人口占比也从 2011 年的 1.04％较快上升到 2017 年的 3.11％，之后年份保持稳定小幅上涨的趋势。从因病丧失劳动能力这一角度分析健康风险，本章发现家庭在 2011—2017 年处于健康风险的上升时期，2017 年之后健康风险保持在相对稳定的一个水平。

表 5.3　健康风险 4：因病丧失劳动能力

	2011 年	2013 年	2015 年	2017 年	2019 年	2021 年
家庭中因病丧失劳动能力的劳动人口数目（人）	0.03	0.07	0.06	0.08	0.08	0.08
家庭中因病丧失劳动能力的劳动人口比例（％）	1.04	2.73	2.27	3.11	3.22	3.40

注：以上数据经家庭权重调整。
资料来源：同表 5.1。

（5）家庭医疗负担。

2011—2021 年家庭医疗负担逐渐加重。参考楚克本等(2018)，本章从医疗负担角度定义家庭健康风险 5，具体指标包括"家庭去年是否有成员住院"[②]、"上一年家庭医疗支出占家庭总收入的比重"、"上一年家庭医疗支出超出家庭总收入的一半"和"家庭是否有医疗负债"。表 5.4 给出了 2011—

---

①　表 5.3 的统计仅在有适龄劳动人口的家庭中进行，排除了没有劳动人口的老年家庭，结果仅表明有适龄劳动人口家庭的健康风险。

②　2011 年和 2013 年 CHFIS 缺失相关信息。

2021 年家庭健康风险 5 的变化趋势。①从住院情况看,2015 年有 15.32％的家庭有成员住院,这一比例不断上升,2019 年达到 17.59％,新冠疫情给住院就医带来一定不便(李俏君等,2021),使 2021 年有成员住院的家庭比例略有下降。从医疗支出角度看,2011 年医疗支出占家庭总收入的比例平均为 6.03％,后续年份家庭医疗支出增加较快,2017—2021 年医疗支出约占家庭总收入的 12％,对家庭而言是巨大的医疗负担。医疗支出超出家庭总收入一半的家庭比例在 2011 年为 4.43％,之后年份一直保持稳定增加的态势,2021 年有 9.13％的家庭的医疗支出超出了半数家庭收入。从医疗负债的角度看,2015—2021 年,约 5％的家庭存在负债看病的情况。总体上,医疗负担逐步加重也反映了 2011—2021 年家庭健康风险不断上升的趋势。

表 5.4　健康风险 5:家庭医疗负担

	2011 年	2013 年	2015 年	2017 年	2019 年	2021 年
去年有家庭成员住院(%)	—	—	15.32	15.32	17.59	16.28
医疗支出/家庭总收入(%)	6.03	7.86	12.85	12.31	11.99	12.68
医疗支出超出家庭总收入的一半(%)	4.43	5.09	8.83	7.79	8.22	9.13
家庭有医疗负债(%)	—	—	5.16	5.16	4.98	4.24

注:以上数据经家庭权重调整。
资料来源:同表 5.1。

(6) 其他健康风险定义。

何兴强和史卫(2014)、丁梦和冯宗宪(2020)还以"家庭中老年人占比"这一方式定义健康风险,但由于 CHFIS 是追踪调查数据,样本中被追踪群体的年龄在自然增大,以"家庭中老年人占比"这一方式定义健康风险时,会高估相对较后年份的健康风险,在此不再展示。

Atella 等(2012)使用慢性病来表示健康风险,本章借鉴了这一方法。限于数据可得性,图 5.3 仅描述了 2015 年和 2021 年户主患有慢性病的情况,

---

① 由于 2015 年 CHFIS 中医疗支出和保障支出无法分离,无法获得家庭准确的医疗支出,这一年与医疗支出相关的指标和其他年份不可比,不再做分析。

2015 年有 39.99％的户主有慢性病,2021 年有 41.85％的户主患有慢性病。这也说明了中国家庭健康风险的存在及上升趋势。

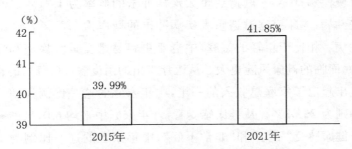

图 5.3 2015 年和 2021 年中国家庭户主有慢性病的比例

资料来源:根据 2015 年、2021 年 CHFIS 数据整理。

综上,对健康风险的不同定义方式都表明 2011—2019 年间中国家庭健康风险在不断攀升。2019 年后受新冠疫情的影响,健康感受等主观评价指标在变好,而重大疾病、医疗支出、慢性病和因病丧失劳动能力等客观指标仍继续处于变差的趋势。疫情防控给就医带来一定不便,可能导致人们主观上忽视健康问题,盲目乐观,但客观数据却表明,健康风险并没有得到缓解,反而呈上升趋势,仍是家庭不可忽视的重要背景风险。

5.2 中国家庭健康风险分布

5.2-1 户主特征

接下来,本章将基于 2021 年 CHFIS 数据对中国家庭健康风险的分布情况进行分析,从前述健康风险的定义中选取了"重大疾病冲击""医疗支出超出家庭总收入的一半""户主有慢性病"和"家庭中健康感受不好和非常不好的成员占比"四个指标进行异质性描述。

(1)年龄与健康风险。

老年家庭面临更严重的健康风险。表 5.5 给出了 2021 年按家庭户主年龄分组的家庭健康风险现状,户主年龄在 16—40 岁之间的家庭为青年家庭,

41—65 岁之间的为中年家庭,65 岁以上的为老年家庭。从遭受重大疾病冲击和患慢性病的角度看,青年家庭遭遇重大疾病冲击的概率为 1.92%,16.56% 的户主有慢性病;中年家庭遭遇重大疾病冲击的概率为 1.71%,36.99% 的户主有慢性病;老年家庭遭遇重大疾病冲击的概率为 3.25%,62.27% 的户主有慢性病。相比于年轻的家庭,中老年更容易遭受重大疾病和慢性病的冲击,家庭面临的健康风险更大。从医疗支出的角度看,20.47% 的青年家庭的医疗支出超出了家庭总收入的一半,中年家庭的这一比例为 20.54%,老年家庭的则为 29.63%。从健康感受看,青年家庭中平均 6.01% 的家庭成员认为自身健康感受"不好"和"非常不好",中年家庭的这一比例为 15.65%,老年家庭的则为 26.30%。相比于年轻的家庭,中老年家庭的医疗负担更重,健康感受更差。总体来看,家庭健康风险在不同户主年龄之间存在一定差距,要重点关注中老年家庭的健康风险。

表 5.5　家庭健康风险:按照户主年龄分组

	青年家庭	中年家庭	老年家庭
重大疾病冲击	1.92%	1.71%	3.25%
医疗支出超出家庭总收入的一半	20.47%	20.54%	29.63%
户主有慢性病	16.56%	36.99%	62.27%
家庭中健康感受"不好"和"非常不好"的成员占比	6.01%	15.65%	26.30%

注:以上数据经家庭权重调整。
资料来源:根据 2021 年 CHFIS 数据整理。

（2）性别与健康风险

女性户主家庭面临的健康风险略高。表 5.6 给出了 2021 年按家庭户主性别分组的家庭健康风险现状。从遭受重大疾病冲击和患慢性病的角度看,男性户主家庭遭遇重大疾病冲击的概率为 2.17%,39.71% 的户主有慢性病,女性户主家庭遭遇重大疾病冲击的概率为 2.21%,46.64% 的户主有慢性病。相比于男性,女性更容易遭受重大疾病和慢性病的冲击,女性户主家庭面临的健康风险更大。从医疗支出角度看,21.99% 的男性户主家庭的医疗支出超出了家庭总收入的一半,女性户主家庭的这一比例为 25.77%。从健康感受看,男性户主家庭中平均 17.16% 的家庭成员认为自身健康感受"不好"和"非常不好",女性户主家庭的这一比例为 18.50%。相比于男性户主的家庭,女性户主家庭的医疗负担更重,健康感受更差。总体来看,健康风险在不同性别之间也存在差距,要重点关注女性户主家庭或女性占比高家庭的健康风险。

表 5.6　家庭健康风险:按照户主性别分组

	男性	女性
重大疾病冲击	2.17%	2.21%
医疗支出超出家庭总收入的一半	21.99%	25.77%
户主有慢性病	39.71%	46.64%
家庭中健康感受"不好"和"非常不好"的成员占比	17.16%	18.50%

注:以上数据经家庭权重调整。
资料来源:同表 5.5。

(3)教育与健康风险。

户主学历为高中及以下的家庭面临更严重的健康风险。表 5.7 给出了2021 年按户主学历分组的家庭健康风险现状。从遭受重大疾病冲击和患慢性病的角度看,户主学历为小学及以下的家庭遭遇重大疾病冲击的概率为2.29%,47.07%的户主有慢性病;户主学历为初高中水平的家庭遭遇重大疾病冲击的概率为 2.29%,41.68%的户主有慢性病;户主学历为大专及以上水平的家庭遭遇重大疾病冲击的概率为 1.59%,32.00%的户主有慢性病。随着受教育水平的上升,家庭遭受重大疾病和慢性病的冲击的可能性在下降,低学历家庭面临的健康风险更大。

从医疗支出的角度看,28.68%的户主学历为小学及以下的家庭的医疗支出超出了家庭总收入的一半,户主学历为初高中的家庭这一比例为20.94%,户主学历为大专及以上家庭的比例为 18.69%。从健康感受看,户主学历为小学及以下的家庭中平均 27.97%的家庭成员认为自身健康感受"不好"和"非常不好",户主学历为初高中的家庭这一比例为 14.92%,户主学历为大专及以上家庭的这一比例为 5.50%。相比于户主接受了高等教育的家庭,户主受教育水平为高中以下的家庭的医疗负担更重,健康感受更差。总体来看,家庭健康风险在不同受教育水平之间存在一定差距,要关注低受教育群体的健康风险。

表 5.7　家庭健康风险:按照户主受教育水平分组

	小学及以下	初高中	大专及以上
重大疾病冲击	2.29%	2.29%	1.59%
医疗支出超出家庭总收入的一半	28.68%	20.94%	18.69%
户主有慢性病	47.07%	41.68%	32.00%
家庭中健康感受"不好"和"非常不好"的成员占比	27.97%	14.92%	5.50%

注:以上数据经家庭权重调整。
资料来源:同表 5.5。

(4) 婚姻与健康风险。

户主未婚或离异家庭面临更严重的健康风险。表 5.8 给出了 2021 年按家庭户主婚姻状况分组的家庭健康风险现状。从遭受重大疾病冲击和患慢性病的角度看,户主已婚家庭遭遇重大疾病冲击的概率为 1.97%,40.46% 的户主有慢性病,户主未婚/离异的家庭遭遇重大疾病冲击的概率为 3.36%,49.80% 的户主有慢性病。相比于已婚,未婚或离异人士更容易遭受重大疾病和慢性病的冲击,户主未婚/离异的家庭面临的健康风险更大。从医疗支出角度看,21.86% 的户主已婚家庭的医疗支出超出了家庭总收入的一半,户主未婚/离异家庭的这一比例为 29.46%。从健康感受看,户主已婚家庭中平均 16.88% 的家庭成员认为自身健康感受"不好"和"非常不好",户主未婚/离异家庭的这一比例为 21.55%。相比于户主已婚的家庭,户主未婚/离异家庭的医疗负担更重,家庭成员健康感受更差。总体来看,健康风险受到婚姻状态的影响,要重点关注户主未婚/离异家庭的健康风险。

表 5.8　家庭健康风险:按照户主婚姻状况分组

	已婚	未婚/离异
重大疾病冲击	1.97%	3.36%
医疗支出超出家庭总收入的一半	21.86%	29.46%
户主有慢性病	40.46%	49.80%
家庭中健康感受"不好"和"非常不好"的成员占比	16.88%	21.55%

注:以上数据经家庭权重调整。
资料来源:同表 5.5。

（5）工作性质与健康风险。

户主在体制外工作的家庭面临更高的健康风险。①表 5.9 给出了 2021 年按户主工作性质分组的家庭健康风险现状，将户主的工作性质分为体制内和体制外，体制内工作包括公务员、事业单位和国企就业。从遭受重大疾病冲击和患慢性病的角度看，户主在体制内工作的家庭遭遇重大疾病冲击的概率为 1.89%，29.74% 的户主有慢性病，户主在体制外工作的家庭遭遇重大疾病冲击的概率为 1.90%，34.08% 的户主有慢性病。相比于稳定的体制内工作，在体制外工作更容易遭受重大疾病和慢性病的冲击，户主在体制外工作的家庭面临的健康风险更大。从医疗支出的角度看，16.86% 的户主在体制内工作的家庭医疗支出超出了家庭总收入的一半，户主在体制外工作家庭的这一比例为 20.18%。从健康感受看，户主在体制内工作的家庭中平均 6.78% 的家庭成员认为自身健康感受"不好"和"非常不好"，户主在体制外工作的家庭中这一比例为 16.54%。相比于户主在体制内工作的家庭，户主在体制外工作的家庭医疗负担更重，家庭成员健康感受更差。总体来看，健康风险受到工作性质的影响，要重点关注户主在体制外工作家庭的健康风险。

表 5.9　家庭健康风险：按照户主工作性质分组

	体制内工作	体制外工作
重大疾病冲击	1.89%	1.90%
医疗支出超出家庭总收入的一半	16.86%	20.18%
户主有慢性病	29.74%	34.08%
家庭中健康感受"不好"和"非常不好"的成员占比	6.78%	16.54%

注：以上数据经家庭权重调整。
资料来源：同表 5.5。

5.2-2　家庭特征

（1）收入与健康风险。

低收入家庭面临更严重的健康风险。表 5.10 给出了 2021 年按家庭收入中位数分组的家庭健康风险现状。从遭受重大疾病冲击和患慢性病的角

① 仅在户主有工作的家庭样本中进行描述。

度看,低收入家庭遭遇重大疾病冲击的概率为 2.28%,45.17% 的户主有慢性病,高收入家庭遭遇重大疾病冲击的概率为 2.08%,38.59% 的户主有慢性病。相比于高收入家庭,低收入家庭更容易遭受重大疾病和慢性病的冲击,家庭面临的健康风险更大。从医疗支出的角度看,30.10% 的低收入家庭医疗支出超出了家庭总收入的一半,高收入家庭中这一比例为 16.30%。从健康感受看,低收入家庭中平均 24.80% 的家庭成员认为自身健康感受"不好"和"非常不好",高收入家庭中这一比例为 10.43%。相比于高收入家庭,低收入家庭的医疗负担更重,家庭成员健康感受更差。总体来看,健康风险受到家庭收入的影响,要重点关注低收入家庭的健康风险。

表 5.10　家庭健康风险:按照家庭收入中位数分组

	低收入家庭	高收入家庭
重大疾病冲击	2.28%	2.08%
医疗支出超出家庭总收入的一半	30.10%	16.30%
户主有慢性病	45.17%	38.59%
家庭中健康感受"不好"和"非常不好"的成员占比	24.80%	10.43%

注:以上数据经家庭权重调整。
资料来源:同表 5.5。

（2）财富水平与健康风险。

低财富家庭面临更严重的健康风险。表 5.11 给出了 2021 年按家庭资产中位数分组的家庭健康风险现状,以家庭资产状况表示家庭的财富水平。从遭受重大疾病冲击和患慢性病的角度看,低财富家庭遭遇重大疾病冲击的概率为 2.35%,45.52% 的户主有慢性病,高财富家庭遭遇重大疾病冲击的概率为 2.01%,38.20% 的户主有慢性病。相比于高财富家庭,低财富家庭更容易遭受重大疾病和慢性病的冲击,家庭面临的健康风险更大。从医疗支出的角度看,29.11% 的低财富家庭医疗支出超出了家庭总收入的一半,高财富家庭中这一比例为 17.20%。从健康感受看,低财富家庭中平均 24.82% 的家庭成员认为自身健康感受"不好"和"非常不好",高财富家庭中这一比例为 10.33%。相比于高财富家庭,低财富家庭的医疗负担更重,家庭成员健康感受更差。总体来看,健康风险受到家庭财富水平的影响,要重点关注低财富家庭的健康风险。

表 5.11　家庭健康风险:按照家庭财富水平分组

	低财富家庭	高财富家庭
重大疾病冲击	2.35%	2.01%
医疗支出超出家庭总收入的一半	29.11%	17.20%
户主有慢性病	45.52%	38.20%
家庭中健康感受"不好"和"非常不好"的成员占比	24.82%	10.33%

注:以上数据经家庭权重调整。
资料来源:同表5.5。

（3）商业健康保险与健康风险。

商业健康保险能够缓解家庭面临的健康风险。表 5.12 给出了 2021 年按家庭是否有成员购买商业健康保险分组的家庭健康风险现状。从遭受重大疾病冲击和患慢性病的角度看,购买商业健康保险的家庭遭遇重大疾病冲击的概率为 2.12%,31.32% 的户主有慢性病,未购买商业健康保险的家庭遭遇重大疾病冲击的概率为 3.02%,42.60% 的户主有慢性病。相比于购买商业健康保险的家庭,未购买商业健康保险的家庭更容易遭受重大疾病和慢性病的冲击,家庭面临的健康风险更大。从医疗支出的角度看,购买商业健康保险的家庭中有 18.38% 的家庭医疗支出超出了家庭总收入的一半,未购买商业健康保险的家庭中这一比例为 23.50%。从健康感受看,购买商业健康保险的家庭中平均 8.82% 的家庭成员认为自身健康感受"不好"和"非常不好",未购买商业健康保险的家庭中这一比例为 18.19%。相比于购买商业健康保险的家庭,未购买商业健康保险的家庭的医疗负担更重,家庭成员健康感受更差。总体来看,购买商业健康保险是分散家庭健康风险的有效方式。

表 5.12　家庭健康风险:按照家庭购买商业健康保险情况分组

	购买商业健康保险的家庭	未购买商业健康保险的家庭
重大疾病冲击	2.12%	3.02%
医疗支出超出家庭总收入的一半	18.38%	23.50%
户主有慢性病	31.32%	42.60%
家庭中健康感受"不好"和"非常不好"的成员占比	8.82%	18.19%

注:以上数据经家庭权重调整。
资料来源:同表5.5。

5.2-3 区域特征

（1）城乡与健康风险。

农村家庭面临更严重的健康风险。表 5.13 给出了 2021 年按城乡分组的家庭健康风险现状。从遭受重大疾病冲击和患慢性病的角度看,城镇家庭遭遇重大疾病冲击的概率为 1.83％,42.98％的户主有慢性病,农村家庭遭遇重大疾病冲击的概率为 2.63％,40.41％的户主有慢性病。相比于城镇家庭,农村家庭更容易遭受重大疾病和慢性病的冲击,家庭面临的健康风险更大。从医疗支出的角度看,21.76％的城镇家庭医疗支出超出了家庭总收入的一半,农村家庭中这一比例为 24.96％。从健康感受看,城镇家庭中平均 12.90％的家庭成员认为自身健康感受"不好"和"非常不好",农村家庭中这一比例为 23.60％。相比于城镇家庭,农村家庭的医疗负担更重,家庭成员健康感受更差。总体来看,健康风险受到城乡区域的影响,要重点关注农村家庭的健康风险。

表 5.13 家庭健康风险:按照城乡分组

	城镇家庭	农村家庭
重大疾病冲击	1.83％	2.63％
医疗支出超出家庭总收入的一半	21.76％	24.96％
户主有慢性病	42.98％	40.41％
家庭中健康感受"不好"和"非常不好"的成员占比	12.90％	23.60％

注:以上数据经家庭权重调整。
资料来源:同表 5.5。

（2）东中西部地区与健康风险。

中西部家庭面临更严重的健康风险。表 5.14 给出了 2021 年按家庭地理位置分组的家庭健康风险现状。从遭受重大疾病冲击和患慢性病的角度看,东部家庭遭遇重大疾病冲击的概率为 1.96％,40.68％的户主有慢性病;中部家庭遭遇重大疾病冲击的概率为 2.57％,46.71％的户主有慢性病;西部家庭遭遇重大疾病冲击的概率为 2.14％,39.89％的户主有慢性病。中部家庭遭受重大疾病和慢性病的冲击的概率最大,西部次之。从医疗支出的角度看,24.42％的东部家庭医疗支出超出了家庭总收入的一半,中部家庭中这一比例为 20.28%,西部家庭中则为 23.76%,东部家庭的医疗负担更重。从健康感受看,东部家庭中平均 14.67% 的家庭成员认为自身健康感受"不好"和"非常不好",中部家庭中这一比例为 19.36%,西部家庭中则为 19.25%。相比于东部家庭,中西部家庭的健康感受更差。总体来看,家庭健康风险在不同区域之间存在一定差距,要重点关注中西部家庭的健康风险。

表 5.14　家庭健康风险:按照东中西部分组

	东部家庭	中部家庭	西部家庭
重大疾病冲击	1.96%	2.57%	2.14%
医疗支出超出家庭总收入的一半	24.42%	20.28%	23.76%
户主有慢性病	40.68%	46.71%	39.89%
家庭中健康感受"不好"和"非常不好"的成员占比	14.67%	19.36%	19.25%

注:以上数据经家庭权重调整。
资料来源:同表 5.5。

（3）城市等级与健康风险。

三线及以下城市的家庭面临更严重的健康风险。表 5.15 给出了 2021 年按家庭所在城市商业发展等级分组的家庭健康风险现状。从遭受重大疾病冲击和患慢性病的角度看,位于一线/新一线城市的家庭遭遇重大疾病冲击的概率为 2.09%,42.66% 的户主有慢性病;位于二线城市的家庭遭遇重大疾病冲击的概率为 2.02%,40.81% 的户主有慢性病;位于三线及以下城市的家庭遭遇重大疾病冲击的概率为 2.25%,41.76% 的户主有慢性病。位于三线及以下城市家庭遭受重大疾病的冲击概率最大,位于一线/新一线城市的家庭次之。从医疗支出的角度看,25.04% 的一线/新一线城市家庭医疗支出超出了家庭总收入的一半,二线城市家庭中这一比例为 20.14%,三线及以下城市家庭中则为 23.05%,一线/新一线城市家庭的医疗负担更重。从健康感受看,一线/新一线城市家庭中平均 11.28% 的家庭成员认为自身健康感受"不好"和"非常不好",二线城市家庭中这一比例为 14.78%,三线及以下城市家庭中则为 20.66%。相比于二、三线及以下城市的家庭,一线/新一线城市家庭的医疗负担更重,但其健康感受更好。总体来看,家庭健康风险也受区域经济水平的影响。

表 5.15　家庭健康风险：按照城市商业发展等级分组

	一线/新一线城市	二线城市	三线及以下城市
重大疾病冲击	2.09%	2.02%	2.25%
医疗支出超出家庭总收入的一半	25.04%	20.14%	23.05%
户主有慢性病	42.66%	40.81%	41.76%
家庭中健康感受"不好"和"非常不好" 的成员占比	11.28%	14.78%	20.66%

注：以上数据经家庭权重调整。
资料来源：同表 5.5。

5.3　小结

健康风险是重要的背景风险。本章基于 2011—2021 年 CHFIS 数据，从大病冲击、自评健康、因病丧失劳动能力风险、家庭医疗负担和慢性病患病情况等角度刻画家庭健康风险，分析中国家庭健康风险的内涵、测度和现状及中国家庭健康风险的分布，主要有如下发现：

第一，2011—2021 年中国家庭健康风险呈缓慢波动上升趋势。通过对健康风险测度文献的梳理，本章从大病冲击、自评健康、因病丧失劳动能力风险、家庭医疗负担和慢性病患病情况等角度计算多个描述家庭健康风险的指标。从客观的健康冲击看，遭受大病冲击的家庭比例在 2018 年后稳步提高，2020 年遭受大病冲击的家庭比例最高，2011—2021 年家庭因病丧失劳动能力的成员比例在增加，户主患慢性病的比例在提高，家庭的医疗负担也在逐年加重。从主观的健康感受看，2011—2019 年家庭成员的健康感受向"消极"方向发展。

第二，新冠疫情导致家庭健康风险上升。遭受新冠疫情冲击后，2021 年家庭成员的自评健康反而向"积极"方向发展。结合客观的健康冲击表现，本章认为，家庭的健康风险在 2021 年并未降低，反而仍处在上升趋势。这可能是由于新冠疫情期间就医相对不便，减少了就医次数，导致人们对自身健康水平的较高评价。

第三，中国家庭健康风险呈现出户主工作性质、婚姻状况、受教育水平、性别、年龄方面的异质性。从户主年龄角度看,老年家庭的健康风险高于中青年家庭。从户主性别角度看,女性户主家庭的健康风险略高于男性户主家庭的健康风险。从户主学历看,户主受教育水平为高中及以下的家庭的健康风险更大。从户主婚姻状况看,户主未婚或离异的家庭相比户主已婚的家庭面临更高的健康风险,家庭医疗支出超出总收入一半的概率也更高。从户主工作性质看,户主在体制外工作的家庭的健康风险高于户主在体制内工作的家庭,家庭医疗支出超出总收入一半的概率也更高。

第四,中国家庭健康风险呈现出家庭商业保险参与、财富水平以及家庭收入水平方面的异质性。从家庭收入看,低收入家庭的健康风险高于高收入家庭,家庭医疗支出超出总收入一半的概率也更高。从家庭财富水平看,低财富家庭相比高财富家庭面临更高的健康风险,家庭医疗支出超出总收入一半的概率也更高。从商业健康保险购买情况看,购买商业健康保险的家庭的健康风险低于未购买商业健康保险的家庭,商业健康保险可以缓解家庭健康风险。

第五,中国家庭健康风险地区差异较大。从城乡看,农村家庭相比城镇家庭健康风险更高。从地理位置看,中西部地区家庭相比东部地区家庭面临更高的健康风险。从城市商业发展等级角度看,三线及以下城市的家庭面临的健康风险最高。

外生冲击

6.1 引言

  经济主体面临的外生冲击是指那些来自外部环境、无法被经济主体预测或者控制的事件。宏观外生冲击包括自然灾害、战争、突发公共卫生事件等,微观外生冲击包括重大疾病、意外伤害等。外生冲击可能对宏观经济体系、企业和家庭产生深远的影响。2008 年汶川地震的直接经济损失为 8 451 亿元,占当年 GDP 的 2.69%,导致 1 589 家企业的生产设施损毁,涉及电子、化工、建材、农产品加工等行业,69 227 人遇难,1 993.03 万人失去住所。①评估外生冲击的经济效应,可以帮助家庭制定更加合理的消费和储蓄计划,帮助企业更好地评估市场风险,帮助政府更好地制定应对措施,维护宏观经济平稳和社会稳定。

---

① 参见《汶川地震直接经济损失 8 451 亿元》,《人民日报》2008 年 9 月 5 日;《汶川特大地震四川抗震救灾志》,四川人民出版社 2017 年版。

就外生冲击的微观经济效应而言,首先,外生冲击影响家庭的劳动力流动。基于高分辨率卫星数据,Gröger 和 Zylberberg(2016)发现,在收入遭受到突发性灾害的严重影响后,农村家庭的劳动力一般会被迫转移到城市地区,以应对冲击。其次,外生冲击导致家庭重新分配消费和储蓄。一种观点是灾害的发生会增加居民的当期消费并减少储蓄,主要原因是灾害增加了其风险厌恶,使其更倾向于"及时行乐"(Hanaoka et al.,2018)。另一种观点是灾害风险预期的存在会使居民减少当期消费,增加预防性储蓄。当预期未来收入存在不确定性时,居民通过储蓄平滑未来消费以抵御不确定风险(Gignoux and Menéndez,2016)。再次,外生冲击影响家庭的资产配置。Bharath 和 Cho(2023)使用美国国家青年纵向调查数据,实证检验户主的自然灾害经历如何影响家庭投资组合。他们发现,经历过灾难的投资者的投资策略会因风险态度的改变而变得更为保守,同时降低对未来股市回报的预期。最后,外生冲击影响家庭的婚育行为。Tong 等(2011)基于美国北达科他州的县域数据发现,特大洪水带来的经济压力和精神压力降低了受灾地区家庭的生育意愿。

CHFIS问卷设计了问题"过去 5 年来,您家是否发生过对你们有重大影响的事件?",备选项包括自然灾害、人为灾害、重大疾病、经济状况急剧恶化等。表 6.1 报告了经历不同类型外生冲击的家庭占比。数据显示,2019 年和 2021 年经历自然灾害的家庭占比分别为 4.66%、4.54%,经历重大疾病冲击的家庭占比分别为 9.72%、8.16%。本章探讨自然灾害、重大疾病冲击对中国家庭经济行为的影响。

表 6.1　经历不同类型外生冲击的家庭占比

	自然灾害	人为灾害	重大疾病	经济状况急剧恶化
2019 年	4.66% (1 613)	1.73% (600)	9.72% (3 366)	1.36% (472)
2021 年	4.54% (999)	1.44% (317)	8.16% (1 798)	1.43% (315)

注:家庭占比依权重调整,括号内是经历不同类型外生冲击的家庭数量。
资料来源:根据 2019 年和 2021 年 CHFIS 数据整理。

6.2 影响中国家庭经济行为的主要外生冲击

6.2-1 自然灾害

自然灾害是给人类生存带来危害或损害人类生活环境的自然现象,包括干旱、洪涝灾害、台风、冰雹、暴雪、沙尘暴等气象灾害,火山喷发、地震、山体崩塌、滑坡、泥石流等地质灾害,风暴潮、海啸等海洋灾害,森林草原火灾和重大生物灾害等。中国疆域辽阔、地形复杂、气候多样,自然灾害时有发生。表 6.2 是近年中国自然灾害的损失评估。从数据可知,2018—2022 年,自然灾害的直接经济损失最低为 2 386.5 亿元,最高达 3 701.5 亿元。

表 6.2 近五年中国自然灾害的损失评估

	紧急转移安置	农作物受灾面积	直接经济损失	直接经济损失/GDP
2018 年	524.5 万人次	20 814.3 千公顷	2 644.6 亿元	0.29%
2019 年	528.6 万人次	19 256.9 千公顷	3 270.9 亿元	0.33%
2020 年	589.1 万人次	19 957.7 千公顷	3 701.5 亿元	0.37%
2021 年	573.8 万人次	11 739.0 千公顷	3 340.2 亿元	0.29%
2022 年	242.8 万人次	12 071.6 千公顷	2 386.5 亿元	0.20%

资料来源:中华人民共和国应急管理部。

自然灾害冲击是中国家庭经济行为的重要影响因素。一方面,自然灾害冲击改变了家庭的时间偏好和风险偏好。基于中国家庭收入动态调查数据,姚东旻等(2019)使用双重差分模型评估汶川地震对家庭时间偏好的影响。他们发现,灾难冲击显著提升了户主的自我控制能力和认知判断能力,进而增强了家庭的时间偏好(对未来效用的偏好),表现为储蓄率上升。基于中国城镇住户调查数据,章元等(2022)使用渐进双重差分模型检验2003—2005 年中国发生的四次地震对家庭风险偏好的影响。他们发现,地震冲击显著提高了城镇家庭的风险厌恶程度,距离震中越近的家庭,震后购买彩票的概率和支出下降越多,地震带来的风险预期上升和负向情绪冲击是重要机制。

另一方面,自然灾害冲击影响家庭的消费和储蓄。姚东旻和许艺煊

(2018)发现,无论是在长期还是在短期,地震对灾区城镇家庭消费行为的影响始终显著为负,证实了"预防性储蓄"动机的客观存在。章元和刘茜楠(2021)发现,户主 5 岁以后经历的地震频率越多,其家庭储蓄率显著越低;户主经历的地震频率显著提高了家庭的享受型消费支出,如文化娱乐、养生保健、奢侈品支出等,但是对家庭非享受型消费没有显著影响。Filipski 等(2019)探讨了 2008 年汶川地震对周边地区家庭消费行为的影响,发现灾害不仅不会使距离震中较近的家庭增加未来储蓄,而且还会使其更偏好烟酒、娱乐等消费。Yin 等(2022)发现,汶川地震抑制当地居民的总消费和能源消费,而政府的转移支付能够缓解自然灾害对家庭消费的负面影响。胡龙海等(2023)考察了(居民)对灾难性事件的风险感知如何影响家庭消费。他们发现,灾难性事件通过改变居民主观风险造成消费扭曲,且影响可能超过了直接经济损失。此外,于也雯等(2022)发现,地震的"财产风险效应"导致家庭的风险厌恶程度随地震震级的增加而提升,进而使家庭减少风险金融资产持有;地震的"生命风险效应"导致死亡概率增加,进而使家庭增加风险金融资产持有。

6.2-2 重大疾病

重大疾病通常指病情特别严重、治疗费用巨大的疾病。一方面,重大疾病严重威胁患者生命,严重影响其家庭成员的生活,如大部分的恶性肿瘤、急性心肌梗死、严重慢性肾衰竭等。另一方面,重大疾病需要支付昂贵的医疗费用,会给家庭带来沉重的经济负担,如严重脑中风后遗症、严重阿尔茨海默病、严重原发性帕金森病等。近年来,中国经济社会发展迅速,人民收入水平不断提高,体检广泛普及,医学诊疗技术不断革新,极大地改善了国民的健康水平。与此同时,人口老龄化、生态环境及生活方式的变化,也给国民健康带来了新挑战。重大疾病呈现出发病率上升、发病年龄降低和治疗费用提升的趋势。表 6.3 是 2020 年家庭重大疾病的平均治疗费用。

重大疾病冲击是中国家庭经济行为的重要影响因素。高梦滔和姚洋(2005)发现大病冲击在随后的 12 年里对于农户人均纯收入都有显著的负面影响,大病冲击对于农户的短期与中期影响使得患病户人均纯收入平均降低 5%—6%。楚克本等(2018)的发现与之类似,他们进一步讨论了农村家庭平滑消费的内部保障机制。杨志海等(2015)使用 Heckman 模型评估慢

表 6.3　重大疾病的平均治疗费用

重大疾病	医疗费用	重大疾病	医疗费用
癌　症	22 万—80 万元	终末期肺病	10 万—30 万元
冠状动脉搭桥术	10 万—30 万元	昏　迷	12 万元/年
急性心肌梗死	10 万—30 万元	双耳失聪	20 万—40 万元
心脏瓣膜手术	10 万—25 万元	双目失明	8 万—20 万元
重大器官移植术	22 万—50 万元	肢体切断	10 万—30 万元
脑炎后遗症	20 万—40 万元	瘫　痪	5 万元/年
良性脑肿瘤	10 万—25 万元	严重阿尔兹海默病	5 万元/年
严重脑损伤	10 万元/年	帕金森病	7.5 万元/年
慢性肝功能衰竭	10 万元/年	严重烧伤	10 万—20 万元
终末期肾病	10 万元/年	语言功能丧失	10 万元/年

资料来源：中国精算师协会编写，《国民防范重大疾病健康教育读本》，2021 年 2 月线上发布。

性、急性重大疾病对农村中老年人农业劳动参与及农业劳动时间的影响及其差异。张冀等（2022）基于包含财务边际和偿付能力在内的家庭金融脆弱性指标，考察了重大疾病对中老年家庭金融风险的影响。他们发现，重大疾病通过增加支出和减少收入共同提高中老年家庭的金融风险，重大疾病对中老年家庭金融脆弱性的影响程度是其他健康冲击的四倍。

6.3　外生冲击和中国家庭收入

6.3-1　户主特征

（1）婚姻状况的差异。

自然灾害对已婚家庭收入的负向影响更大。本章将遭受过自然灾害的家庭取值为 1，否则为 0。对于已婚家庭来说，遭遇自然灾害家庭的收入均值为 47 625.20 元，未遭遇自然灾害家庭的收入均值为 89 912.88 元，下降 47.03%。对于未婚家庭来说，遭遇自然灾害家庭的收入均值为 32 591.72 元，未遭遇自然灾害家庭的收入均值为 55 008.89 元，下降 40.75%。相较于未婚家庭，已婚家庭的收入均值受自然灾害的影响更大。此外，遭遇自然灾害使得已婚家庭的收入中位数下降 55.19%，使得未婚家庭的收入中位数下降 41.38%。相较于未婚家庭，已婚家庭的收入中位数受自然灾害的影响更大。

表 6.4　自然灾害和家庭收入:婚姻状况的差异

	自然灾害＝1		自然灾害＝0	
	均值(元)	中位数(元)	均值(元)	中位数(元)
已婚家庭	47 625.20	24 210.89	89 912.88	54 035.00
未婚家庭	32 591.72	16 178.75	55 008.89	27 600.00

资料来源:根据 2021 年 CHFIS 数据测算。

　　多次外生冲击对已婚家庭收入的负向影响更大。本章将遭受过多次外生冲击的家庭取值为 1,否则为 0。表 6.5 是分样本描述性统计。对于已婚家庭来说,经历多次外生冲击家庭的收入均值为 61 377.59 元,未经历多次外生冲击家庭的收入均值为 89 912.88 元,下降 31.74％。对于未婚家庭来说,经历多次外生冲击家庭的收入均值为 45 530.94 元,未经历多次外生冲击家庭的收入均值为 55 008.89 元,下降 17.23％。相较于未婚家庭,已婚家庭的收入均值受多次外生冲击的影响更大。此外,经历多次外生冲击使得已婚家庭的收入中位数下降 50.25％,使得未婚家庭的收入中位数下降 17.42％。相较于未婚家庭,已婚家庭的收入中位数受多次外生冲击的影响更大。值得说明的是,探讨经历多次外生冲击对家庭收入和消费的影响时,外生冲击不仅包括重大疾病和自然灾害,还包括人为灾害和家庭经济状况急剧恶化;若无特殊说明,本章后文中的外生冲击均参照此含义展开讨论。

表 6.5　多次外生冲击和家庭收入:婚姻状况的差异

	多次外生冲击＝1		多次外生冲击＝0	
	均值(元)	中位数(元)	均值(元)	中位数(元)
已婚家庭	61 377.59	26 885.00	89 912.88	54 035.00
未婚家庭	45 530.94	22 792.55	55 008.89	27 600.00

资料来源:同表 6.4。

　　(2)年龄的差异。

　　重大疾病对老年家庭收入的负向影响更大。本章将遭受过重大疾病的家庭取值为 1,否则为 0。对于中青年家庭来说,发生重大疾病家庭的收入均值为 89 253.39 元,未发生重大疾病家庭的收入均值为 98 357.30 元,下降 9.26％。对于老年家庭来说,发生重大疾病家庭的收入均值为 47 640.14 元,未发生

表 6.6　重大疾病和家庭收入：年龄的差异

	重大疾病＝1		重大疾病＝0	
	均值（元）	中位数（元）	均值（元）	中位数（元）
中青年家庭	89 253.39	48 000.00	98 357.30	56 200.00
老年家庭	47 640.14	42 240.00	64 655.85	38 315.00

注：根据户主年龄是否大于 60 岁区分老年家庭、中青年家庭。
资料来源：同表 6.4。

重大疾病家庭的收入均值为 64 655.85 元，下降 26.32％。相较于中青年家庭，老年家庭的收入均值受重大疾病的影响更大。

自然灾害对老年家庭收入的负向影响更大。表 6.7 汇报了分样本描述性统计结果。对于中青年家庭来说，遭遇自然灾害家庭的收入均值为 54 094.72 元，未遭遇自然灾害家庭的收入均值为 98 357.30 元，下降了 45.00％。对于老年家庭来说，遭遇自然灾害家庭的收入均值为 31 692.83 元，未遭遇自然灾害家庭的收入均值为 64 655.85 元，下降了 50.98％。相较于中青年家庭，老年家庭的收入均值受自然灾害的影响更大。此外，遭遇自然灾害使得中青年家庭的收入中位数下降了 46.30％，使得老年家庭的收入中位数下降了 66.97％。相较于中青年家庭，老年家庭的收入中位数受自然灾害的影响更大。

表 6.7　自然灾害和家庭收入：年龄的差异

	自然灾害＝1		自然灾害＝0	
	均值（元）	中位数（元）	均值（元）	中位数（元）
中青年家庭	54 094.72	30 177.50	98 357.30	56 200.00
老年家庭	31 692.83	12 655.00	64 655.85	38 315.00

注：中青年家庭和老年家庭的划分标准同表 6.6。
资料来源：同表 6.4。

6.3-2　家庭特征

（1）人力资本的差异。

重大疾病对低人力资本家庭收入的负向影响更大。表 6.8 是分样本描述性统计。对于低人力资本家庭来说，发生重大疾病家庭的收入均值为 41 279.59 元，未发生重大疾病家庭的收入均值为 53 414.78 元，下降 22.72％。对于高人力资本家庭来说,发生重大疾病家庭的收入均值为 117 056.60 元,未发生重大疾病家庭的收入均值为 139 084.40 元,下降 15.84%。相较于高人力资本家庭,低人力资本家庭的收入均值受重大疾病的影响更大。对于不同人力资本水平的家庭来说,重大疾病对其收入中位数的影响无显著差异。

表 6.8　重大疾病和家庭收入:人力资本的差异

	重大疾病=1		重大疾病=0	
	均值(元)	中位数(元)	均值(元)	中位数(元)
低人力资本家庭	41 279.59	31 167.50	53 414.78	33 502.50
高人力资本家庭	117 056.60	78 727.00	139 084.40	86 608.38

注:根据劳动力人口平均受教育年限的中位数区分低人力资本家庭、高人力资本家庭。
资料来源:同表 6.4。

自然灾害对高人力资本家庭收入的负向影响更大。对于低人力资本家庭来说,遭遇自然灾害家庭的收入均值为 38 767.11 元,未遭遇自然灾害家庭的收入均值为 53 414.78 元,下降了 27.42%。对于高人力资本家庭来说,遭遇自然灾害家庭的收入均值为 84 620.13 元,未遭遇自然灾害家庭的收入均值为 139 084.40 元,下降了 39.16%。相较于低人力资本家庭,高人力资本家庭的收入均值受自然灾害的影响更大。此外,遭遇自然灾害使得低人力资本家庭的收入中位数下降 37.00%,使得高人力资本家庭的收入中位数下降 52.40%。相较于低人力资本家庭,高人力资本家庭的收入中位数受自然灾害的影响更大。

表 6.9　自然灾害和家庭收入:人力资本的差异

	自然灾害=1		自然灾害=0	
	均值(元)	中位数(元)	均值(元)	中位数(元)
低人力资本家庭	38 767.11	21 105.00	53 414.78	33 502.50
高人力资本家庭	84 620.13	41 222.00	139 084.40	86 608.38

注:家庭人力资本水平的划分标准同表 6.8。
资料来源:同表 6.4。

(2) 社会资本的差异。

重大疾病对低社会资本家庭收入的负向影响更大。对于低社会资本家庭来说,发生重大疾病家庭的收入均值为 41 457.46 元,未发生重大疾病家庭的收入均值为 58 106.76 元,下降了 28.65%。对于高社会资本家庭来说,发生重大疾病家庭的收入均值为 89 102.17 元,未发生重大疾病家庭的收入均值为 112 202.50 元,下降了 20.59%。相较于高社会资本家庭,低社会资本家庭的收入均值受重大疾病的影响更大。对于不同社会资本的家庭来说,重大疾病对其收入中位数的影响无显著差异。

表 6.10　重大疾病和家庭收入:社会资本的差异

	重大疾病=1		重大疾病=0	
	均值(元)	中位数(元)	均值(元)	中位数(元)
低社会资本家庭	41 457.46	30 050.00	58 106.76	34 193.50
高社会资本家庭	89 102.17	58 159.00	112 202.50	66 231.50

注:根据礼金收支的中位数区分低社会资本家庭、高社会资本家庭。
资料来源:同表 6.4。

(3)物质资本的差异。

重大疾病对高物质资本家庭收入的负向影响更大。表 6.11 汇报了分样本描述性统计结果。对于低物质资本家庭来说,发生重大疾病家庭的收入均值为 38 546.55 元,未发生重大疾病家庭的收入均值为 39 590.31 元,下降了 2.64%。对于高物质资本家庭来说,发生重大疾病家庭的收入均值为 104 196.00 元,未发生重大疾病家庭的收入均值为 128 947.00 元,下降了 19.19%。相较于低物质资本家庭,高物质资本家庭的收入均值受重大疾病的影响更大。对于不同物质资本水平的家庭来说,重大疾病对其收入中位数的影响无显著差异。

表 6.11　重大疾病和家庭收入:物质资本的差异

	重大疾病=1		重大疾病=0	
	均值(元)	中位数(元)	均值(元)	中位数(元)
低物质资本家庭	38 546.55	25 061.75	39 590.31	25 220.00
高物质资本家庭	104 196.00	79 550.00	128 947.00	82 985.00

注:根据净资产的中位数区分低物质资本家庭、高物质资本家庭。
资料来源:同表 6.4。

自然灾害对高物质资本家庭收入的负向影响更大。表 6.12 汇报了分样本描述性统计结果。对于低物质资本家庭来说,遭遇自然灾害家庭的收入均值为 29 211.25 元,未遭遇自然灾害家庭的收入均值为 39 366.42 元,下降

了 25.80％。对于高物质资本家庭来说,遭遇自然灾害家庭的收入均值为
82 364.76 元,未遭遇自然灾害家庭的收入均值为 128 288.90 元,下降了
35.80％。相较于低物质资本家庭,高物质资本家庭的收入均值受自然灾害
的影响更大。此外,遭遇自然灾害使得低物质资本家庭的收入中位数下降
31.10％,使得高物质资本家庭的收入中位数下降 47.25％。相较于低物质资
本家庭,高物质资本家庭的收入中位数受自然灾害的影响更大。

表 6.12　自然灾害和家庭收入:物质资本的差异

	自然灾害＝1		自然灾害＝0	
	均值(元)	中位数(元)	均值(元)	中位数(元)
低物质资本家庭	29 211.25	17 225.00	39 366.42	25 000.00
高物质资本家庭	82 364.76	43 500.00	128 288.90	82 463.00

注:家庭物质资本水平的划分标准同表 6.11。
资料来源:同表 6.4。

6.3-3　区域特征

(1) 城乡的差异。

自然灾害对城镇家庭收入的负向影响更大。表 6.13 汇报了分样本描述性
统计结果。对于城镇家庭来说,遭遇自然灾害家庭的收入均值为 57 835.72
元,未遭遇自然灾害家庭的收入均值为 105 789.80 元,下降了 45.33％。对
于农村家庭来说,遭遇自然灾害家庭的收入均值为 42 113.03 元,未遭遇自
然灾害家庭的收入均值为 49 798.15 元,下降了 15.43％。相较于农村家庭,
城镇家庭的收入均值受自然灾害的影响更大。此外,遭遇自然灾害使得城镇
家庭的收入中位数下降 39.50％,使得农村家庭的收入中位数下降 18.42％。
相较于农村家庭,城镇家庭的收入中位数受自然灾害的影响更大。

表 6.13　自然灾害和家庭收入:城乡的差异

	自然灾害＝1		自然灾害＝0	
	均值(元)	中位数(元)	均值(元)	中位数(元)
城镇家庭	57 835.72	40 162.00	105 789.80	66 384.00
农村家庭	42 113.03	19 580.00	49 798.15	24 000.00

资料来源:同表 6.4。

（2）东中西部地区的差异。

重大疾病对东部地区家庭收入的负向影响更大。表 6.14 是分样本描述性统计。对于东部地区家庭来说，发生重大疾病家庭的收入均值为 85 074.24 元，未发生重大疾病家庭的收入均值为 112 752.90 元，下降 24.55％。对于中西部地区家庭来说，发生重大疾病家庭的收入均值为 57 261.52 元，未发生重大疾病家庭的收入均值为 65 318.34 元，下降 12.33％。相较于中西部地区家庭，东部地区家庭的收入受重大疾病的影响更大。

表 6.14　重大疾病和家庭收入：东、中西部地区的差异

	重大疾病＝1		重大疾病＝0	
	均值（元）	中位数（元）	均值（元）	中位数（元）
东部地区家庭	85 074.24	63 381.00	112 752.90	61 327.50
中西部地区家庭	57 261.52	36 360.00	65 318.34	41 887.50

资料来源：同表 6.4。

自然灾害对东部地区家庭收入的负向影响更大。表 6.15 是分样本描述性统计。对于东部地区家庭来说，遭遇自然灾害家庭的收入均值为 48 132.24 元，未遭遇自然灾害家庭的收入均值为 112 752.90 元，下降了 57.31％。对于中西部地区家庭来说，遭遇自然灾害家庭的收入均值为 44 924.11 元，未遭遇自然灾害家庭的收入均值为 65 318.34 元，下降了 31.22％。此外，遭遇自然灾害使得东部地区家庭的收入中位数下降了 58.88％，使得中西部地区家庭的收入中位数下降了 46.12％。相较于中西部地区家庭，东部地区家庭的收入受自然灾害的影响更大。

表 6.15　自然灾害和家庭收入：东、中西部地区的差异

	自然灾害＝1		自然灾害＝0	
	均值（元）	中位数（元）	均值（元）	中位数（元）
东部地区家庭	48 132.24	25 220.00	112 752.90	61 327.50
中西部地区家庭	44 924.11	22 570.00	65 318.34	41 887.50

资料来源：同表 6.4。

多次外生冲击对中西部地区家庭收入的负向影响更大。表 6.16 汇报了分样本描述性统计结果。对于东部地区家庭来说，经历多次外生冲击家庭的收

入均值为 97 991.50 元,未经历多次外生冲击家庭的收入均值为 112 752.90元,下降了 13.09%。对于中西部地区家庭来说,经历多次外生冲击家庭的收入均值为 43 225.52 元,未经历多次外生冲击家庭的收入均值为 65 318.34元,下降了 33.82%。此外,经历多次外生冲击使得东部地区家庭的收入中位数下降 29.56%,使得中西部地区家庭的收入中位数下降 42.84%。相较于东部地区家庭,中西部地区家庭的收入受多次外生冲击的影响更大。

表 6.16　多次外生冲击和家庭收入:东、中西部地区的差异

	多次外生冲击＝1		多次外生冲击＝0	
	均值(元)	中位数(元)	均值(元)	中位数(元)
东部地区家庭	97 991.50	43 200.00	112 752.90	61 327.50
中西部地区家庭	43 225.52	23 942.00	65 318.34	41 887.50

资料来源:同表 6.4。

(3) 南、北方地区的差异。

重大疾病对北方地区家庭收入的负向影响更大。表 6.17 是分样本描述性统计。对于南方地区家庭来说,发生重大疾病家庭的收入均值为 75 127.74元,未发生重大疾病家庭的收入均值为 89 423.99 元,下降 15.99%。对于北方地区家庭来说,发生重大疾病家庭的收入均值为 61 841.75 元,未发生重大疾病家庭的收入均值为 79 671.66 元,下降 22.38%。相较于南方地区家庭,北方地区家庭的收入均值受重大疾病的影响更大。此外,发生重大疾病使得南方地区家庭的收入中位数下降 0.29%,使得北方地区家庭的收入中位数下降 10.99%。相较于南方地区家庭,北方地区家庭的收入中位数受重大疾病的影响更大。

表 6.17　重大疾病和家庭收入:南、北方地区的差异

	重大疾病＝1		重大疾病＝0	
	均值(元)	中位数(元)	均值(元)	中位数(元)
南方地区家庭	75 127.74	48 000.00	89 423.99	48 139.82
北方地区家庭	61 841.75	43 724.00	79 671.66	49 121.25

资料来源:同表 6.4。

自然灾害对南方地区家庭收入的负向影响更大。表 6.18 是分样本描述性统计。对于南方地区家庭来说,遭遇自然灾害使得家庭的收入均值下降

了 51.25％。对于北方地区家庭来说,遭遇自然灾害使得家庭的收入均值下降了 39.52％。相较于北方地区家庭,南方地区家庭的收入均值受自然灾害的影响显然更大。此外,遭遇自然灾害使得南方地区家庭的收入中位数下降 56.05％,使得北方地区家庭的收入中位数下降 48.96％。相较于北方地区家庭,南方地区家庭的收入中位数受自然灾害的影响更大。

表 6.18　自然灾害和家庭收入:南、北方地区的差异

| | 自然灾害＝1 | | 自然灾害＝0 | |
	均值(元)	中位数(元)	均值(元)	中位数(元)
南方地区家庭	43 596.60	21 157.00	89 423.99	48 139.82
北方地区家庭	48 182.81	25 070.00	79 671.66	49 121.25

资料来源:同表 6.4。

多次外生冲击对南方地区家庭收入的负向影响更大。表 6.19 是分样本描述性统计。对于南方地区家庭来说,经历多次外生冲击家庭使得家庭的收入均值下降 40.10％。对于北方地区家庭来说,经历多次外生冲击家庭使得家庭的收入均值下降 21.56％。相较于北方地区家庭,南方地区家庭的收入均值受多次外生冲击的影响更大。对于南、北方地区家庭来说,多次外生冲击对其收入中位数的影响均无显著差异。

表 6.19　多次外生冲击和家庭收入:南、北方地区的差异

| | 多次外生冲击＝1 | | 多次外生冲击＝0 | |
	均值(元)	中位数(元)	均值(元)	中位数(元)
南方地区家庭	53 568.43	27 020.00	89 423.99	48 139.82
北方地区家庭	62 496.92	25 214.00	79 671.66	49 121.25

资料来源:同表 6.4。

6.4　外生冲击和中国家庭支出

6.4-1　户主特征

(1)婚姻状况的差异。

多次外生冲击对已婚家庭支出的正向影响更大。对于已婚家庭来说,经

历多次外生冲击家庭的支出均值为 80 875.22 元,未经历多次外生冲击家庭的支出均值为 68 351.58 元,上升了 18.32%。对于未婚家庭来说,经历多次外生冲击家庭的支出均值为 51 416.32 元,未经历多次外生冲击家庭的支出均值为 47 012.64 元,上升了 9.37%。相较于未婚家庭,已婚家庭的支出均值受多次外生冲击的影响更大。此外,经历多次外生冲击使得已婚家庭的支出中位数上升 14.98%,使得未婚家庭的支出中位数上升 8.82%。相较于未婚家庭,已婚家庭的支出中位数受多次外生冲击的影响更大。

表 6.20　多次外生冲击和家庭支出:婚姻状况的差异

	多次外生冲击=1		多次外生冲击=0	
	均值(元)	中位数(元)	均值(元)	中位数(元)
已婚家庭	80 875.22	59 629.00	68 351.58	51 860.00
未婚家庭	51 416.32	34 965.00	47 012.64	32 130.00

资料来源:同表 6.4。

(2)年龄的差异。

重大疾病对老年家庭支出的正向影响更大。对于中青年家庭来说,发生重大疾病家庭的支出均值为 84 777.74 元,未发生重大疾病家庭的支出均值为 74 402.13 元,上升 13.95%。对于老年家庭来说,发生重大疾病家庭的支出均值为 62 659.20 元,未发生重大疾病家庭的支出均值为 51 663.82 元,上升 21.28%。相较于中青年家庭,老年家庭的支出均值受重大疾病的影响更大。此外,发生重大疾病使得中青年家庭的支出中位数上升了 13.25%,使得老年家庭的支出中位数上升了 29.09%。相较于中青年家庭,老年家庭的支出中位数受重大疾病的影响更大。

表 6.21　重大疾病和家庭支出:年龄的差异

	重大疾病=1		重大疾病=0	
	均值(元)	中位数(元)	均值(元)	中位数(元)
中青年家庭	84 777.74	64 145.50	74 402.13	56 643.00
老年家庭	62 659.20	49 234.00	51 663.82	38 140.00

注:中青年家庭和老年家庭的划分标准同表 6.6。
资料来源:同表 6.4。

自然灾害对老年家庭支出的负向影响更大。表 6.22 汇报了分样本描述性统计结果。对于中青年家庭来说,遭遇自然灾害家庭的支出均值为 61 570.87 元,未遭遇自然灾害家庭的支出均值为 74 402.13 元,下降了 17.25%。对于老年家庭来说,遭遇自然灾害家庭的支出均值为 36 082.05 元,未遭遇自然灾害家庭的支出均值为 51 663.82 元,下降了 30.16%。相较于中青年家庭,老年家庭的支出均值受自然灾害的影响更大。此外,遭遇自然灾害使得中青年家庭的支出中位数下降 16.82%,使得老年家庭的支出中位数下降 29.79%。相较于中青年家庭,老年家庭的支出中位数受自然灾害的影响更大。

表 6.22　自然灾害和家庭支出:年龄的差异

	自然灾害＝1		自然灾害＝0	
	均值(元)	中位数(元)	均值(元)	中位数(元)
中青年家庭	61 570.87	47 115.00	74 402.13	56 643.00
老年家庭	36 082.05	26 780.00	51 663.82	38 140.00

注:中青年家庭和老年家庭的划分标准同表 6.6。
资料来源:同表 6.4。

6.4-2　家庭特征

(1) 人力资本的差异。

重大疾病对低人力资本家庭支出的正向影响更大。表 6.23 汇报了分样本描述性统计结果。对于低人力资本家庭来说,发生重大疾病家庭的支出均值为 61 216.50 元,未发生重大疾病家庭的支出均值为 52 784.53 元,上升了 15.97%。对于高人力资本家庭来说,发生重大疾病家庭的支出均值为 96 063.76 元,未发生重大疾病家庭的支出均值为 86 648.97 元,上升了 10.87%。相较于高人力资本家庭,低人力资本家庭的支出均值受重大疾病的影响更大。此外,发生重大疾病使得低人力资本家庭的支出中位数上升了 23.44%,使得高人力资本家庭的支出中位数上升了 11.55%。相较于高人力资本家庭,低人力资本家庭的支出中位数受重大疾病的影响更大。

表 6.23 重大疾病和家庭支出：人力资本的差异

	重大疾病＝1		重大疾病＝0	
	均值（元）	中位数（元）	均值（元）	中位数（元）
低人力资本家庭	61 216.50	49 140.00	52 784.53	39 808.00
高人力资本家庭	96 063.76	74 014.00	86 648.97	66 352.00

注：家庭人力资本水平的划分标准同表 6.8。
资料来源：同表 6.4。

（2）社会资本的差异。

重大疾病对低社会资本家庭支出的正向影响更大。对于低社会资本家庭来说，发生重大疾病家庭的支出均值为 61 636.09 元，未发生重大疾病家庭的支出均值为 53 242.13 元，上升了 15.77％。对于高社会资本家庭来说，发生重大疾病家庭的支出均值为 82 947.26 元，未发生重大疾病家庭的支出均值为 77 516.79 元，上升了 7.01％。相较于高社会资本家庭，低社会资本家庭的支出均值受重大疾病的影响更大。此外，发生重大疾病使得低社会资本家庭的支出中位数上升了 21.63％，使得高社会资本家庭的支出中位数上升了 9.71％。相较于高社会资本家庭，低社会资本家庭的支出中位数受重大疾病的影响更大。

表 6.24 重大疾病和家庭支出：社会资本的差异

	重大疾病＝1		重大疾病＝0	
	均值（元）	中位数（元）	均值（元）	中位数（元）
低社会资本家庭	61 636.09	48 060.50	53 242.13	39 512.50
高社会资本家庭	82 947.26	64 836.00	77 516.79	59 096.00

注：家庭社会资本水平的划分标准同表 6.10。
资料来源：同表 6.4。

多次外生冲击对高社会资本家庭支出的正向影响更大。表 6.25 汇报了分样本描述性统计结果。对于低社会资本家庭来说，经历多次外生冲击使得家庭的支出均值上升 8.61％。对于高社会资本家庭来说，经历多次外生冲击使得家庭的支出均值为上升 19.59％。相较于低社会资本家庭，高社会资本家庭的支出均值受多次外生冲击的影响更大。此外，经历多次外生冲击使得低社会资本家庭的支出中位数上升了 8.72％，使得高社会资本家庭的支出中位数上升了 21.38％。相较于低社会资本家庭，高社会资本家庭的支出中位数受多次外生冲击的影响更大。

表 6.25　多次外生冲击和家庭支出：社会资本的差异

	多次外生冲击＝1		多次外生冲击＝0	
	均值（元）	中位数（元）	均值（元）	中位数（元）
低社会资本家庭	57 961.59	42 976.50	53 368.66	39 528.50
高社会资本家庭	92 041.23	71 330.00	76 961.60	58 768.00

注：家庭社会资本水平的划分标准同 6.10。
资料来源：同表 6.4。

（3）物质资本的差异。

重大疾病对低物质资本家庭支出的正向影响更大。对于低物质资本家庭来说，发生重大疾病家庭的支出均值为 58 423.49 元，未发生重大疾病家庭的支出均值为 46 109.51 元，上升了 26.71％。对于高物质资本家庭来说，发生重大疾病家庭的支出均值为 92 000.07 元，未发生重大疾病家庭的支出均值为 83 871.83 元，上升了 9.69％。相较于高物质资本家庭，低物质资本家庭的支出均值受重大疾病的影响显然更大。此外，发生重大疾病使得低物质资本家庭的支出中位数上升 32.92％，使得高物质资本家庭的支出中位数上升 13.61％。相较于高物质资本家庭，低物质资本家庭的支出中位数受重大疾病的影响更大。

表 6.26　重大疾病和家庭支出：物质资本的差异

	重大疾病＝1		重大疾病＝0	
	均值（元）	中位数（元）	均值（元）	中位数（元）
低物质资本家庭	58 423.49	45 525.00	46 109.51	34 249.00
高物质资本家庭	92 000.07	73 050.00	83 871.83	64 300.00

注：家庭物质资本水平的划分标准同表 6.11。
资料来源：同表 6.4。

自然灾害对高物质资本家庭支出的负向影响更大。对于低物质资本家庭来说，遭遇自然灾害家庭的支出均值为 43 600.86 元，未遭遇自然灾害家庭的支出均值为 46 034.57 元，下降了 5.29％。对于高物质资本家庭来说，遭遇自然灾害家庭的支出均值为 70 907.00 元，未遭遇自然灾害家庭的支出均值为 83 574.71 元,下降了 15.16%。相较于低物质资本家庭,高物质资本家庭的支出均值受自然灾害的影响更大。此外,遭遇自然灾害使得低物质资本家庭的支出中位数下降 10.36%,使得高物质资本家庭的支出中位数下降 19.33%。相较于低物质资本家庭,高物质资本家庭的支出中位数受自然灾害的影响更大。

表 6.27　自然灾害和家庭支出:物质资本的差异

	自然灾害＝1		自然灾害＝0	
	均值(元)	中位数(元)	均值(元)	中位数(元)
低物质资本家庭	43 600.86	30 620.00	46 034.57	34 157.00
高物质资本家庭	70 907.00	51 756.00	83 574.71	64 160.00

注:家庭物质资本水平的划分标准同表 6.11。
资料来源:同表 6.4。

多次外生冲击对低物质资本家庭支出的正向影响更大。对于低物质资本家庭来说,经历多次外生冲击使得家庭的支出均值上升 36.42%。对于高物质资本家庭来说,经历多次外生冲击使得家庭的支出均值上升 21.58%。相较于高物质资本家庭,低物质资本家庭的支出均值受多次外生冲击的影响更大。此外,经历多次外生冲击使得低物质资本家庭的支出中位数上升 26.03%,使得高物质资本家庭的支出中位数上升 12.03%。相较于高物质资本家庭,低物质资本家庭的支出中位数受多次外生冲击的影响更大。

表 6.28　多次外生冲击和家庭支出:物质资本的差异

	多次外生冲击＝1		多次外生冲击＝0	
	均值(元)	中位数(元)	均值(元)	中位数(元)
低物质资本家庭	62 920.88	43 177.50	46 121.85	34 260.00
高物质资本家庭	101 998.70	72 047.00	83 895.42	64 310.00

注:家庭物质资本水平的划分标准同表 6.11。
资料来源:同表 6.4。

6.4-3　区域特征

(1) 城乡的差异。

重大疾病对农村家庭支出的正向影响更大。对于城镇家庭来说,未发生重大疾病的支出均值为 75 361.57 元,发生重大疾病家庭的支出均值为 82 464.23 元,上升了 9.42%。对于农村家庭来说,未发生重大疾病家庭的支出均值为 48 326.87 元,发生重大疾病家庭的支出均值为 57 087.11 元,上升了 18.13%。相较于城镇家庭,农村家庭的支出均值受重大疾病的影响更大。对于城镇家庭来说,未发生重大疾病的支出中位数为 58 020.00 元,发生重大疾病家庭的支出中位数为 64 332.50 元,上升 10.88%。对于农村家庭来说,未发生重大疾病家庭的支出中位数为 34 660.00 元,发生重大疾病家庭的支出中位数为 43 623.00 元,上升 25.86%。相较于城镇家庭,农村家庭的支出中位数受重大疾病的影响更大。

表 6.29　重大疾病和家庭支出:城乡的差异

	重大疾病=1		重大疾病=0	
	均值(元)	中位数(元)	均值(元)	中位数(元)
城镇家庭	82 464.23	64 332.50	75 361.57	58 020.00
农村家庭	57 087.11	43 623.00	48 326.87	34 660.00

资料来源:同表 6.4。

(2) 东、中西部地区的差异。

重大疾病对中西部地区家庭支出的正向影响更大。表 6.30 是分样本描述性统计。对于东部地区家庭来说,未发生重大疾病家庭的支出均值为 75 419.45 元,发生重大疾病家庭的支出均值为 81 584.06 元,上升 8.17%。对于中西部地区的家庭来说,未发生重大疾病家庭的支出均值为 58 084.46 元,发生重大疾病家庭的支出均值为 68 415.51 元,上升 17.79%。相较于东部地区家庭,中西部地区家庭的支出均值受重大疾病的影响更大。

表 6.30　重大疾病和家庭支出:东、中西部地区的差异

	重大疾病=1		重大疾病=0	
	均值(元)	中位数(元)	均值(元)	中位数(元)
东部地区家庭	81 584.06	66 310.00	75 419.45	55 300.00
中西部地区家庭	68 415.51	50 867.50	58 084.46	44 355.00

资料来源:同表 6.4。

自然灾害对东部地区家庭支出的负向影响更大。表 6.31 是分样本描述性统计。对于东部地区家庭来说,遭遇自然灾害使得家庭的支出均值下降了 28.07%。对于中西部地区家庭来说,遭遇自然灾害使得家庭的支出均值下降了 11.59%。相较于中西部地区家庭,东部地区家庭的支出均值受自然灾害的影响更大。此外,遭遇自然灾害使得东部地区家庭的支出中位数下降了 32.56%,使得中西部地区家庭的支出中位数下降了 18.82%。相较于中西部地区家庭,东部地区家庭的支出中位数受自然灾害的影响更大。

表 6.31　自然灾害和家庭支出:东、中西部地区的差异

	自然灾害=1		自然灾害=0	
	均值(元)	中位数(元)	均值(元)	中位数(元)
东部地区家庭	54 246.96	37 296.00	75 419.45	55 300.00
中西部地区家庭	51 353.82	36 008.00	58 084.46	44 355.00

资料来源:同表 6.4。

多次外生冲击对东部地区家庭支出的正向影响更大。对于东部地区家庭来说,经历多次外生冲击使得家庭的支出均值上升了 24.58%。对于中西部地区家庭来说,经历多次外生冲击使得家庭的支出均值上升了 15.83%。相较于中西部地区家庭,东部地区家庭的支出均值受多次外生冲击的影响显然更大。此外,经历多次外生冲击使得东部地区家庭的支出中位数上升 15.33%,使得中西部地区家庭的支出中位数上升 7.32%。相较于中西部地区家庭,东部地区家庭的支出中位数受多次外生冲击的影响更大。

表 6.32　多次外生冲击和家庭支出:东、中西部地区的差异

	多次外生冲击=1		多次外生冲击=0	
	均值(元)	中位数(元)	均值(元)	中位数(元)
东部地区家庭	93 960.54	63 778.00	75 419.45	55 300.00
中西部地区家庭	67 281.56	47 600.00	58 084.46	44 355.00

资料来源:同表 6.4。

(3)南、北方地区的差异。

重大疾病对南方地区家庭支出的正向影响更大。表 6.33 是分样本描述性统计。对于南方地区家庭来说,未发生重大疾病家庭的支出均值为

68 466.61 元,发生重大疾病家庭的支出均值为 79 952.17 元,上升 16.78%。对于北方地区家庭来说,未发生重大疾病家庭的支出均值为 61 720.09 元,发生重大疾病家庭的支出均值为 67 650.94 元,上升 9.61%。相较于北方地区家庭,南方地区家庭的支出均值受重大疾病的影响更大。此外,发生重大疾病使得南方地区家庭的支出中位数上升 24.02%,使得北方地区家庭的支出中位数上升 9.27%。相较于北方地区家庭,南方地区家庭的支出中位数受重大疾病的影响更大。

表 6.33　重大疾病和家庭支出:南、北方地区的差异

	重大疾病＝1		重大疾病＝0	
	均值(元)	中位数(元)	均值(元)	中位数(元)
南方地区家庭	79 952.17	62 454.00	68 466.61	50 360.00
北方地区家庭	67 650.94	51 612.00	61 720.09	47 234.00

资料来源:同表 6.4。

多次外生冲击对南方地区家庭支出的正向影响更大。表 6.34 汇报了分样本描述性统计结果。对于南方地区家庭来说,经历多次外生冲击使得家庭的支出均值上升了 17.08%。对于北方地区家庭来说,经历多次外生冲击使得家庭的支出均值上升了 11.81%。相较于北方地区家庭,南方地区家庭的支出均值受多次外生冲击的影响显然更大。对于南、北方地区家庭来说,多次外生冲击对其支出中位数的影响均无显著差异。

表 6.34　自然灾害和家庭支出:南、北方地区的差异

	自然灾害＝1		自然灾害＝0	
	均值(元)	中位数(元)	均值(元)	中位数(元)
南方地区家庭	80 161.26	57 143.00	68 466.61	50 360.00
北方地区家庭	69 008.54	52 196.00	61 720.09	47 234.00

资料来源:同表 6.4。

6.5　小结

基于 CHFIS 数据,本章回顾了外生冲击的内涵与类型,考察了外生冲击

对家庭收入、支出影响的异质性特征,具体可见以下结论:

第一,外生冲击对家庭收入的影响呈现人力资本、物质资本和地区上的异质性。就户主特征而言,重大疾病对老年家庭收入的负向影响更大,自然灾害对已婚家庭、老年家庭收入的负向影响更大,多次外生冲击对已婚家庭收入的负向影响更大。就家庭特征而言,重大疾病对低人力资本家庭、低社会资本家庭、高物质资本家庭收入的负向影响更大,自然灾害对高人力资本家庭、高物质资本家庭收入的负向影响更大。就区域的特征而言,重大疾病对东部地区家庭、北方地区家庭收入的负向影响更大,自然灾害对城镇家庭、东部地区家庭、南方地区家庭收入的负向影响更大。多次外生冲击对中西部地区家庭、南方地区家庭收入的负向影响更大。

第二,外生冲击对家庭支出的影响呈现户主年龄、婚姻状况、家庭社会资本、人力资本、物质资本上的异质性。就户主特征而言,重大疾病对老年家庭支出的正向影响更大,自然灾害对老年家庭支出的负向影响更大,多次外生冲击对已婚家庭支出的正向影响更大。就家庭特征而言,重大疾病对低人力资本家庭、低社会资本家庭、低物质资本家庭支出的正向影响更大,自然灾害对高物质资本家庭支出的负向影响更大,多次外生冲击对高社会资本家庭、低物质资本家庭支出的正向影响更大。

第三,外生冲击对家庭支出影响的地区差异较大。就区域特征而言,重大疾病对农村家庭、中西部地区家庭、南方地区家庭支出的正向影响更大,自然灾害对东部地区家庭支出的负向影响更大,多次外生冲击对东部地区家庭、南部地区家庭支出的正向影响更大。

第二篇

中国家庭经济风险测度

第二章

家庭经济风险测度方法

7.1 家庭经济风险测度概述

7.1-1 单一风险测度

中国家庭经济风险来源广泛。按照主要来源分类,家庭经济风险可分为:收入风险、支出风险、健康风险、失业风险以及外生冲击风险。根据已有文献,学术界对单一风险测度的研究相对比较深入。如家庭收入风险方面,Friedman(1957)使用职业、失业率、收入增长率等代理变量进行度量,申朴和刘康兵(2003)则从家庭收入波动的角度进行刻画(罗楚亮,2004;樊潇彦等,2007),也有文献通过收入对数的残差值对家庭收入风险进行度量(Dynan et al.,2004;沈坤荣、谢勇,2012)。

家庭支出风险主要考虑家庭的负债情况与非预期支出,已有文献通常使用杠杆率、负债收入比和资产负债率等指标来度量负债风险(Davis,2007),家庭的非预期支出通常采用医疗保健支出来测度。家庭健康风险也被称为健康冲击,何兴强和史卫(2014)认为健康风险取决于当前的健康状态和未来预期健康状况(Atella et al.,2012)。现有文献通常采用户主的健康状况来度量，也有文献通过计算家庭平均健康水平来度量家庭健康风险。家庭失业风险往往通过计算家庭失业人口占比以及家庭平均失业概率来度量（Meng，2003；尹志超等，2020）。还有相关学者研究自然灾害、重大疾病冲击、新冠疫情等外生冲击对家庭的影响（田玲、王童阳，2022）。

7.1-2　综合风险测度

中国家庭经济风险的多样性决定了单一风险因素不能在整体上测度家庭经济风险，因此需要综合考虑家庭的财务状况。有学者从脆弱性的角度对家庭经济风险进行刻画。20世纪90年代，脆弱性被引入微观家庭的研究。根据学者对家庭脆弱性的不同界定，相关文献主要集中于家庭财务脆弱性和家庭贫困脆弱性。

家庭财务脆弱性是指家庭受到不确定性冲击后，家庭资金无法承担各项支出的财务状态（Lusardi et al.，2011），家庭的过度负债行为与流动性资产不足是导致家庭财务脆弱的两个重要原因。Brunetti等（2016）认为家庭拥有充足的流动性资金就可以有效避免陷入财务困境，并将家庭财务状况分为财务自由、财务脆弱、过度消费且具有流动性以及财务约束四种情况。

家庭贫困脆弱性则主要关注不确定性冲击下，家庭收入低于贫困线的可能性（杨文等，2012；沈冰清、郭忠兴，2018）。贫困脆弱性并不等同于贫困，贫困脆弱性是对家庭未来陷入贫困的事前测度，而贫困描述的是家庭的既成事实。现有文献一般采用Chaudhuri等（2002）提出的期望贫困脆弱性（vulnerability as expected poverty，VEP）、Ligon和Schechter（2003）提出的期望效用脆弱性（vulnerability as low expected utility，VEU）以及Dercon和Krishnan（2000）提出的风险暴露脆弱性（vulnerability as uninsured exposure to risk，VER）这三种方式对家庭贫困脆弱性进行度量。家庭陷入贫困的概率越高、效用缺口越大、风险敏感性越强，则家庭的贫困脆弱程度越深。

除了从脆弱性这一角度对家庭经济风险进行度量，还有学者从破产风险的角度对家庭风险进行研究，结果发现影响家庭申请破产的因素有很多，如利率、汇率、通货膨胀率、住房市场等宏观因素，年龄、受教育程度、婚姻状况、性别、收入及抚养子女数量等微观因素也会对家庭破产风险产生影响（Fisher，2005；Dawsey，2014）。

7.2 中国家庭经济风险来源测度

7.2-1 测度指标选取原则

为对中国家庭经济风险进行科学测度,本章对指标选取提出原则要求。一方面,遵循风险的基本定义,在对主客观概率、风险及期望效用理论理解和掌握的基础上,选取合适的指标对中国家庭经济风险进行测度。另一方面,深入理解家庭经济风险的内涵,按照不同的分类标准,对家庭经济风险做出合理的分类,多角度认识家庭经济风险,并在选取中国家庭经济风险不同方面的测度指标时,遵循以下原则:

(1)综合性原则。

选取的家庭经济风险测度指标要具有综合性,能尽可能全面地反映中国家庭经济风险的各个方面。各指标之间要有一定的逻辑联系,不但要从不同的侧面反映出中国家庭经济风险不同角度的主要特征和状态,还要反映出不同家庭经济风险之间的联系。每一个子系统都要由一组指标构成,各指标之间相互独立,又彼此联系,共同构成中国家庭经济风险的有机统一体。因此,在选取中国家庭经济风险的测度指标时,必须将家庭经济风险的主要来源考虑在内,这样才能真实反映中国家庭经济风险各个方面的现状特征。

(2)可比性原则。

在选取测度中国家庭经济风险的指标时,要注意数据指标的可比性。关键在于以下两个方面:一是数据和资料的可得性,家庭经济风险的测度指标可以通过微观家庭数据库(如 CHFIS、CFPS、CHIPS、CHARLS 等)获得,其他数据指标也可通过相关调查部门获取。二是不同维度的中国家庭经济风险,其测度指标要可以进行数学分析,不同微观家庭之间的风险测度指标能够进行比较。在选取家庭经济风险指标时,选取的指标要尽可能适用于统一规范体系,不同家庭之间的指标通过同一方式进行测度。对于已经选定的测度指标,不仅要满足一定的国内外通用原则,还要保证其具有一定的代表性。

（3）典型性原则。

典型性原则指的是指标选取要注意那些能够集中反映家庭经济风险共性的指标，务必确保构建中国家庭经济风险体系的指标具有典型代表性，尽可能准确反映出家庭收入风险、支出风险、失业风险、健康风险以及外生冲击的综合特征。家庭经济风险各指标的设置要与现实家庭经济环境相适应，在各指标间分配的权重和评价标准应该与家庭经济风险状况相适应，遵循客观公正的原则。选取指标要从客观实际出发，力求选取指标客观典型，指标越客观典型，测算结果越能准确地反映中国家庭经济风险的整体状况。

7.2-2　收入风险测度

（1）收入不确定性。

收入风险是影响家庭财务决策和经济行为的重要因素，对宏观经济运行具有重要影响。作为背景风险的来源之一（Gollier and Pratt，1996），收入风险对家庭消费和风险市场参与均有显著的负向影响。关于中国家庭收入风险的测度，主要按照代理变量法、收入的方差或标准差以及趋势值与实际值的差值三种测度方法展开。

第一，代理变量法。使用职业、失业率、收入增长率等代理变量表示家庭收入风险。Friedman 等（1957）在研究中使用户主职业衡量家庭面临的风险。Guiso 等（1992）认为，户主对未来收入波动的主观评价也可有效度量收入风险的大小。家庭负担越重，平均每一就业者负担人数越多，家庭的收入风险就越大（杭斌、郭香俊，2009）。孙凤和王玉华（2001）指出，地区间的收入差距也能作为居民未来收入风险的代理变量。

第二，收入的方差或标准差。通过使用面板数据，采集家庭或个人不同年份的信息，计算家庭收入的方差，用方差代表家庭的收入风险。另也有采用收入的标准差作为测度的做法。申朴和刘康兵（2003）以滞后一期的城镇居民人均可支配收入为基点，运用七年的数据计算收入的标准差，以此度量收入风险。王永中（2009）使用省际城镇居民人均可支配收入的标准差表示收入波动。也有学者通过使用不同职业间收入水平的标准差来测度收入风险（Skinner，1988），或者按照职业、工作单位和受教育年限分组，用分组计算得到的方差或标准差来测度家庭经济风险（罗楚亮，2004；樊潇彦等，2007）。

第三,收入趋势值与实际值的差值。刘兆博和马树才(2007)将农户持久收入和实际纯收入分别对数化,然后把两者之差的绝对值作为农户收入波动的指标。考虑到收入变化的不同趋势,罗楚亮(2004)使用对数收入方差、暂时性收入平方项、预测失业概率这三个变量对家庭收入风险进行测度。

学术研究表明,使用代理变量测度收入风险的主观性相对较大,可能会引起较大误差。因此,为科学准确度量家庭的收入风险,基于微观家庭调查数据和宏观统计数据,一般使用方差或标准差来度量收入风险。具体度量方式如下。

在微观层面:参照尹志超等(2022)对家庭收入波动的定义,首先根据户主的年龄分组,并将户主年龄分组记为 i;然后对户主受教育年限进行分组,将受教育年限分组记为 j;最后对家庭财富水平进行分组,将家庭财富水平分组记为 k。通过计算每类家庭的组内方差,然后连乘得到家庭的收入风险,用公式表示为:

$$Risk_{ijk} = \prod [\text{var}(income)_{ijk}] \tag{7.1}$$

在宏观层面:根据国家统计局采集的城乡居民人均可支配收入,按照研究需要根据不同类别进行分组,分别计算每个省或直辖市的人均可支配收入的标准差,从而度量收入风险。这一方法不仅能体现中国家庭整体收入风险随时间的变化,还能度量家庭收入风险的地区差异,进而有利于分析家庭收入风险的不同特征。

(2)投资损失。

投资是指投入当前资金或其他资源以期望在未来获得收益的行为。投资损失指的是,一项投资的未来期望价值相对于这项投资初始价值的降低。家庭投资资产可以分为股票、债券、不动产、商品等,在投资过程中产生的收益不确定性就是投资风险。许多学者对投资风险进行了研究(Jensen,1968;唐双宁,1986),主要有以下几种测度指标:

第一,家庭投资组合的夏普比率(Sharpe Ratio)。Sharpe(1966)在 CAPM模型的基础上,提出了经风险调整的测度指标夏普比率。夏普比率是可以同时对收益与风险进行综合考虑的经典指标之一,也是测度家庭投资风险的一个重要指标。许多学者通过构造夏普比率来测度家庭的投资组合风险情况（吴卫星等，2015；吴卫星等，2018；臧日宏、王春燕，2020；吴雨等，2021），具体的计算公式为：

$$S = \frac{\left[\mathrm{E}(r_p) - r_f\right]}{\sigma_p} \tag{7.2}$$

其中，$\mathrm{E}(r_p)$为投资组合的预期收益率，r_f为无风险利率，σ_p是投资组合的标准差。

第二，家庭资产组合收益的标准差。Markowitz（1952）提出证券组合选择理论，该理论提出使用方差或协方差来度量单个资产或组合资产的风险，单个资产的方差或者标准差越大，该资产的价格就会越低。证券组合选择理论解释了资产的期望收益是由风险大小决定的，单个资产由方差或者标准差定价，组合资产由其协方差定价。该方法对中国家庭投资风险的测度有一定的有效性，路晓蒙等（2017）使用家庭资产组合收益的标准差来衡量风险，也有许多学者因证券组合选择理论的前提假设太多而不认同该风险的测度方式（马崇明，2001）。

第三，家庭风险市场参与及投资种类。家庭金融资产分为无风险金融资产和风险金融资产两大类，其中无风险金融资产包括现金、定期存款、活期存款、政府债券等，风险金融资产包括股票、基金、金融债券、企业债券、理财产品、贵金属和其他金融产品（尹志超等，2014；刘雪颖、王亚柯，2021）。已有文献根据家庭是否持有风险资产以及所持有风险资产占金融资产的比重，来衡量家庭的风险组合情况（张晓玫等，2020；刘雪颖、王亚柯，2021），或者采用家庭的资产种类和资产多样化指数间接研究居民家庭资产组合有效性问题（曾志耕等，2015）。

第四，非金融资产价值波动程度。家庭的非金融资产主要包括房产、汽车、电子设备等耐用品。由于住房价格不断变化，房价在不同地域、不同时点都存在巨大波动。因此，自有住房家庭可能面临着巨大的房价风险。住房具有消费和投资双重属性，投资属性主要体现在拥有两套房及以上的家庭中，房价波动导致房屋的价值在不断变化。本章选取超额收益率与收益率标准差的比值来衡量家庭的房产投资风险。具体的计算公式为：

$$r_h = \frac{v_{i,t} - v_{i,t-1}}{v_{i,t-1}} \tag{7.3}$$

$$\beta_h = \frac{r_h - r_f}{\sigma_h} \tag{7.4}$$

其中，r_h 表示家庭投资非金融资产的收益率，$v_{i,t}$ 表示家庭 i 在 t 期的非金融资产价值，$v_{i,t-1}$ 表示家庭 i 在 $t-1$ 期的非金融资产价值。r_f 表示非金融资产在无风险或者低风险情况下的收益率，σ_h 表示非金融资产收益率的标准差，β_h 表示非金融资产价值波动程度。类似地，家庭的汽车、商铺等非金融资产的投资风险测度方法同上。

（3）经营损失。

已有文献对经营风险的测度主要从两个方面进行，一方面是对工商业经营风险进行度量，另一方面是对农业经营风险进行度量（朱小平、叶友，2003；陈彩云等，2019）。工商业经营风险主要有以下几种测度方式：

第一，主营业务收入的标准离差率。以历史三年主营业务收入的标准离差率来度量工商业经营风险，标准离差率等于变量的标准差除以其均值（廖理等，2009），计算公式如下：

$$Risk_{h,t} = \frac{\sqrt{(Income_{h,t} - \overline{Income_h})^2}}{\overline{Income_h}} \tag{7.5}$$

其中，$Income_{h,t}$ 表示家庭所经营企业 h 在 t 期的主营业务收入，$\overline{Income_h}$ 表示企业 h 历史三年主营业务收入的均值。

第二，企业 ROA 分布的标准差。以工商业生产经营项目所在的"年份♯城市♯两位数行业"单位中所有企业的 ROA 分布标准差来衡量经营风险。参照邹静娴等（2020），按照"利润总额/资产总计"得到每家企业的 ROA，然后在"城市♯两位数行业"层面计算企业所在城市、所属行业 ROA 的标准差，以此来度量工商业经营风险。如果这些企业的盈利情况表现一致，并在 ROA 分布上的标准差较小，则这个企业对自身经营风险的认知是比较明确的。如果观察到的 ROA 标准差较大，则意味着这些企业的盈利状况并不一致，具体计算公式如下：

$$ROA_h = \frac{Profit_h}{Asset_h} \tag{7.6}$$

其中，ROA_h 表示企业 h 的资产收益率，$Profit_h$ 和 $Asset_h$ 分别表示企业 h 的利润总额和资产总计。

第三，企业亏损的概率。以一定年份内，同地区和同行业的工商业生产经营亏损比例测度经营风险。工商业生产经营是否亏损是比较容易观察到的指标，适于判断行业的经营风险（贾坤、申广军，2016）。因为劳动者自身的局限性，劳动者很难对一个公司未来的经营风险做出准确判断，但劳动者可以根据公司所在的行业进行大致判断，以自己了解的行业信息对企业风险加以判断也更加轻松容易。通过构建"地区♯行业"层面的各年企业亏损率，劳动者可以很好地判断企业的经营风险。使用公司自身的一些指标对经营风险进行测度，往往会产生严重的内生性估计偏误，使用"地区♯行业"层面的指标可以在一定程度上缓解这一问题。

农业经营风险测度是指通过量化和测度自然灾害或人为经营不善等问题，计算家庭农业生产经营的损失程度。根据风险的构成要素，农业经营风险的评估方法可归纳为基于风险因子的评估法、基于风险机理的评估法和基于风险损失的评估法三类（赵思健等，2015）。

第一，基于风险因子的评估法。从造成农作物损失的各种风险因子入手开展风险评估，使用层次分析法、德尔菲法和因子分析法等确定各项指标的权重，从而测度经营风险（刘畅等，2018）。农业经营风险在很大程度上来源于自然灾害，可以从农业经营环境的稳定性、致灾因子（干旱、洪涝、台风等）的危险性、承灾体（农作物）的脆弱性和区域防灾减灾能力四个方面展开评估（赵思健等，2015）。伍耀规和任红（2019）用四个一级指标和十个二级指标来评估家庭农业经营风险，其中四个一级指标是指自然风险、社会风险、市场风险和政策风险。

第二，基于风险机理的评估法。从风险事件的产生机理进行分析，包括导致农业经营受损的外界自然灾害，还包括农作物本身的脆弱性机理。赵思健等（2015）从致灾因子展开研究，通过对致灾因子进行分析，获得致灾因子概率分布曲线。根据概率分布曲线可以计算出致灾因子是否出现以及出现概率等特征。此外，还可以对作物的脆弱性机理进行分析，获得作物在致灾因子作用下的减产率，进一步测度农业生产经营的风险。

第三，基于风险损失的评估法。从农作物经营损失的角度开展风险评估建模,通常包括损失估计、模型选择和模型优选三个步骤,最终获得风险曲线(即最优的损失概率分布)。基于农户最主要的作物收入和成本,计算收入方差和变异系数。

7.2-3 支出风险测度

(1)过度负债。

负债可以在一定程度上平滑家庭消费,但对那些陷入财务困境或过度负债的家庭而言,负债无疑是雪上加霜,家庭将会面临更大的负债风险(姚玲珍、张雅淋,2020)。现有文献中,衡量过度负债的指标包括主观评价和客观事实两种。主观评价指标如"您的家庭在偿还贷款的过程中是否存在困难",存在困难记为1,否则为0。客观事实指标如"您的家庭最近几个月是否有拖欠或违约的事情发生",如果有拖欠或违约记为1,否则为0。Davis(2007)利用杠杆率、利息收入比、负债收入比和资产负债率等一系列企业财务风险的衡量指标对澳大利亚家庭财务的潜在风险进行描述,运用微观家庭数据从多个角度提供家庭面临财务风险的实证证据。隋钰冰等(2020)基于2013年中国家庭金融调查的数据,利用杠杆率指标和财务边际指标测算家庭债务风险,并分析外部冲击对家庭债务风险的影响。Noerhidajati等(2020)通过对家庭财务脆弱性指数的客观和主观测量,发现印度尼西亚家庭的财务脆弱性不仅受到收入因素的强烈影响,还受到金融相关行为特征和若干社会经济因素的强烈影响。

在家庭债务风险测度过程中,选取的债务风险指标要在时间上保持一致,兼顾流量和存量,同时还要考虑微观家庭层面和宏观层面的债务风险,具体指标设定如下。

在微观层面:第一,资产负债率。在存量指标方面,采用资产负债率来测度家庭债务风险,公式如下:

$$ALR_h = \frac{Debt_h}{Net_{asset_h}} \tag{7.7}$$

其中,ALR_h表示家庭的资产负债率;$Debt_h$为家庭负债;Net_{asset_h}表示家庭的净资产水平。参考已有文献,当资产负债率ALR_h大于1时,即家庭出现净资产小于负债的情形时,认为家庭存在破产风险,赋值为 1。当资产负债率 ALR_h 大于 0.8 时,家庭出现债务违约风险的概率较高,则视为家庭存在违约风险,赋值为 1。

第二,负债收入比。在流量指标方面,采用负债收入比来测度家庭的债务风险。负债收入比能够较好地反映家庭在一定时期内偿还债务的能力,家庭的收入和负债是在同一段时间内所产生的,具体公式如下:

$$DSR_h = \frac{Debt_h}{y_h} \tag{7.8}$$

其中,DSR_h 表示家庭的负债收入比;$Debt_h$ 为家庭负债(在一定时期内需要偿还的本金和利息);y_h 表示家庭在同一时期的收入水平。具体,可进一步将家庭负债用如下公式表示:

$$Debt_h = \sum_{k \in h} \sum_{j \in J} f(M_{j,k}, \ p_{j,k}, \ r_{j,k}) \tag{7.9}$$

$M_{j,k}$ 是家庭 h 中的成员 k 在 j 时期的负债金额(其中 j 可以是消费债务、信用卡债务、抵押债务和其他债务);$p_{j,k}$ 是家庭 h 中成员 k 的债务期限;$r_{j,k}$ 是家庭 h 中成员 k 的债务利率。当一定时期内,家庭的负债收入比 DSR_h 大于 1 时,家庭存在较高的债务风险,赋值为 1;DSR_h 小于 1 时,家庭存在债务风险较低,赋值为 0。

负债收入比测度方法虽然操作简单,便于指标计算,但存在如下局限性。一方面,负债收入比与收入之间是非线性关系;特别是,如果收入下降,负债收入比会以加速的速度增加。另一方面,当家庭收入为零时,即使家庭负债水平很小,负债收入比也会变得无穷大。为克服上述缺陷,在负债收入比公式的基础上,进行如下改进:

$$MDSR_h = \frac{Debt_h}{Debt_h + y_h} \tag{7.10}$$

其中,$MDSR_h$ 表示修正后的家庭负债收入比;$Debt_h$ 为家庭负债;y_h 表示家庭在同一时期的收入水平。

第三,财务边际分析。在现金流方面,采用财务边际分析的方法来测度家庭的债务风险。具体而言,财务边际(FM_1)等于家庭收入(Y_h)减去家庭

日常消费(C_h),再减去家庭应偿还的负债($Debt_h$),公式如下:

$$FM_1 = Y_h - C_h - Debt_h \qquad (7.11)$$

家庭财务边际同时考虑家庭的收入、消费和债务负担,从现金流角度刻画家庭债务负担情况。家庭财务边际指标越高,偿付能力越强,债务违约可能性就越小。一般认为,当 $FM_1 < 0$ 时,家庭存在高违约风险;当 $FM_1 > 0$ 时,家庭存在低违约风险。考虑到家庭有储蓄的习惯,现金和银行存款能够分散一部分家庭的债务风险。因此,在 FM_1 的基础上,定义家庭财务边际 FM_2 如下:

$$FM_2 = FM_1 + Cash + Saving \qquad (7.12)$$

其中,$Cash$、$Saving$ 表示家庭的现金和存款水平。同样,当 $FM_2 < 0$ 时,家庭存在高违约风险;当 $FM_2 > 0$ 时,家庭存在低违约风险。

在宏观层面:在测度家庭负债风险时,还要考虑宏观居民层面的负债水平。宏观层面,可以采取居民部门负债与当地的生产总值的比值或居民部门的负债收入比作为度量家庭经济债务风险的指标,从而间接反映家庭债务风险水平。公式如下:

$$Lev_1 = \frac{Debt}{GDP} \qquad (7.13)$$

$$Lev_2 = \frac{Debt}{Income} \qquad (7.14)$$

(2)非预期支出。

家庭的支出风险重点关注引起非预期支出增加的风险事故所导致的家庭财产损失和人身伤害,主要包括意外财产损失支出、意外伤害风险支出、医疗健康费用支出等非预期支出。罗楚亮(2004)将家庭医疗支出的对数值作为被解释变量,以家庭成员的年龄结构、医疗保障状况、健康状况等变量为解释变量,从而估计家庭的医疗支出函数。Lusardi 等(2011)选取固定的1 200美元作为非预期支出,Brunetti 等(2016)选取固定的1 500欧元为非预期支出,岳崴等(2021)选取健康医疗支出作为非预期支出,侧重度量不确定性医疗支出导致的家庭经济风险。李波和朱太辉(2022)以家庭住院花费剔除医疗保险报销额度作为非预期支出的代理指标。

7.2-4 失业风险测度

就业是稳定家庭收入、维护社会稳定的重要途径,对于防范化解重大风险、改善民生福祉具有重要意义。随着市场经济体制改革的深化以及科学技术的进步发展,失业作为一种难以避免的社会现象和社会矛盾,受到了越来越多的关注,解决失业问题对于家庭福祉的提高具有重要意义。由于社会保险覆盖程度有限、工伤保险保障程度不高,在面临突发因素时,家庭所遭受的失业打击十分沉重。为科学测度失业风险,同前文的做法一样,这里也从微观层面和宏观层面分别对失业风险进行测度。

在微观层面:家庭成员的就业状态对维护家庭稳定、化解家庭经济风险具有重要作用。为了科学测度家庭的失业风险,本章将户主就业状态视为 0—1 变量,如果个人处于失业状态,则赋值为 1,个人处于就业状态,则赋值为 0。温兴祥(2015)根据流动人口调查问卷中的问题"上周是否从事带薪工作一个小时以上"对家庭成员失业状态进行定义,如果受访者选择没有且不是全职学生,则将其失业变量赋值为 1,如果受访者选择有,则将其失业变量赋值为 0。罗楚亮(2004)根据个人特征和改革因素生成的概率函数,分别计算了家庭成员的失业概率,然后将其概率预测值的平均值作为反映家庭失业概率的代理变量。在估计失业概率时,选择的样本范围一般为 16—60 岁的劳动力人口;也可以通过家庭成员的一系列个人或家庭特征对失业概率进行估算(Meng,2003;尹志超等,2020)。

在宏观层面:宏观层面可以选取城镇登记失业率这一指标来度量家庭失业风险。在计算城镇登记失业率之前,首先要对城镇登记失业人员进行界定。城镇登记失业人员是指有非农业户口,在满足一定劳动年龄,有劳动能力和意愿,但是尚未找到工作的条件下,在当地就业服务机构进行登记的人员。城镇登记失业率用公式表示为:

$$城镇登记失业率 = \frac{城镇登记失业人数}{(城镇从业人数 + 城镇登记失业数)}$$

因为部分失业人员不去劳动部门进行登记,而登记的失业人员往往通过灵活就业的方式从事工作,所以城镇登记失业率并不能完全反映城镇人口的失业状况。为弥补城镇登记失业率指标的缺陷,可以选取城镇调查失业率作为失业风险的代理变量,城镇调查失业率计算的是城镇常住人口的失业情况,数据来源于国家统计局自 1996 年起建立的劳动力情况抽样调查数据,这一数据按季向政府和社会提供关于城镇劳动力的就业和失业状况的信息。而且,使用调查失业率数据可以更加准确地刻画一个地区的失业水平。

7.2-5 健康风险测度

（1）健康冲击。

健康冲击是家庭重要的背景风险之一。健康风险通常由家庭中个人的健康状况来度量,主要取决于家庭成员当前的健康状况与预期健康状况。健康状况分为客观状况和主观感受,两者都包含家庭成员的健康信息。但家庭成员的客观健康状况,难以完成信息采集和量化,微观调查数据一般通过询问经济主体自身感受,要求经济主体自述身体状况来完成数据收集。具体来讲,尹志超等（2020）分别以户主和家庭劳动力的健康变化情况作为健康风险的代理变量:根据与前一年相比,如果健康状况更好,则赋值为 0;不变,则赋值为 1;变差,则赋值为 2。何兴强和史卫（2014）选用家庭自评身体状态差的人数、户主自评身体健康状况来度量家庭健康风险。方黎明和郭静（2018）将身体健康状态分为非常好、良好、一般、不好、非常不好,分别用 1、2、3、4、5 赋值表示。丁继红等（2013）运用“家庭过去四周生病人数占家庭总人口比”这一指标作为家庭健康风险的代理变量。健康风险不仅会影响家庭劳动力供给,还会直接影响家庭的非预期支出,导致家庭的收入或者储蓄减少,降低家庭的抗风险能力,从而使家庭陷入财务脆弱的状态。当家庭的不健康人数增加时,家庭面临的健康风险也会随之变大,这意味着家庭会有更多的非预期医疗支出,并更容易出现流动性资产无法覆盖非预期支出的情况。健康冲击对家庭收入的减少效应最为明显,而且持续负面影响时间较长,当家庭处于中低收入水平时,这一冲击对家庭的影响更加严重（高梦滔、姚洋,2005）。

（2）人口老龄化。

随着学者对生命周期划分的逐渐细化，人口老龄化的标准不断发生改变。根据 1956 年联合国发布的《人口老龄化及其社会经济后果》，当一个国家或地区 65 岁及以上老年人口数量占总人口数量的比例超过 7％时，意味着这个国家或地区进入老龄化。①1982 年维也纳老龄问题世界大会上，将某一国家或地区 60 岁及以上老年人口占其总人口的比例超过 10％定义为严重老龄化。老龄化社会的到来将会改变经济资源配置，削弱经济增长潜力，降低劳动参与率。家庭中老年人的数量越多，家庭为应对老人可能发生的医疗费用所进行的预防性储蓄就越多，老年家庭成员本身可能就是家庭风险的重要来源（何兴强、史卫，2014）。微观家庭层面，一般选择 65 岁以上老年人数占家庭总人数的比例作为人口老龄化的代理变量（丁继红等，2013）。宏观层面，一般选择 60 岁或 65 岁以上老年人口与总人口的比值或者与劳动力人口的比值作为人口老龄化的指标。

（3）劳动力死亡。

家庭消费和福利水平是经济学研究的重要领域，经济环境、文化制度、家庭特征等众多因素都会对此产生影响（何兴强、史卫，2014）。死亡风险是影响家庭消费和福利水平的重要因素之一，特别是作为家庭经济支柱的成员死亡，无疑是家庭物质支撑和精神寄托的巨大损失。Bernheim 等（2003）基于生命周期理论，在家庭经济脆弱性的背景下考察死亡风险对家庭经济活动的影响。张冀等（2016）基于期望效用理论，通过构建家庭经济脆弱性框架，研究死亡风险对家庭消费水平的影响，发现城市居民家庭普遍存在由死亡风险导致的经济脆弱性。关于死亡风险的测度，现有研究一般考察的都是老年群体，王萍等（2020）使用基期调查日期到老年人死亡时间的间隔月数作为老年人死亡风险的代理变量，陆杰华和刘柯琪（2020）将死亡风险定义为调查对象从有死亡可能直至死亡的持续时间，即老年人从出生到死亡的持续时间。宏观层面还可以采用死亡率这一指标，即 25—65 岁劳动力死亡人数占 25—65 岁人口数的比例作为劳动力死亡风险的度量方式。

---

① 资料来源：https://digitallibrary.un.org/record/3975472? ln=zh_CN。

7.2-6　外生冲击风险测度

（1）自然灾害。

在过去的几十年中,全球范围内发生的自然灾害日趋频繁,其破坏程度日渐加剧。地震、海啸、火山喷发等自然灾害对人类正常的生产生活产生诸多不良影响,严重阻碍人类社会和经济发展的正常运行。自然灾害对人类造成的损失广泛存在,包括人员伤亡、疾病传播、物质资本的直接损毁到家庭消费水平下降等。自19世纪50年代观测到地球平均气温开始上升起,许多经济学家就开始研究气候变化对人类经济生活的影响。愈发严重的升温趋势导致北极冰川融化,海平面上升,风暴、海啸等自然灾害的破坏程度更加严重。卓志和周志刚(2013)采用距地震中心距离、接收地震信息、过往地震经历等指标刻画风险感知程度。田玲和王童阳(2022)选取2010—2017年的省级年度自然灾害数据,借鉴许荣等(2020)衡量自然灾害对居民产生的冲击强度的做法,在省份层面上设置"累计受灾人口"指标来衡量所在省份的居民受到自然灾害冲击的强度。根据家庭是否经历过自然灾害,可以将自然灾害风险记为0—1变量,如果家庭经历过自然灾害,则赋值为1,否则赋值为0。

（2）重大疾病。

重大疾病是指医疗费用巨大且长时间严重影响患者正常工作和生活的疾病,即花费巨大、治疗周期长、严重影响家庭经济水平的病症。重大疾病冲击是指由于家庭成员身患重大疾病或者遭遇意外重大事故导致财产损失或人身伤害的风险。受重大疾病风险所危害的是人,重大疾病冲击不仅会对人的身体健康造成损害,严重的还会直接危害生命安全,因而也属于一种人身风险。关于对重大疾病冲击的风险测度,一般根据家庭是否经历过重大疾病来进行定量分析,对CHFIS问卷中问题"2014年以来,您家是否发生过对你们有重大影响的事件"的回答选项中的重大疾病进行赋值,如果家庭经历过重大疾病,则赋值为1,如果家庭没有经历过重大疾病,则赋值为0。

（3）重大疫情。

重大流行病的暴发导致家庭面临严重的经济损失,损失包括流行病防控的开销、致残身故、薪金锐减等多个方面。除此之外,以新冠疫情为例,新冠疫情也对大众的心理与情绪造成不利影响,这种负面心理与情绪进而会对大众的风险偏好造成一定影响(何诚颖等,2020),进一步影响家庭的经济活动与支出风险。黄送钦等(2020)从企业家预期开工营业时间的角度测度新冠疫情的影响程度,预期开工时间越早,新冠疫情的外生冲击越小,预计开工的时间越晚,新冠疫情的影响程度越大。蒋海等(2021)通过借鉴 Kollias等(2010)和方意等(2019)对此类外部冲击事件的界定方法,构建了新冠疫情发生前后 n 个交易日的时间窗口,并设置虚拟变量 $COVID$,当发生新冠疫情时,$COVID$ 取值为 1;否则,取值为 0。宏观层面还可以根据省市级层面的新冠疫情的现有确诊病例、累计确诊病例以及累计死亡病例对新冠疫情的影响程度进行分析,从而研究新冠疫情对家庭经济风险的影响。

7.3 中国家庭经济风险测度指标

7.3-1 财务脆弱性

20 世纪 90 年代,学术界引入脆弱性的概念对家庭福利进行研究。Anderloni 等(2012)认为,因为家庭没有健全的负债体系,不恰当的负债行为将会导致家庭债务水平超过其当前及未来的收入能力,从而导致家庭陷入财务困境。研究发现,家庭负债风险的发生常与家庭住房贷款相关,而且债务风险更容易发生在年轻的家庭中。Brown 和 Taylor(2008)通过负债收入比这一指标对家庭的偿债能力进行度量(Jappelli et al.,2013)。Dey 等(2008)认为,当家庭负债收入比超过 40% 时,家庭就会陷入财务脆弱。除了从家庭负债这一角度对家庭财务脆弱性进行度量,还有学者从财务收支剩余、债务偿还拖延时间(Jappelli et al.,2013)、负净资产值(Giarda,2013)等方面对家庭经济风险进行度量。

虽然关于家庭财务脆弱性的定义十分丰富,但是目前学术界相对推崇使用家庭财务收支剩余进行度量,具体是指家庭的可支配收入减去应偿还贷款利息以及生活成本之后的财务剩余,如果财产剩余为负,则认为家庭是财务脆弱的。考虑到家庭偿付能力和资产组合流动性,Ampudia 等(2016)将一定时期财务收支剩余为负且流动性资产无法支持特定时期债务的家庭定义为财务脆弱家庭。Bettocchi 等(2018)通过计算一定时期内可支配收入与应还债务和预期消费的差值,将金融资产不能随时满足其差值的家庭定义为财务脆弱家庭。Anderloni 等(2012)提出综合性家庭财务脆弱的定义,并将家庭财务脆弱性分为消费支出脆弱性、收入和储蓄脆弱性、贷款责任脆弱性。Brunetti 等(2016)将家庭资产流动性与家庭抵御不确定性冲击的能力结合,将一段时期内出现财务流动性问题的家庭定义为陷入财务脆弱的家庭,并将家庭财务状况分为财务自由、财务脆弱、过度消费且具有流动性、财务约束四种状况。虽然目前关于家庭财务脆弱性的定义和测度在学术界尚未达成共识,研究视角也存在一定差异,但是这些指标为后续测度家庭财务脆弱性的工作建立了坚实基础,也为中国家庭经济风险测度提供了十分重要的借鉴意义。

7.3-2 贫困脆弱性

世界银行在 2001 年正式提出"贫困脆弱性"这一概念,它表征着对家庭的不利冲击导致家庭未来福利下降的可能性。一般而言,"脆弱性"是指对国家、企业和个人等不同实体造成不利影响的风险,是一个动态概念,包括宏观经济冲击的一系列后果(Glewwe and Hall, 1998)。就家庭贫困脆弱性来说,目前学术界对贫困脆弱性的定义和测度并没有形成统一认知。Chaudhuri 等(2002)将家庭贫困脆弱性定义为家庭在$(t+1)$期时陷入贫困的概率。由于不同学者对家庭贫困脆弱性的定义不同,学术界对家庭贫困脆弱性的测度也不尽相同。

关于家庭贫困脆弱性的测度主要包括以下方式:一是用家庭消费或收入的波动来度量家庭贫困脆弱性,这种方法在一定程度上解释了贫困脆弱性与风险之间的关系,但是这种方法是静态的,无法将未来的风险冲击考虑在内。二是采用期望消费效用和贫困线的预期效用之差来度量家庭贫困脆弱性(Dercon and Krishnan, 2000)。两者之间的效用差距越大,家庭面临贫困脆弱的风险就越大。三是通过计算家庭未来陷入贫困的动态概率来度量家庭贫困脆弱性,大多数文献都采用第三种方法。根据 Chaudhuri 等(2002)提出的 VEP 理论,家庭贫困脆弱性即为家庭未来陷入贫困的概率。假设家庭的人均消费或收入服从对数正态分布,运用三阶段可行广义最小二乘法

(FGLS)估算出家庭下一期人均消费期望和方差,根据分布函数即可求解下期人均消费小于贫困线的概率,用公式表示为:$V_{it}=\mathrm{Pro}(C_{i,\ t+1}\leqslant Z)$,其中$V_{it}$表示家庭$i$在$t$期时的贫困脆弱性,$C_{i,\ t+1}$表示家庭$i$在$t+1$期时的消费,$Z$表示贫困线。还可以根据 Ligon 和 Schechter(2003)提出的 VEU 理论对家庭贫困脆弱性进行度量,用公式表示为:$V_i=U_i(Z_{ce})-EU_i(C_i)$,即家庭的均衡消费效用水平与期望消费的效用之差就是期望效用脆弱性。

7.3-3 破产风险

1542 年,英国正式颁布《1542 年破产法》,西方首部个人破产法案问世。之后经过不同国家的借鉴和发展,现代意义上的个人破产制度逐步形成。19 世纪中后期,随着西方经济不断对外扩张,西方的法律制度也开始向东方输出。1890 年,日本提出《日本商法典》;1932 年,中国香港地区借鉴英国破产法,颁布实施了针对个人破产的《破产条例》;1962 年,韩国立法者通过破产法确立了个人债务人免责制度。2021 年 3 月起,中国开始在深圳经济特区进行个人破产制度的"试点",《深圳经济特区个人破产条例》正式施行。

因为中国个人破产制度的发展起步相对较晚,所以目前学术界对个人破产风险的研究主要集中于国外文献。当家庭从申请破产中获得的直接利益超过长期成本时,家庭就会申请破产。影响家庭申请破产的因素有很多,既包括宏观因素,又有家庭自身的微观因素,宏观因素包括利率、汇率、GDP 增长率、失业率、通货膨胀率、住房市场等因素(Fay et al.,2002;Jappelli et al.,2013;Bauchet and Evans,2019)。利率变化对家庭破产的影响最为严重,贷款或信用卡利率的提高会增加家庭负担成本,从而进一步加深家庭的破产风险。Gross 和 Souleles(2002)指出,较高的失业率和较低的房价也会对家庭破产造成一定影响。在微观方面,最常见的影响因素包括年龄、受教育程度、婚姻状况、性别、房屋所有权、债务类型及数额、收入和抚养子女数量等因素(Fisher,2005;Dawsey,2014;Syed Nor et al.,2019)。婚姻状况会增加家庭破产的风险,例如,配偶死亡或离婚(Fay et al.,2002;Agarwal et al.,2010;Fisher,2019)。根据 Domowitz 和 Sartain(1999)的研究,拥有房屋会影响家庭是否申请破产以及破产程序的选择,原因在于家庭可能需要用房产进行债务清偿。

关于破产风险的测度,可以将家庭是否选择破产的行为记为0—1变量,当家庭选择申请破产时,赋值为1;当家庭尚未选择申请破产时,赋值为0。考虑到国内外对于个人破产风险的申请条件以及家庭的资产负债情况,也可以将总资产小于总负债的家庭,即"资不抵债"、面临破产的家庭,赋值为1;将家庭总资产大于总负债的家庭,赋值为0。

财务脆弱性

8.1　引言

如前文所述,家庭财务脆弱性是指家庭未来陷入财务困境的可能性。20 世纪末,学者们将"脆弱性"引入家庭福利分析框架,家庭财务脆弱性则被用来分析家庭潜在的财务困境问题(Leika and Marchettini, 2017)。它具体描述家庭未来无法及时或完全履行其所承担偿债义务而发生财务困境的可能性(O'Connor et al., 2019)。

现有文献中有关家庭财务脆弱性的相关研究主要集中在对家庭债务偿还能力的测度上。Anderloni 等(2012)认为,家庭无法按期偿付本息以及无法承担家庭非预期支出时,家庭可能面临财务困境。Lusardi 等(2011)则从广义上定义了家庭财务脆弱性,认为当家庭遭受不确定冲击且无法承担各项支出时的财务状态为家庭财务脆弱状态。具体来看,一方面,家庭债务水平升高将导致家庭财务脆弱。当家庭面临较高的债务时会加重家庭偿付本息的负担,这不仅会降低家庭财务自由度,而且会挤出家庭流动性资产的持有,从而使家庭陷入财务困境。另一方面,当家庭处于财务脆弱状态时会使家庭流动性约束加剧,降低家庭的借贷能力,从而迫使家庭预期支出减少。

2020年,中国已消除了绝对贫困,实现全面脱贫。在实现共同富裕目标的道路上,家庭财务脆弱性问题需要得到关注。对于中国处在贫困边缘的群体而言,由于缺少足够的预防性储蓄以及财务风险管理手段,该群体在应对不确定冲击时抵抗能力较弱,返贫风险较高。因此,全面分析家庭财务脆弱性问题不仅有助于实现共同富裕目标,而且可以对防范贫困户返贫提供支持。

8.2　家庭财务脆弱性测度

家庭财务脆弱性存在多种定义和测度方式。早期文献中有关家庭财务脆弱性定义和测度方法的部分主要侧重对家庭负债偿还能力和财务利差的测度,学者们分别使用家庭负债收入比(Brown and Taylor,2008)、债务偿付是否困难(Jappelli et al.,2013)、财务利差(Johansson and Persson,2006)、家庭非预期支出偿还能力(Lusardi et al.,2011)等度量家庭财务脆弱性。Anderloni等(2012)则构建了一个综合性的家庭财务脆弱性指标,该指标不仅包括了家庭负债偿还能力,还包括了家庭无法支付生活必需品等预期支出的情况。具体而言,Anderloni等(2012)将家庭财务脆弱性分为家庭支出脆弱性、家庭收入和储蓄脆弱性以及贷款责任脆弱性。然而,基于家庭负债偿还能力定义的家庭财务脆弱性存在缺陷,尤其是对于家庭债务水平较低的国家,该定义方式适用性欠佳。因此,学者们综合考虑家庭收入、资产、负债以及支出情况来定义家庭财务脆弱性,基于"财务四象限"和"财务保证金"两种定义方式来展开研究。具体定义方式如下:

第一,"财务四象限"定义。Brunetti等(2016)将家庭财务状况分为四种状态:当家庭收入足以覆盖预期支出且流动性资产足以覆盖非预期支出时,定义为财务自由状态;当家庭收入足以覆盖预期支出且流动性资产不足以覆盖非预期支出时,定义为财务脆弱状态;当家庭收入不足以覆盖预期支出且流动性资产足以覆盖非预期支出时,定义为过度消费且具有流动性状态;当家庭收入不足以覆盖预期支出且流动性资产不足以覆盖非预期支出时,定义为财务约束状态。图 8.1 给出了家庭财务状况的四种状态,横坐标轴的左端和右端分别为家庭非预期支出和家庭流动性资产,纵坐标轴的上端和下端分别为家庭收入和家庭预期支出。可以看出,当家庭财务处于第一象限时为财务自由状态,当家庭财务处于第二象限时为财务脆弱状态,当家庭财务处于第三象限时为财务约束状态,当家庭财务处于第四象限时为过度消费且具有流动性状态。岳崴等(2021)基于该方法利用 CHFIS 数据定义了财务脆弱性,研究发现健康风险显著增加了中国家庭财务脆弱性,而家庭购买商业保险对家庭财务脆弱性有显著的改善作用,且会降低健康风险对家庭财务脆弱性的边际影响。

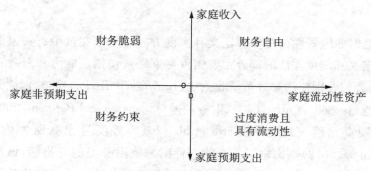

图 8.1 "财务四象限"定义

第二,"财务保证金"定义。Ampudia 等(2016)同时考虑到家庭债务偿还能力与家庭资产配置流动性,将家庭某一时期可支配收入减去生活必要成本和应偿还的贷款本息为负且无法覆盖特定时期内债务的家庭定义为财务脆弱家庭。Bettocchi 等(2018)则将某一时期家庭可支配收入减去应还债务和预期支出后为负,同时家庭金融资产无法覆盖其差额的家庭定义为财务脆弱的家庭。李波和朱太辉(2022)引入"财务保证金"反映家庭财务流动性的指标来测度家庭财务脆弱性,将家庭收入减去预期支出加流动性资产减去非预期支出后小于零的家庭定义为家庭财务脆弱。尹志超等(2023)利用 CHFIS 数据,使用"财务保证金"法测度了家庭财务脆弱性,研究了金融知识对家庭财务脆弱性的影响。

就家庭财务脆弱性不同测度方法比较而言,现有文献主要基于"财务四象限"和"财务保证金"两种定义方式度量家庭财务脆弱性。本章将通过比较"财务四象限"和"财务保证金"两种定义方式来选择财务脆弱性定义方式。具体推导如下。

Y、E、L、U 分别表示家庭收入、预期支出、流动性资产、非预期支出。"财务四象限"定义方式下,家庭财务脆弱状态为:

$$Y-E \geqslant 0 \ 且 \ L-U < 0 \tag{8.1}$$

此时,家庭财务约束状态为:

$$Y-E < 0 \ 且 \ L-U < 0 \tag{8.2}$$

而家庭财务自由状态为:

$$Y-E \geqslant 0 \ 且 \ L-U \geqslant 0 \tag{8.3}$$

同时,家庭过度消费且具有流动性状态为:

$$Y-E < 0 \ 且 \ L-U \geqslant 0 \tag{8.4}$$

"财务保证金"定义方式下,家庭财务脆弱状态为:

$$Y-E+L-U < 0 \tag{8.5}$$

本章重点关注家庭经济风险,因此,接下来将具体比较上述两种定义方式下家庭财务脆弱时家庭的情形。情形 1:当 $Y-E \geqslant 0$ 且 $L-U < 0$ 时,为"财务四象限"定义下的财务脆弱状态。这种情形下,当且仅当 $|Y-E| < |L-U|$ 时,式(8.5)财务脆弱成立;当 $|Y-E| > |L-U|$ 时,则式(8.5)不满足。因此,"财务保证金"定义下的财务脆弱仅包括部分"财务四象限"财务脆弱状态。情形 2:当 $Y-E < 0$ 且 $L-U < 0$ 时,为"财务四象限"定义下的财务约束状态。这种情况下,式(8.5)成立。因此,"财务保证金"定义下的财务脆弱包括了全部"财务四象限"财务约束状态。通过上述讨论可知,"财务保证金"定义下的家庭财务脆弱不仅包括了部分"财务四象限"财务脆弱状态,而且包括"财务四象限"中的全部财务约束状态。

本章分别使用"财务保证金"和"财务四象限"法测度家庭财务脆弱性,并将给出上述两种定义方式下家庭 2011—2021 年财务脆弱性变化情况。根据情形 1 和情形 2 的分析,由于家庭财务约束($Y-E < 0$ 且 $L-U < 0$)会使家庭

陷入更糟糕的财务困境,因此为了全面反映家庭财务风险状况,在分析中国家庭财务脆弱性分布时,本章将主要使用"财务保证金"测度家庭财务脆弱性。

8.3 中国家庭财务脆弱性变化

8.3-1 "财务保证金"定义下的变化趋势

借鉴 Bettocchi 等(2018)以及李波和朱太辉(2022)的做法,本章引入"财务保证金"来定义家庭财务脆弱性。具体定义方式为,若家庭收入减去预期支出加上流动性资产减去非预期支出后小于零,定义为家庭财务脆弱。其中,家庭收入由工资性收入、农业收入、工商业收入、财产性收入和转移性收入五个分项组成。家庭预期支出为家庭基本生活支出、应还贷款本息、社会和商业保险保费支出。流动性资产由家庭现金持有额、定期存款和活期存款三个分项组成。借鉴岳崴等(2021)的做法,非预期支出为家庭保健和医疗支出(扣除社会医疗保险报销部分)。

2011—2021 年,财务脆弱家庭比例显著增加。图 8.2 使用"财务保证金"法测度,给出了 2011—2021 年家庭财务脆弱性变化趋势。可以看出,近年来中国处于财务脆弱状态的家庭显著增多。具体来看,2011—2017 年财务脆弱家庭的比例较为稳定,自 2017 年后财务脆弱家庭的比例不断升高,2021 年财务脆弱家庭的比例是 2011 年的 1.29 倍,反映出近年来中国家庭经济风险不断增加。总体来看,近年来,中国家庭陷入财务脆弱状况的概率显著增加。

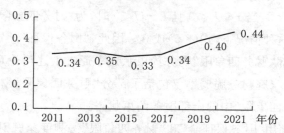

图 8.2 中国家庭财务脆弱性变化趋势:2011—2021 年

注:使用"财务保证金"法测度家庭财务脆弱性。
资料来源:根据 2011—2021 年 CHFIS 数据计算。

分城乡来看,2011—2021 年,家庭财务脆弱性城乡差距显著扩大。表 8.1 使用"财务保证金"法测度,给出了 2011—2021 年中国城镇家庭和农村家庭财务脆弱性变化。可以看出,2011—2021 年城镇家庭和农村家庭财务脆弱性均显著升高,城镇家庭和农村家庭财务脆弱性差距明显扩大。具体来看,2011—2021 年,城镇家庭财务脆弱性略有上升,城镇家庭财务脆弱性增加了 1.16 倍,农村家庭财务脆弱性显著升高,农村家庭财务脆弱性增加 1.32 倍。值得注意的是,受到 2020 年新冠疫情的影响,农村家庭财务脆弱性比例大幅度升高。就城镇家庭和农村家庭财务脆弱性差距而言,数据从 2011 年的 0.10 逐步上升为 2021 年的 0.18。可以看出,2011—2021 年,城镇家庭和农村家庭财务脆弱性差距明显扩大。相较于 2011 年,城镇家庭和农村家庭财务脆弱性差距扩大了 1.80 倍。以上分析表明,2011—2021 年,城镇家庭和农村家庭财务脆弱性比例均显著升高,城镇家庭和农村家庭的财务脆弱性差距呈扩大趋势。

表 8.1　中国城乡家庭财务脆弱性情况:2011—2021 年

	城镇家庭	农村家庭	差距
2011 年	0.31	0.41	0.10
2013 年	0.29	0.45	0.16
2015 年	0.28	0.41	0.13
2017 年	0.28	0.44	0.16
2019 年	0.35	0.47	0.12
2021 年	0.36	0.54	0.18

注:使用"财务保证金"法测度家庭财务脆弱性。
资料来源:同图 8.2。

就区域分布来看,2011—2021 年,家庭财务脆弱性东、中西部地区差距较大。表 8.2 使用"财务保证金"法测度,给出了东部地区家庭和中西部地区家庭财务脆弱性变化。可以看出,东部地区家庭和中西部地区家庭的财务脆弱性均显著升高,东部地区家庭和中西部地区家庭的财务脆弱性差距较大。具体来看,2011—2021 年东部地区家庭财务脆弱性比例显著上升,增加 1.31 倍;中西部地区家庭财务脆弱性比例同样显著升高,增加 1.26 倍。2011—2021 年东部地区家庭和中西部地区家庭的财务脆弱性差距较为稳定,仅增加了 0.01。以上分析表明,2011—2021 年东部地区家庭和中西部地

表 8.2　中国东、中西部地区家庭财务脆弱性情况：2011—2021 年

	东部地区家庭	中西部地区家庭	差距
2011 年	0.29	0.38	0.09
2013 年	0.30	0.39	0.09
2015 年	0.30	0.36	0.06
2017 年	0.28	0.38	0.10
2019 年	0.36	0.43	0.07
2021 年	0.38	0.48	0.10

注：使用"财务保证金"法测度家庭财务脆弱性。
资料来源：同图 8.2。

区家庭财务脆弱性显著升高，东部地区家庭和中西部地区家庭财务脆弱性
差距较大。

就南北方家庭对比来看，2011—2021 年，家庭财务脆弱性南北差距显著
扩大。表 8.3 使用"财务保证金"法测度，给出了 2011—2021 年南方家庭和
北方家庭财务脆弱性变化。可以看出，2011—2021 年南方家庭和北方家庭
财务脆弱性比例均显著升高，南方家庭和北方家庭财务脆弱性差距显著扩
大。具体来看，2011—2021 年，南方家庭财务脆弱性比例先下降后上升。其
中，2011—2015 年南方家庭财务脆弱性略有下降，2015—2021 年南方家庭
财务脆弱性不断升高，2021 年南方家庭财务脆弱性比例是 2011 年的 1.15
倍。2011—2021 年北方家庭财务脆弱性显著升高，相较于 2011 年，2021 年
北方家庭财务脆弱性比例增加了 1.24 倍。2011—2021 年，南方家庭和北方
家庭的财务脆弱性差距显著扩大，相较于 2013 年，2021 年南方家庭和北方

表 8.3　中国南北方家庭财务脆弱性情况：2011—2021 年

	南方家庭	北方家庭	差距
2011 年	0.34	0.34	0.00
2013 年	0.34	0.35	0.01
2015 年	0.32	0.32	0.00
2017 年	0.33	0.34	0.01
2019 年	0.38	0.40	0.02
2021 年	0.39	0.42	0.03

注：使用"财务保证金"法测度家庭财务脆弱性。
资料来源：同图 8.2。

家庭财务脆弱性差距扩大了 3 倍。以上分析表明,2011—2021 年,南方家庭和北方家庭财务脆弱性比例均显著上升,南方家庭和北方家庭财务脆弱性差距呈扩大趋势。

8.3-2 "财务四象限"定义下的变化趋势

借鉴 Brunetti 等(2016)和岳崴等(2021)的做法,本章还引入"财务四象限"来定义家庭财务脆弱性。具体定义方式为:将"家庭收入≥预期支出且流动性资产＜非预期支出"的家庭定义为财务脆弱;将"家庭收入＞预期支出且流动性资产≥非预期支出"的家庭定义为财务自由;将"家庭收入＜预期支出且流动性资产≥非预期支出"的家庭定义为过度消费且具有流动性;将"家庭收入＜预期支出且流动性资产＜非预期支出"的家庭定义为财务约束。其中,家庭收入由工资性收入、农业收入、工商业收入、财产性收入和转移性收入五个分项组成。家庭预期支出为家庭基本生活支出、应还贷款本息、社会和商业保险保费支出。流动性资产由家庭现金持有额、定期存款和活期存款三个分项组成。非预期支出为家庭保健和医疗支出(扣除社会医疗保险报销部分)。

受新冠疫情等外在因素影响,家庭陷入财务困境的比例显著增加。表8.4 使用"财务四象限"法测度,给出了 2011—2021 年家庭财务状况变化趋势。可以看出,2011—2019 年家庭财务脆弱性比例显著增加,2019—2021年家庭财务脆弱性比例略有下降。但家庭财务约束比例在 2019—2021 年显著升高。2011—2021 年家庭财务自由比例不断缩小,家庭过度消费且具有流动性呈波动状态。这意味着,由于新冠疫情等因素的影响,部分财务脆弱性家庭在遭受疫情冲击后陷入财务约束状态,处境更加糟糕。具体来看,2021 年家庭财务脆弱的比例是 2011 年的 1.82 倍,2021 年家庭财务约束的比例是 2011 年的 2.1 倍,2011 年家庭财务自由比例是 2021 年的1.48 倍,家庭过度消费且具有流动性的比例在 2011—2021 年间表现出波动。综合财务脆弱与财务约束比例来看,2019—2021 年家庭财务脆弱加财务约束的比例由 0.39 上升至 0.41,表明新冠疫情冲击对家庭财务状况可能造成了负面影响。总体来看,由于新冠疫情等因素的冲击,家庭陷入财务困境的概率显著增加。

表 8.4　中国家庭财务状况化趋势:2011—2021 年

	2011 年	2013 年	2015 年	2017 年	2019 年	2021 年
财务脆弱	0.11	0.15	0.17	0.19	0.22	0.20
财务约束	0.10	0.14	0.11	0.13	0.17	0.21
财务自由	0.46	0.44	0.45	0.43	0.32	0.31
过度消费且具有流动性	0.33	0.27	0.27	0.25	0.29	0.28

注:使用"财务四象限"法测度家庭财务脆弱性。
资料来源:同图 8.2。

分城乡来看,2011—2021 年,家庭财务脆弱性城乡差距略有扩大。表 8.5 使用"财务四象限"法测度,给出了 2011—2021 年城镇家庭和农村家庭财务脆弱性变化。可以看出,2011—2021 年城镇家庭和农村家庭财务脆弱性比例均显著扩大,城镇家庭和农村家庭财务脆弱性差距略有扩大。具体来看,2021 年城镇家庭财务脆弱性比例是 2011 年的 2.13 倍,2021 年农村家庭财务脆弱性比例是 2011 年的 1.71 倍,表明 2011—2021 年城镇家庭和农村家庭财务脆弱性比例均显著扩大。就城镇家庭和农村家庭财务脆弱性比例差距而言,过去十年城镇家庭和农村家庭的财务脆弱性比例差距略有扩大,2021 年城镇家庭和农村家庭财务脆弱性差距是 2011 年的 1.17 倍。值得注意的是,2020 年由于受新冠疫情等因素的影响,城镇家庭和农村家庭财务脆弱性比例差距由 0.04 上升至 0.07。以上分析表明,过去十年,城镇家庭和农村家庭财务脆弱性比例均显著升高,城镇家庭和农村家庭财务脆弱性差距略有扩大。

表 8.5　中国城乡家庭财务脆弱性情况:2011—2021 年

	城镇家庭	农村家庭	差距
2011 年	0.08	0.14	0.06
2013 年	0.13	0.18	0.05
2015 年	0.13	0.23	0.10
2017 年	0.16	0.24	0.08
2019 年	0.21	0.25	0.04
2021 年	0.17	0.24	0.07

注:使用"财务四象限"法测度家庭财务脆弱性。
资料来源:同图 8.2。

　　分区域来看,2011—2021年,东部地区家庭和中西部地区家庭财务脆弱性差距较大。表8.6使用"财务四象限"法测度,给出了2011—2021年东部地区家庭和中西部地区家庭财务脆弱性变化。可以看出,2011—2021年,东部地区家庭和中西部地区家庭财务脆弱性均显著升高,东部地区家庭和中西部地区家庭财务脆弱性比例差距较为平稳,在0.05附近波动。具体来看,2021年东部地区家庭财务脆弱性比例是2011年的2.13倍,2021年中西部地区家庭财务脆弱性比例是2011年的1.69倍,表明过去十年东部地区和中西部地区家庭财务脆弱性比例均显著扩大。就家庭东部地区和中西部地区家庭财务脆弱性比例差距而言,2011—2021年东部地区家庭和中西部地区家庭财务脆弱性比例差距先增后减,整体较为稳定。以上分析表明,2011—2021年东部地区家庭和中西部地区家庭财务脆弱性显著升高,东部地区家庭和中西部地区家庭财务脆弱性差距稳定在0.05附近。

表8.6　中国东、中西部地区家庭财务脆弱性情况:2011—2021年

	东部地区家庭	中西部地区家庭	差距
2011年	0.08	0.13	0.05
2013年	0.12	0.17	0.05
2015年	0.13	0.19	0.06
2017年	0.16	0.22	0.06
2019年	0.19	0.24	0.05
2021年	0.17	0.22	0.05

注:使用"财务四象限"法测度家庭财务脆弱性。
资料来源:同图8.2。

　　分南北区域看,2011—2021年,南方家庭和北方家庭财务脆弱性差距较大。表8.7使用"财务四象限"法测度,给出了2011—2021年南方家庭和北方家庭财务脆弱性变化。可以看出,2011—2021年南方家庭和北方家庭财务脆弱性比例均显著升高,南方家庭和北方家庭财务脆弱性差距较为稳定,在0.02上下波动。具体来看,2021年南方家庭财务脆弱性是2011年的1.73倍,2021年北方家庭财务脆弱性是2011年的1.67倍,表明过去十年南方家庭和北方家庭财务脆弱性比例均显著扩大。就南方家庭和北方家庭财务脆弱性比例差距而言,过去十年南方家庭和北方家庭财务脆弱性差距先扩大再减小,2011—2015年,南方家庭和北方家庭财务脆弱性差距不断升高,2015—2021 年南方家庭和北方家庭财务脆弱性差距不断下降。以上分析表明,2011—2021 年,南方家庭和北方家庭财务脆弱性比例均显著上升,南方家庭和北方家庭财务脆弱性差距较为稳定,在 0.02 上下波动。

表 8.7　中国南北方家庭财务脆弱性情况:2011—2021 年

	南方家庭	北方家庭	差距
2011 年	0.11	0.12	0.01
2013 年	0.14	0.16	0.02
2015 年	0.15	0.18	0.03
2017 年	0.18	0.20	0.02
2019 年	0.22	0.24	0.02
2021 年	0.19	0.20	0.01

注:使用"财务四象限"法测度家庭财务脆弱性。
资料来源:同图 8.2。

8.4　中国家庭财务脆弱性分布

8.4-1　户主特征

沿用第 3 章对中、青、老年家庭的划分,本章发现,中年家庭财务脆弱的比例最高,老年家庭财务脆弱的比例最低。表 8.8 给出了按家庭户主年龄分组的家庭财务脆弱性现状。从家庭户主年龄分组来看,青年家庭财务脆弱的比例为 0.44,中年家庭财务脆弱的比例为 0.45,老年家庭财务脆弱的家庭为 0.41。中年家庭财务脆弱的比例是老年家庭的 1.10 倍,表明中年家庭陷入财务脆弱的可能性最高。总体来看,家庭财务脆弱性在不同户主年龄阶段存在差异,中年家庭财务脆弱的比例最高,老年家庭财务脆弱的比例最低。

表 8.8　家庭财务脆弱性:按照户主年龄分组

	青年家庭	中年家庭	老年家庭
财务脆弱	0.44	0.45	0.41
样本数	2 548	10 394	9 085

资料来源:根据 2021 年 CHFIS 数据计算。

户主受教育年限较高家庭的财务脆弱性显著低于户主受教育年限较低的家庭。表 8.9 给出了按户主受教育年限分组的家庭财务脆弱性现状。从家庭户主受教育年限分组来看，户主学历为高中及以下的家庭财务脆弱比例为 0.46，户主学历为高中以上的家庭财务脆弱性比例为 0.29。户主学历为高中及以下的家庭财务脆弱比例是户主学历为高中以上家庭的 1.59 倍，可以看出户主学历为高中以上的家庭财务脆弱性比例显著低于户主学历为高中及以下的家庭。以上分析表明，户主不同受教育年限家庭财务脆弱性存在显著差异，教育能够显著缓解家庭财务脆弱性。

表 8.9 家庭财务脆弱性：按照户主受教育年限分组

	高中及以下	高中以上
财务脆弱性	0.46	0.29
样本数	18 525	3 502

资料来源：同表 8.8。

已婚家庭财务脆弱性显著低于未婚家庭。表 8.10 给出了按家庭户主是否结婚分组的家庭财务脆弱性现状。从家庭户主婚姻状况分组来看，已婚家庭财务脆弱的比例为 0.42，未婚家庭财务脆弱的比例为 0.49，未婚家庭财务脆弱的比例是已婚家庭的 1.17 倍，可以看出未婚家庭的财务脆弱性显著高于已婚家庭。以上分析表明，已婚家庭与未婚家庭财务脆弱性差距明显，婚姻能够显著缓解家庭财务脆弱性。

表 8.10 家庭财务脆弱性：按照户主婚姻状况分组

	未婚	已婚
财务脆弱性	0.49	0.42
样本数	3 554	18 473

资料来源：同表 8.8。

户主在外企工作的财务脆弱性最低，而个体工商户的财务脆弱性最高。表 8.11 给出了按工作类型分组的家庭财务脆弱性现状。从家庭成员工作类型分组来看，有成员在机关事业单位工作的家庭财务脆弱比例为 0.30，有成员在国有/国有控股单位工作的家庭财务脆弱比例为 0.27，个体工商户的家庭财务脆弱比例为 0.39，有成员在私营企业工作的家庭财务脆弱比例为

0.35,有成员在外企工作的家庭财务脆弱比例为 0.19。可以看出,不同工作类型家庭的财务脆弱性差距明显,户主是个体工商户的财务脆弱性是在外企工作的 2.05 倍。以上分析表明,居民在外企工作的财务脆弱性最低,而个体工商户的财务脆弱性最高,反映出当前中国家庭创业挑战较大,家庭面临的经济风险较高。

表 8.11 家庭财务脆弱性:按照成员工作类型分组

	机关事业单位	国有/国有控股企业	个体工商户	私营企业	外企
财务脆弱性	0.30	0.27	0.39	0.35	0.19
样本数	1 633	935	867	1 961	101

资料来源:同表 8.8。

8.4-2 家庭特征

收入能够显著缓解家庭财务脆弱性。表 8.12 给出了按家庭总收入中位数(4.71 万元)分组的家庭财务脆弱性现状。从家庭收入分组来看,低收入家庭财务脆弱的比例为 0.66,高收入家庭财务脆弱的比例为 0.21,前者是后者的 3.14 倍,表明高收入家庭的财务脆弱比例显著低于低收入家庭。以上分析表明,不同收入家庭财务脆弱性差距明显,收入能够显著缓解家庭财务脆弱性。

表 8.12 家庭财务脆弱性:按照家庭总收入分组

	低收入家庭	高收入家庭
财务脆弱	0.66	0.21
样本数	11 014	11 013

资料来源:同表 8.8。

财富积累能够显著缓解家庭财务脆弱性。表 8.13 给出了按家庭总财富中位数分组的家庭财务脆弱性现状。从家庭财富水平分组来看,低财富家庭财务脆弱的比例为 0.55,高财富家庭财务脆弱的比例为 0.33,前者是后者的1.67 倍,可以看出低财富家庭的财务脆弱比例显著高于高财富家庭。总体来看,不同财富水平家庭财务脆弱性差距明显,财富积累能够显著缓解家庭财务脆弱性。

表 8.13 家庭财务脆弱性:按照家庭总财富分组

	低财富家庭	高财富家庭
财务脆弱	0.55	0.33
样本数	11 014	11 013

资料来源:同表 8.8。

拥有住房能够显著缓解家庭财务脆弱性。表 8.14 给出了按家庭是否拥有住房分组的家庭财务脆弱性现状。从家庭住房分组来看,未拥有住房家庭财务脆弱的比例为 0.48,拥有住房家庭财务脆弱的比例为 0.43,前者是后者的 1.12 倍,表明未拥有住房家庭的财务脆弱比例显著高于拥有住房家庭。以上分析表明,家庭拥有住房能够显著缓解家庭财务脆弱性。

表 8.14 家庭财务脆弱性:按照家庭是否拥有住房分组

	无房家庭	有房家庭
财务脆弱	0.48	0.43
样本数	1 735	20 292

资料来源:同表 8.8。

社会网络能够显著缓解家庭财务脆弱性。表 8.15 给出了按家庭社会网络高低分组的家庭财务脆弱性现状。从家庭社会网络分组来看,低社会网络家庭财务脆弱的比例为 0.51,高社会网络家庭财务脆弱的比例为 0.36,前者是后者的 1.42 倍,可以看出,低社会网络家庭的财务脆弱比例显著高于高社会网络家庭。总体来看,不同社会网络家庭财务脆弱性存在显著差异,社会网络能够显著缓解家庭财务脆弱性。

表 8.15 家庭财务脆弱性:按照家庭社会网络分组

	低社会网络家庭	高社会网络家庭
财务脆弱	0.51	0.36
样本数	11 014	11 013

资料来源:同表 8.8。

参与社保能够显著缓解家庭财务脆弱性。表 8.16 给出了按家庭是否参与社保分组的家庭财务脆弱性现状。从家庭社保参与情况分组来看,未参与社保家庭财务脆弱的比例为 0.65,参与社保家庭财务脆弱的比例为 0.43,前者是后者的 1.51 倍,表明未参与社保家庭的财务脆弱比例显著高于参与社保家庭。以上分析表明,参与社保能够显著缓解家庭财务脆弱性。

表 8.16　家庭财务脆弱性:按照是否参与社保分组

	未参与社保	参与社保
财务脆弱	0.65	0.43
样本数	578	21 449

资料来源:同表 8.8。

参与商业保险能够显著缓解家庭财务脆弱性。表 8.17 给出了按家庭是否参与商业保险分组的家庭财务脆弱性现状。从家庭商业保险参与情况分组来看,未参与商业保险家庭财务脆弱的比例为 0.45,参与商业保险家庭财务脆弱的比例为 0.36,前者是后者的 1.25 倍,可以看出,未参与商业保险家庭的财务脆弱比例显著高于参与商业保险家庭。总体来看,家庭购买商业保险能够显著缓解家庭财务脆弱性。

表 8.17　家庭财务脆弱性:按照家庭是否参与商业保险分组

	未参与商业保险	参与商业保险
财务脆弱	0.45	0.36
样本数	18 649	3 378

资料来源:同表 8.8。

8.4-3　区域特征

农村家庭的财务脆弱性显著高于城镇家庭。表 8.18 给出了按家庭城乡分组的家庭财务脆弱性现状。从家庭脆弱性城乡分组来看,城镇家庭财务脆弱性的比例为 0.36,农村家庭财务脆弱性的比例为 0.54,是城镇家庭的 1.50 倍,表明农村家庭的财务脆弱性显著高于城镇家庭。以上分析表明,当前家庭财务脆弱性城乡差距较大,农村家庭陷入财务脆弱状态的概率较高。

表 8.18　家庭财务脆弱性:按照城乡分组

	城镇家庭	农村家庭
财务脆弱	0.36	0.54
样本数	13 324	8 703

资料来源:同表 8.8。

西部地区家庭的财务脆弱比例最高,东部地区家庭的财务脆弱比例最低。表 8.19 给出了按家庭地区分组的家庭财务脆弱性现状。从家庭脆弱性地区分组来看,东部地区家庭财务脆弱性的比例为 0.38,中部地区家庭财务脆弱性的比例为 0.44,西部地区家庭财务脆弱性的比例为 0.50。可以看出,西部地区家庭财务脆弱性比例是东部地区家庭的 1.32 倍,西部地区家庭财务脆弱性比例是中部地区家庭的 1.14 倍。总体来看,当前家庭财务脆弱性区域差距较大,西部地区家庭财务脆弱比例最高,东部地区家庭财务脆弱比例最低。

表 8.19　家庭财务脆弱性:按照地区分组

	东部地区家庭	中部地区家庭	西部地区家庭
财务脆弱	0.38	0.44	0.50
样本数	10 072	3 833	8 122

资料来源:同表 8.8。

北方家庭的财务脆弱性显著高于南方家庭。表 8.20 给出了按家庭南北分组的家庭财务脆弱性现状。从家庭脆弱性南北分组来看,南方地区家庭财务脆弱性的比例为 0.39,北方地区家庭财务脆弱性的比例为 0.42。南方地区家庭的财务脆弱性比例是北方地区家庭的 1.08 倍,表明北方地区家庭的财务脆弱性显著高于南方地区家庭。以上分析表明,当前家庭财务脆弱性南北差距较大,北方地区家庭陷入财务脆弱状态的概率较高。

表 8.20　家庭支出风险:按照南北分组

	南方地区家庭	北方地区家庭
财务脆弱	0.39	0.42
样本数	12 485	9 542

资料来源:同表 8.8。

8.5 小结

本章基于 2011—2021 年 CHFIS 数据,全面分析了中国家庭财务脆弱性的内涵、测度、现状以及分布。具体有如下结论:

第一,家庭财务脆弱性比例整体呈上升趋势。首先,本章讨论了家庭财务脆弱性的内涵。家庭财务脆弱性是指家庭未来陷入财务困境的可能性,具体描述了家庭未来无法及时或完全履行其所承担偿债义务而发生财务困境的可能性。全面分析家庭财务脆弱性问题不仅有助于实现共同富裕目标,而且对防范贫困户返贫提供了支持。其次,本章讨论了家庭财务脆弱性的测度方法,简要总结了家庭财务脆弱性的多种定义和测度方式,并重点回顾了"财务四象限"和"财务保证金"测度法的相关文献。"财务保证金"定义的家庭财务脆弱性不仅包括了部分"财务四象限"财务脆弱性状态,而且包括了"财务四象限"中的财务约束状态。当使用"财务保证金"定义家庭财务脆弱性时,若家庭收入减去预期支出加上流动性资产减去非预期支出小于零,则定义为家庭财务脆弱。最后,本章全面分析了中国家庭财务脆弱性的变化。本章描述性统计结果显示,2011—2021 年,财务脆弱家庭比例显著增加,2011—2017 年财务脆弱家庭的比例较为稳定,自 2017 年后财务脆弱家庭的比例不断升高。

第二,家庭财务脆弱性比例地区差距整体呈扩大趋势。本章描述性统计结果显示:城乡家庭财务脆弱性方面,2011—2021 年,城镇家庭财务脆弱性略有上升,增加了 1.16 倍,农村家庭财务脆弱性则显著升高,增加了 1.32 倍。相较于 2011 年,2021 年城镇家庭和农村家庭财务脆弱性差距显著增加。东中西部地区家庭财务脆弱性方面,2011—2021 年东部地区、中部地区、西部地区家庭财务脆弱性比例均显著上升,东部地区家庭和中西部地区家庭财务脆弱性差距较为稳定。2011—2021 年,南方家庭财务脆弱性比例先下降后上升,北方家庭财务脆弱性呈不断扩大趋势;总体上,南方家庭和北方家庭财务脆弱性差距不断增加。

第三,家庭财务脆弱性存在户主受教育水平、婚姻状况、年龄方面的异质性。本章描述性统计结果表明:(1)家庭财务脆弱性在不同户主年龄阶段存在差异,中年家庭财务脆弱的比例最高,老年家庭财务脆弱的比例最低。(2)户主不同受教育年限家庭财务脆弱性存在显著差异。户主学历为高中以上家庭的财务脆弱性显著低于户主学历为高中及以下家庭,表明教育能够显著缓解家庭财务脆弱性。(3)家庭财务脆弱性在已婚家庭和未婚家庭中存在显著差异。已婚家庭财务脆弱性显著低于未婚家庭,表明婚姻能够显著缓解家庭财务脆弱性。(4)不同工作类型家庭财务脆弱性差距明显。户主在外企工作财务脆弱性最低,而个体工商户财务脆弱性最高。(5)收入能够显著缓解家庭财务脆弱性。不同收入水平家庭财务脆弱性差距明显,低收入家庭财务脆弱比例显著高于高收入家庭。

第四,家庭财务脆弱性存在家庭收入、家庭财富、家庭社会网络方面的异质性。本章描述性统计结果表明:(1)不同财富水平家庭财务脆弱性差距明显。低财富家庭财务脆弱比例显著高于高财富家庭,表明财富积累能够显著缓解家庭财务脆弱性。(2)家庭财务脆弱性在拥有住房家庭和未拥有住房家庭中存在显著差异。拥有住房能够显著缓解家庭财务脆弱性。未拥有住房家庭财务脆弱比例显著高于拥有住房家庭,表明拥有住房能够显著缓解家庭财务脆弱性。(3)不同社会网络家庭财务脆弱性存在显著差异。低社会网络家庭财务脆弱比例显著高于高社会网络家庭,表明社会网络能够显著缓解家庭财务脆弱性。(4)社保参与能够显著缓解家庭财务脆弱性,未参与社保家庭财务脆弱比例显著高于参与社保家庭。(5)家庭财务脆弱性在参与商业保险家庭和未参与商业保险家庭中存在显著差异。未参与商业保险家庭财务脆弱比例显著高于参与商业保险家庭,表明商业保险参与能够显著缓解家庭财务脆弱性。

第五,家庭财务脆弱性存在地区异质性。本章描述性统计结果表明:(1)当前家庭财务脆弱性城乡差距较大。农村家庭财务脆弱性显著高于城镇家庭。(2)家庭财务脆弱性区域差距较大。西部地区家庭财务脆弱比例最高,东部地区家庭财务脆弱比例最低。(3)家庭财务脆弱性南北差距较大,北方地区家庭财务脆弱性显著高于南方地区家庭。

贫困脆弱性

9.1 引言

消除贫困、实现共同富裕是社会主义的本质要求,也是党和国家的重要使命。截至 2020 年末,全国 9 899 万农村贫困人口已在现有贫困标准下全部脱贫,832 个国家级贫困县全部摘帽,12.8 万个贫困村全部脱贫,区域性贫困问题得到解决,脱贫攻坚取得举世瞩目的成绩。但脱贫摘帽不是终点,而是新生活、新奋斗的起点,建立解决相对贫困和防止已脱贫人口再次返贫的长效机制,逐步实现共同富裕是国家的新任务、新目标。根据国务院扶贫办统计数据①,已脱贫人口中有近 200 万人存在返贫风险,边缘人口②中近 300 万人存在致贫风险。2020 年突发的新冠疫情,让脱贫攻坚成果受到极大挑战。疫情及自然灾害等外部冲击使居民的健康受到威胁,许多工厂停产停工,地区医疗、就业情况受到影响。居民无法正常就业,经济运转受到影响,

---

① 参见习近平:《在决战决胜脱贫攻坚战座谈会上的讲话》,人民出版社 2020 年版。
② 边缘人口是指收入略高于扶贫标准的家庭。

中国家庭及地区抵御风险的能力被削弱,返贫人数可能会进一步增多。

现有研究也表明已脱贫的家庭有可能再次陷入贫困状态(樊丽明、解垩,2014;张栋浩、尹志超,2018)。2022 年中共中央国务院《关于做好 2022 年全面推进乡村振兴重点工作的意见》提出:"要提高脱贫人口家庭经营性收入,坚决守住不发生规模性返贫的底线。"2023 年中央农村工作会议再次指出:"要确保不发生规模性返贫,抓好防止返贫监测,持续巩固拓展脱贫攻坚成果。"因此,研究贫困脆弱性对后脱贫时代长效脱贫政策制定具有重大的意义。一方面,与静态贫困指标相比,贫困脆弱性动态描述了家庭未来贫困状态发生的变化。另一方面,贫困脆弱性的估计能够让政府了解贫困政策实施的效果,从而建立更长效的防止返贫机制。

贫困的测度和相关政策的实施最早开始于 20 世纪 50 年代,发达国家和发展中国家都会制定与自己国家相对应的贫困标准。各个国家制定贫困标准的主要目的在于更有效识别穷人并为反贫困政策的制定提供科学依据。学术界将贫困定义为"福利的剥夺",而福利通常又使用家庭消费或家庭收入来定义。世界银行按照购买力平价确定了以人均日消费 1.9 美元及 3.1 美元为贫困线。

脆弱性与风险密切相关,其基本内涵包括:(1)它能够表示家庭未来福利水平损失的概率。(2)家庭由于遭受不确定性和负向冲击而导致未来消费水平的降低或消费波动的变大。(3)贫困脆弱性值很大程度上取决于背景风险和外部冲击的特点以及家庭应对背景风险和不确定性的能力。贫困脆弱性与贫困的概念紧密联系但又不是完全相同,部分人群贫困但不脆弱。贫困是一种家庭遭受冲击后家庭消费或收入降低,且可以观察到的状态,而贫困脆弱性是家庭未来陷入贫困的概率,它是一种事前状况,无法直接观察到其具体状态,但可预测。

9.2 贫困脆弱性测度及现状

9.2-1 贫困脆弱性测度

如前面章节所述,根据相关文献,目前贫困脆弱性共有三种定义方式,包含风险暴露脆弱性（VUR）、期望效用脆弱性（VEU）、期望贫困脆弱性（VEP）。

1. 风险暴露的脆弱性测度方式

VER 测度的具体步骤如下：

$$\Delta\ln c_{itv} = \sum_i \lambda_i S_{tv} + \sum_i \beta_i(S_{itv}) + \sum_{tv} \delta_v(D_v) + \eta X_{itv} + \Delta\varepsilon_{itv} \quad (9.1)$$

其中，$\Delta\ln c_{itv}$ 表示人均消费自然对数的变化值，或 i 家庭在 t 时期和 $t-1$ 时期人均消费的增长率，S_{tv} 表示风险带来的总冲击，S_{itv} 表示个别风险对家庭带来的冲击，D_v 表示地区虚拟变量，X_{itv} 表示家庭特征变量、户主特征变量，$\Delta\varepsilon_{itv}$ 代表残差项的变化。限于数据的可获得性，一般用社区/村庄平均收入的增长率变量 $\overline{\Delta\ln y_{it}}$ 代替总的风险变量 $\sum_i \lambda_i S_{tv}$，用家庭收入增长率变量 $\Delta\ln y_{itv}$ 代表个别风险变量 $\sum_{tv} \delta_v(D_v)$。因此，上式可以改写为：

$$\ln c_{itv} = \alpha + \beta\Delta\ln y_{itv} + \gamma\overline{\Delta\ln y_{it}} + \delta X_{itv} + \Delta\varepsilon_{itv} \quad (9.2)$$

总体而言，β 系数越大，家庭消费对于收入风险的敏感度越高，贫困脆弱性越大。

2. 期望效用的脆弱性测度方式

Ligon 和 Schechter（2003）使用 VEU 测度方式来定义贫困脆弱性。具体地，设家庭 $h=(h=1, 2, 3, \cdots, n)$ 有限，且厌恶风险，在实数集上具有严格递增且弱凹的效用函数 $U_h(\cdot)$。他们将贫困脆弱性定义为确定性等价效用与家庭期望效用的差值，如式（9.3）所示：

$$V_h = U_h(z_{ce}) - EU_h(z_h) \quad (9.3)$$

其中，V_h 代表 h 家庭的贫困脆弱性；z_{ce} 表示在没有任何风险条件下 h 家庭的消费值，即确定性等价消费。当 h 家庭的确定性等价消费效用值大于或等于家庭期望效用的差值时，则认为该家庭属于非脆弱家庭，即当 $V_h \leqslant 0$ 时，h 家庭不具有脆弱性，当 $V_h > 0$ 时，h 家庭为脆弱家庭。该种脆弱性的大小取决于 h 家庭的平均消费值及消费波动状况。因此，Ligon 和 Schechter（2003）将脆弱性分解为贫困和风险两个部分：

$$V_h = U_h(z_{ce}) - U_h(E(c_h)) + U_h(E(c_h)) - EU_h(z_h) \quad (9.4)$$

为了区分不同风险类型对脆弱性的影响,他们将贫困脆弱性进一步分解为式(9.5)所示的四个组成部分:

$$V_h = [U_h(z_{ce,t}) - U_h(E(c_{ht}))]$$
$$+ [U_h(E(c_{ht})) - EU_h(E(c_{ht}|X_t))]$$
$$+ [EU_h(E(c_{ht}|X_t)) - EU_h(E(c_{ht}|X_t, X_{ht}))]$$
$$+ [EU_h(E(c_{ht}|X_t, X_{ht})) - EU_h(c_{ht})] \qquad (9.5)$$

式(9.5)将总风险分解为四部分,即贫困项 $U_h(z_{ce,t}) - U_h(E(c_{ht}))$、协同性风险 $U_h(E(c_{ht})) - EU_h(E(c_{ht}|X_t))$、异质性风险 $EU_h(E(c_{ht}|X_t)) - EU_h(E(c_{ht}|X_t, X_{ht}))$ 和不可解释的风险 $EU_h[(E(c_{ht}|X_t, X_{ht})) - EU_h(c_{ht})]$。其中,协同性风险中的 X_t 具体包含了地区的虚拟变量;异质性风险包含影响家庭消费水平的家庭特征变量 X_{ht},如家庭人口变量(受教育水平、年龄、婚姻状况)、家庭特征变量(总收入、总资产、社会关系)等。不可解释的风险是测量误差及不可观测的遗漏变量。

在测量贫困脆弱性之前,还需要设定效用函数的具体形式及条件期望的估计方法。Ligon 和 Schechter(2003)将效用函数设定为:

$$U_h(c_h) = \frac{c_h^{1-r}}{1-r}, \ r > 1 \qquad (9.6)$$

他们估计条件期望的具体方式则为:

$$\ln c_{ht} = \alpha X_t + \beta X_{ht} + u_t + e_{ht} \qquad (9.7)$$

其中,$\ln c_{ht}$ 是 h 家庭在 t 时间消费的自然对数;X_t 是对家庭所处地区所有家庭均产生影响的变量,包含了家庭所处地区的虚拟变量;X_{ht} 是家庭特征变量,包含家庭人口变量、总收入、总资产及社会关系等。u_t 代表了与家庭消费相关但不随时间变化的不可观测的变量,e_{ht} 代表残差项。

3. 期望贫困脆弱性的测度方式

Chaudhuri 等(2002)使用 VEP 的方式定义贫困脆弱性,并已被众多学者使用,具体步骤如下。

第一步,对家庭人均消费对数进行估计,估计方程如下:

$$\ln con_{it} = \rho X_{it} + e_i \qquad (9.8)$$

其中,$\ln con_{it}$ 表示 i 家庭在 t 年的人均消费,X_{it} 表示影响家庭人均消费的家庭和户主特征变量,包括户主的性别、年龄、婚姻状况、受教育年限、户口性质、家庭老年人数量、家庭未成年人数、家庭收入、家庭财富、家庭参与社会养老保险人数、家庭参与社会医疗保险人数、家庭是否有房。由上式得到拟合值和残差值。

第二步,在第一步的基础上进行三阶段广义最小二乘法(FGLS)估计,得到对数消费的期望值 $\hat{E}$ 和方差 σ_i^2:

$$\hat{E}(\ln con \mid X_{it}) = X_{it}\hat{\rho} \tag{9.9}$$

$$\hat{V}(\ln con \mid X_{it}) = \sigma_i^2 = X_{it}\hat{\eta} \tag{9.10}$$

第三步,假设家庭人均消费对数服从正态分布,采用式(9.11)计算贫困脆弱性:

$$VUL_i = \hat{Pr}(\ln con_{it+1} \leqslant \ln poor \mid X_{it}) = \Phi\left(\frac{\ln poor - X_{it}\hat{\rho}}{\sqrt{X_{it}\hat{\eta}}}\right) \tag{9.11}$$

其中,VUL_i 代表第 i 个家庭的贫困脆弱性,指未来家庭人均消费值小于贫困线的概率;$\ln con_{it+1}$ 为家庭在第 $t+1$ 年的消费水平;$poor$ 为贫困线,采用世界银行标准人均日消费 1.9 美元及 3.1 美元。一方面,相比于另外两种贫困脆弱性指标定义,该定义方式能够充分体现贫困发生的动态性,具有前瞻性(樊丽明、解垩,2014);另一方面,该定义适用于截面数据计算,可以解决大部分国家微观调查数据不足的问题,得到了各国学者的广泛采用(例如 Chaudhuri et al., 2002;Christiaensen and Subbarao, 2005;Gunther and Harttgen, 2009;李丽、白雪梅,2010;樊丽明、解垩,2014)。

9.2-2 贫困脆弱性变化(2011—2021 年)

借鉴 Chaudhuri 等(2002)的做法,本章使用 VEP 的方式定义贫困脆弱性。在贫困线及脆弱线的选择上,本章使用世界银行的标准 1.9 美元/天/人、3.1 美元/天/人作为贫困线标准,使用 29% 作为脆弱线。经购买力平价(2011 年 1 美元＝3.506 元人民币)和 CPI 调整后,1.9 美元/天/人和 3.1 美元/天/人分别对应于 2012 年 2 495 元/年/人和 4 070 元/年/人,对应于

2014 年 2 611 元/年/人和 4 260 元/年/人,对应于 2016 年 2 700 元/年/人和 4 405 元/年/人,对应于 2018 年 2 801 元/年/人和 4 570 元/年/人,对应于 2020 年 2 955 元/年/人和 4 822 元/年/人。

图 9.1 展示了以 1.9 美元为贫困线及 29% 脆弱线下定义的贫困脆弱性。在此定义方式下,2011 年中国有 11.11% 的家庭处于贫困脆弱状态,2013 年中国有 3.45% 的家庭处于贫困脆弱状态,2015 年中国有 4.23% 的家庭处于贫困脆弱状态,2017 年中国有 1.07% 的家庭处于贫困脆弱状态,2019 年中国有 0.75% 的家庭处于贫困脆弱状态,2021 年中国有 1.11% 的家庭处于贫困脆弱状态。从图 9.1 中可以看出,中国贫困脆弱的家庭在逐渐减少,尤其是 2015 年精准扶贫政策在全国范围内展开以来,贫困脆弱的家庭在大幅减少,到 2019 年中国处于贫困脆弱状态的家庭仅有 0.75%。2020 年受到新冠疫情冲击,生产生活受到极大影响,脱贫攻坚成果受到极大挑战,具有贫困脆弱性的家庭增加。

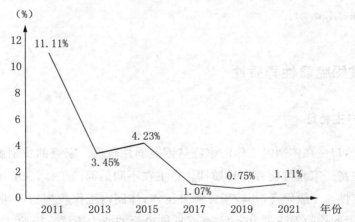

图 9.1　2011—2021 年中国家庭贫困脆弱性(贫困线为 1.9 美元/天/人)

资料来源:根据 2011—2021 年 CHFIS 数据整理。

图 9.2 展示了以 3.1 美元为贫困线及 29% 脆弱线下定义的贫困脆弱性。在此定义方式下,2011 年中国有 34.20% 的家庭处于贫困脆弱状态,2013 年中国有 14.20% 的家庭处于贫困脆弱状态,2015 年中国有 16.89% 的家庭处于贫困脆弱状态,2017 年中国有 7.42% 的家庭处于贫困脆弱状态,2019 年

中国有 3.73％的家庭处于贫困脆弱状态,2021 年中国有 6.82％的家庭处于贫困脆弱状态。从图 9.2 中依然可以看出,中国贫困脆弱的家庭在逐渐减少,但 2020 年受到新冠疫情冲击,居民返贫的风险增加。

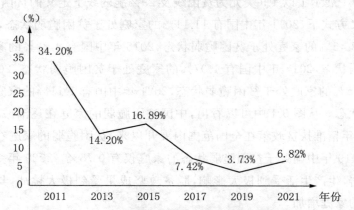

图 9.2　2011—2021 年中国家庭贫困脆弱性(贫困线为 3.1 美元/天/人)
资料来源:同图 9.1。

9.3　贫困脆弱性异质性

9.3-1　户主特征

　　第一,户主在体制内工作的家庭贫困脆弱性较低。家庭的贫困脆弱性在不同户主特征家庭可能存在异质性。户主在不同的部门工作,家庭面临着不同的脆弱性。一般而言,相较于体制外工作,体制内工作较为稳定,收入波动较小,获得的保险保障更为全面,家庭抵御风险的能力更强。因此,本章分析了户主在体制内、体制外工作的家庭的贫困脆弱性差异。具体地,本章将户主工作单位类型为"机关团体/事业单位、国有及国有控股企业"的家庭定义为体制内工作家庭,将户主工作单位类型为"个体工商户,私营企业,外商、港澳台投资企业,务农"的家庭及无工作个体所在的家庭定义为体制外工作家庭。表 9.1 中的描述性统计结果显示,体制内工作的贫困脆弱家庭占比为 0.71％,而体制外工作的贫困脆弱家庭占比为 7.66％,两者相差将近十倍。

表 9.1 户主工作类型异质性

	体制内工作	体制外工作
贫困脆弱	0.71%	7.66%
家庭数	2 534	18 306

资料来源:根据 2021 年 CHFIS 数据计算。

第二,户主接受教育时间越长,家庭贫困脆弱性越小。人力资本是居民内生禀赋,是提高内生动力的渠道,能够有效阻断贫困传递。尹志超等(2020)使用户主受教育程度作为人力资本的度量方式。一般而言,相较于户主高受教育程度家庭,户主低受教育程度家庭的收入水平较低,就业类型受限,抵抗风险能力较弱,未来陷入贫困的风险较大。因此,本章分析了户主低受教育程度及高受教育程度的家庭贫困脆弱性差异。具体地,本章将户主受教育水平为高中以下的家庭定义为低受教育程度家庭,否则为高受教育程度家庭。表 9.2 中的描述性统计结果显示,在高受教育程度家庭中,贫困脆弱家庭占比为 0.72%,而在低受教育程度家庭中,贫困脆弱家庭占比为 10.23%,两者相差 14 倍。

表 9.2 户主受教育程度异质性

	高受教育程度	低受教育程度
贫困脆弱	0.72%	10.23%
家庭数	7 477	13 363

资料来源:同表 9.1。

第三,家庭贫困脆弱性随户主年龄增大而变大。年龄同样是度量人力资本的一种方式。随着居民年龄的增长,其精力体力会受到不同程度的限制,收入来源渠道变少,防御外部负向冲击及家庭内部背景风险的能力不断减小,未来陷入贫困的概率逐渐增大。因此,本章分析了户主不同年龄段家庭贫困脆弱性的差异。具体地,本章把户主年龄在 40 岁以下的家庭定义为青年家庭,把户主年龄处于 40 岁到 60 岁之间的家庭定义为中年家庭,把户主年龄处于 60 岁以上的家庭定义为老年家庭。表 9.3 中的描述性统计结果显示,在青年户主家庭中,贫困脆弱家庭占比为 2.91%,在中年户主家庭中,贫困脆弱家庭占比为 4.87%,而在老年户主家庭中,贫困脆弱家庭占比为 10.11％。不同年龄段的户主面临着不同状况,相较于青年家庭与中年家庭,老年家庭面临的健康风险较大,且老年人处于退休或无工作状态,收入来源单一,导致贫困脆弱性增大。相对于青年户主而言,中年户主面临着"上有老、下有小"的境况,其收入一部分要用于老人养老,一部分要用于支付其子女教育、婚姻费用,用于抵抗风险的预防性储蓄较少,因而面临着更高的贫困脆弱性。

表 9.3　户主年龄异质性

	青年	中年	老年
贫困脆弱	2.91％	4.87％	10.11％
家庭数	2 430	9 751	8 659

资料来源:同表 9.1。

9.3-2　家庭特征

第一,家庭收入水平越高,贫困脆弱性越小。相较于高收入群体,低收入群体面临着较大的流动性约束及不确定性,是贫困群体的主要组成部分,是更贫困脆弱的对象。因此,本章分析了不同收入水平家庭贫困脆弱性的差异。具体地,本章将家庭收入处于样本 25 分位数以下的家庭定义为低收入家庭,将家庭收入处于样本 25 分位数以上及 75 分位数以下的家庭定义为中等收入家庭,将家庭收入处于样本 75 分位数以上的家庭定义为高收入家庭。表 9.4 中的描述性统计结果显示,低收入贫困脆弱家庭占比为 19.63％,中等收入贫困脆弱家庭占比为 4.42％,高收入贫困脆弱家庭占比为 1.27％。从以上分析可以得出,要想守住脱贫攻坚成果,保证脱贫户及边缘易致贫户不再返贫,提高家庭收入水平是直接的渠道。

表 9.4　家庭收入水平异质性

	低收入	中等收入	高收入
贫困脆弱	19.63％	4.42％	1.27％
家庭数	4 420	10 945	5 475

资料来源:同表 9.1。

第二,家庭财富水平越高,贫困脆弱性越小。家庭财富是居民实现人民美好生活的基础。与收入不同,财富是长期以来收入的积累,是一种存量。财富的增长能够帮助家庭有效抵御风险冲击,维持基本生活水平。相较于高财富群体,低财富群体弱化风险的能力较弱,是更易陷入贫困脆弱的对象。因此,本章分析了不同财富水平家庭贫困脆弱性的差异。具体地,本章将家庭财富水平处于样本 25 分位数以下的家庭定义为低财富家庭,将家庭财富水平处于样本 25 分位数以上及 75 分位数以下的家庭定义为中等财富家庭,将家庭财富水平处于样本 75 分位数以上的家庭定义为高财富家庭。表 9.5 中的描述性统计结果显示,低财富贫困脆弱家庭占比为20.68%,中等财富贫困脆弱家庭占比为 3.47%,高财富贫困脆弱家庭占比为0.35%。

表 9.5 家庭财富水平异质性

	低财富	中等财富	高财富
贫困脆弱	20.68%	3.47%	0.35 %
家庭数	5 058	10 278	5 504

资料来源:同表 9.1。

第三,家庭社会网络越广泛,贫困脆弱性越小。社会网络是家庭的一种社会资本,其可以连接资源相异、权力不等的个体,在人情味浓厚的中国,社会网络已然成为人民生活中必不可少的部分。张栋浩和尹志超(2018)认为,中国农村保障能力整体相对较弱,从而使家庭陷入贫困状态的概率增大。当家庭面对风险或外部冲击所带来的负向影响时,受限于不完善的社会保险制度,社会网络可以充当非正式的保险帮助家庭抵抗风险。因此,本章分析了不同社会网络家庭贫困脆弱性的差异。具体地,本章使用家庭礼金支出定义社会网络水平,将家庭礼金支出处于样本 25 分位数以下的家庭定义为低社会网络家庭,将家庭礼金支出处于样本 25 分位数以上及 75 分位数以下的家庭定义为中等社会网络家庭,将家庭礼金支出处于样本 75 分位数以上的家庭定义为高社会网络家庭。表 9.6 中的描述性统计结果显示,低社会网络家庭中贫困脆弱家庭占比为 11.82%,中等社会网络家庭中贫困脆弱家庭占比为 5.17%,高社会网络家庭中贫困脆弱家庭占比为 1.56%。

表 9.6　家庭社会网络异质性

	低社会网络	中等社会网络	高社会网络
贫困脆弱	11.82%	5.17%	1.56%
家庭数	8 078	7 395	5 367

资料来源：同表 9.1。

　　第四,社会养老保险覆盖度越大,贫困脆弱性越小。社会养老保险是政府为保障退休年龄劳动者或因年老而丧失劳动能力无法进行正常工作人群的基本生活,而建立的社会保障制度。社会养老保险保障了退休人群和老年群体的基本生活需求,为他们提供了稳定可靠的生活资金来源。社会养老保险覆盖比高的家庭抵御风险的能力较强,未来陷入贫困的概率较低。因此,本章分析了不同社会养老保险参与程度家庭贫困脆弱性的差异。具体地,本章计算了家庭社会养老保险覆盖比(家庭参与社会养老保险人数/家庭总人数),将覆盖比为 1 的家庭定义为高社会养老保险覆盖家庭,否则为低社会养老保险覆盖家庭。表 9.7 中的描述性统计结果显示,高社会养老保险覆盖家庭中贫困脆弱家庭占比为 5.10%,低社会养老保险覆盖家庭中贫困脆弱家庭占比为 9.44%。

表 9.7　家庭社会养老保险参与程度异质性

	低社会养老保险覆盖	高社会养老保险覆盖
贫困脆弱	9.44%	5.10%
家庭数	8 237	12 603

资料来源：同表 9.1。

　　第五,社会医疗保险覆盖度越大,贫困脆弱性越小。社会医疗保险是社会保障制度的一部分,是社会养老保险、社会医疗保险、社会失业保险、工伤保险、生育保险五大社会保险种中最重要的保险之一。社会医疗保险制度的大规模开展,基本解决了普通家庭"看病贵、看病难"问题,使得居民进行医疗救治的成本有所降低,居民的健康风险有所减小,一定程度上解决了居民因病致贫、因病返贫的问题。因此,本章分析了不同社会医疗保险参与程度家庭贫困脆弱性的差异。具体地,本章计算了家庭社会医疗保险覆盖比(家庭参与社会医疗保险人数/家庭总人数),将覆盖比为 1 的家庭定义为社会医疗保险占比高家庭,否则为社会医疗保险占比低家庭。表 9.8 中的描述

表 9.8　家庭社会医疗保险参与程度异质性

	社会医疗保险占比低	社会医疗保险占比高
贫困脆弱	15.18％	5.16％
家庭数	3 458	17 382

资料来源:同表 9.1。

性统计结果显示,社会医疗保险占比高家庭中贫困脆弱家庭占比为 5.16％,社会医疗保险占比高家庭中贫困脆弱家庭占比为 15.18％,两者相差近三倍。

第六,参与商业保险家庭的贫困脆弱性低于未参与商业保险家庭。商业保险是社会保险的重要补充,是风险管理的重要工具。一方面,商业保险具有风险保障的功能,能够通过经济补偿的方式最大程度降低外在因素对家庭的负向冲击。另一方面,商业保险具有为家庭增资、融资的功能,是一种能够缓解家庭资金约束的金融工具,增强家庭抵抗背景风险和外部冲击的能力,帮助受到风险冲击的家庭在短时间恢复生活生产活动,有效提升家庭抵抗风险冲击的能力,大大降低"因病返贫""因病致贫"的概率。因此,本章分析了参与及未参与商业保险家庭贫困脆弱性的差异。表 9.9 中的描述性统计结果显示,参与商业保险家庭中贫困脆弱家庭的占比为 3.76％,未参与商业保险家庭中贫困脆弱家庭的占比为 7.55％。

表 9.9　商业保险异质性

	未参与商业保险	参与商业保险
贫困脆弱	7.55％	3.76％
家庭数	4 009	16 831

资料来源:同表 9.1。

第七,外部冲击提高了家庭贫困脆弱性。在公共卫生事件频繁发生的背景下,家庭遭遇的外部冲击越来越受到政府的关注。那么这些外部冲击是否影响了居民的福利,增大其陷入贫困的概率?本章使用分组描述性统计的方式对以上问题进行了验证。其中,将遭受地震、海啸、台风、山体滑坡等灾害的家庭定义为遭受自然灾害家庭;将遭受火灾、车祸等灾害的家庭定义为遭受人为灾害家庭;将遭受癌症等重大疾病的家庭定义为遭受重大疾病家庭;将经济状况急剧恶化的家庭定义为破产家庭;将受到以上四种冲击中任意一种的家庭定义为遭受外部冲击家庭。表9.10中的描述性统计结果显示,遭受自然灾害样本中贫困脆弱家庭的占比为9.87%,未遭受自然灾害样本中贫困脆弱家庭的占比为6.68%;遭受人为灾害样本中贫困脆弱家庭的占比为9.96%,未遭受人为灾害样本中贫困脆弱家庭的占比为6.77%;遭受重大疾病样本中贫困脆弱家庭的占比为6.92%,未遭受重大疾病样本中贫困脆弱家庭的占比为6.81%;遭受破产样本贫困脆弱家庭的占比为9.47%,未遭受破产样本中贫困脆弱家庭的占比为6.78%;遭受外部冲击样本中贫困脆弱家庭的占比为7.96%,未遭受外部冲击样本中贫困脆弱家庭的占比为6.64%。

表9.10　家庭外部冲击异质性

	遭受自然灾害	未遭受自然灾害
贫困脆弱	9.87%	6.68%
家庭数	901	19 393

	遭受人为灾害	未遭受人为灾害
贫困脆弱	9.96%	6.77%
家庭数	301	20 539

	遭受重大疾病	未遭受重大疾病
贫困脆弱	6.92%	6.81%
家庭数	1 734	19 106

	遭受破产	未遭受破产
贫困脆弱	9.47%	6.78%
家庭数	285	20 555

	遭受(外部)冲击	未遭受(外部)冲击
贫困脆弱	7.96%	6.64%
家庭数	2 938	17 902

资料来源:同表9.1。

9.3-3　地区特征

第一,城市规模越大,家庭贫困脆弱性越小。市场的发达程度是影响经济增长的重要因素,而资本、劳动力、信息等生产要素更多集中于市场较为发达区域,直接导致弱势地区的市场活力无法充分发挥,是经济增长的主要瓶颈。经济活动聚集能够促进区域经济增长,增强居民的收入水平,提高其抵抗风险的能力。同时,相对于一线城市,二线城市及三线城市金融资源较为匮乏,居民获得金融资源的成本较高,且受到信贷约束的可能性较高(尹志超等,2019),导致居民物质生活水平较低,抵抗风险能力较为薄弱。因此,城市规模越大的地区,居民未来返贫的概率越小。表 9.11 中的描述性统计结果显示,一线城市的贫困脆弱家庭占比为 2.11%,二线城市的贫困脆弱家庭占比为 4.08%,三线城市的贫困脆弱家庭占比为 9.54%。

表 9.11 城市规模异质性

	一线城市	二线城市	三线及以下城市
贫困脆弱	2.11%	4.08%	9.54%
家庭数	5 494	2 912	12 434

资料来源:同表 9.1。

第二,农村地区的贫困脆弱家庭多于城镇地区。中国是典型的城乡二元结构国家,且一直以来,农村经济发展较为缓慢,农村居民受教育程度、收入水平、消费水平及防范风险的能力都较低,在健康风险、收入风险等背景风险的冲击下农村居民未来陷入贫困的概率更大。因此,如何全面提升农村居民收入,保证其不再返贫,也是推动共同富裕、建设社会主义现代化国家的内在要求。表 9.12 中的描述性统计结果显示,城镇的贫困脆弱家庭占比为 2.96%,而农村的贫困脆弱家庭占比却达到 12.99%,相差四倍左右。

表 9.12 城乡异质性

	城镇	农村
贫困脆弱	2.96%	12.99%
家庭数	12 820	8 020

资料来源:同表 9.1。

第三,中西部地区的贫困脆弱家庭多于东部地区。中国一直以来就面临着区域金融发展不平衡问题,相较于东中部地区,西部地区金融发展水平较低,居民获得金融资源的成本较高(尹志超等,2019),导致西部地区的生产经营活动水平较低,从而制约了西部地区经济的发展。此外,受到地理位置的制约,西部地区的交通基础设施、对外贸易条件等均劣于东中部地区,西部地区居民面临较高的贸易成本是其消费水平较低、经济发展较慢的主要原因,其居民收入水平整体低于东中部地区。因此,西部地区居民未来陷入贫困的概率是最大的。表 9.13 中的描述性统计结果显示,东部地区的贫困脆弱家庭占比为 5.00%,中部地区的贫困脆弱家庭占比为 8.35%,西部地区的贫困脆弱家庭占比为 8.44%。

表 9.13　区域异质性

	东部	中部	西部
贫困脆弱性	5.00%	8.35%	8.44%
样本数	9 629	3 611	7 600

资料来源:同表 9.1。

9.4　返贫风险的防范

前文分析了不同户主特征、家庭特征、地区特征家庭贫困脆弱性的基本状况。接下来,本节将从数字普惠金融及电子商务角度,使用分组描述性统计的方式探寻防止居民返贫的方式。

第一,数字金融参与能够降低家庭贫困脆弱性。数字金融有效扩大了传统金融的服务范围,进一步拓宽了金融服务的边界,为家庭从事经济活动提供了可能,提高了居民收入、消费水平,并促进了经济的增长。数字金融包含数字支付、数字信贷、数字保险、数字投资、数字信用等多个方面。因此,本章基于 2021 年 CHFIS 数据,将使用移动支付、参与数字信贷或参与数字理财的家庭定义为参与数字金融家庭,否则为未参与数字金融家庭。表 9.14 中的描述性统计结果显示,参与数字金融样本中贫困脆弱家庭的占比为 3.92%,未参与数字金融样本中贫困脆弱家庭的占比为 13.63%,从而得出参与数字金融能够降低居民贫困脆弱性的结论。

表 9.14　数字金融与贫困脆弱性

	未参与数字金融	参与数字金融
贫困脆弱	13.63%	3.92%
家庭数	6 227	14 613

资料来源:同表 9.1。

第二,普惠金融能够降低家庭贫困脆弱性。普惠金融是中国当下金融改革的重要举措。不同于传统金融发展过度强调金融服务的深度,普惠金融重点关注金融服务的广度和外延,旨在以可负担的成本为有金融服务需求的社会各阶层和群体提供适当、有效的金融服务。普惠金融的发展能为弱势群体雪中送炭,从而可能降低居民的贫困脆弱性。借鉴尹志超和张栋浩(2020)的做法,结合 2021 年 CHFIS 数据,本章使用因子分析法,以家庭拥有银行账户、获得正规信贷、拥有商业保险、使用数字金融服务及持有信用卡等五方面为基础构建家庭普惠金融指数,并根据家庭普惠金融指数的均值将样本分为低普惠金融家庭和高普惠金融家庭。表 9.15 中的描述性统计结果显示,高普惠金融样本中贫困脆弱家庭的占比为 3.86%,低普惠金融样本中贫困脆弱家庭的占比为 13.48%,从而得出普惠金融能够降低居民贫困脆弱性的结论。

表 9.15　普惠金融与贫困脆弱性

	低普惠金融	高普惠金融
贫困脆弱	13.48%	3.86%
家庭数	6 450	14 390

资料来源:同表 9.1。

第三,电子商务能够降低家庭贫困脆弱性。电子商务是数字经济的重要组成部分。从对家庭的影响来看,一方面,电子商务丰富了居民销售物品的渠道,降低了商品交易运输及成本,提高了农产品竞争力,增大了商务活动效益,弱化了流行病暴发对农民生产的影响,促进居民持续增收;另一方面,电子商务发展改善了就业结构,提高了非农工资性收入,提高了居民应对风险的能力。因此,电子商务可能能够降低居民贫困脆弱性。从类别上看,电子商务可以简单分为网络购物、网购销售及相应的配套服务。限于数据的可得性,本章使用家庭是否参与网络购物来判断家庭是否参与电子商务。表 9.16 中的描述性统计结果显示,参与电子商务的样本中贫困脆弱家庭的占比为 3.10%,未参与电子商务的样本中贫困脆弱家庭的占比为 11.36%,从而得出电子商务能够降低居民贫困脆弱性的结论。

表 9.16　电子商务与贫困脆弱性

	未参与电商	参与电商
贫困脆弱	11.36%	3.10%
家庭数	11 449	9 391

资料来源:同表 9.1。

9.5　小结

本章基于 2011—2021 年 CHFIS 数据,使用 VEP 的方式测度出中国家庭面临的贫困脆弱性,分析了 2011—2021 年中国家庭贫困脆弱性的变化,探讨了不同工作类型、不同受教育程度、不同年龄等户主特征,不同收入水平、不同财富水平、不同社会网络、不同保险参与程度等家庭特征及不同区域特征家庭贫困脆弱性的差异,并从数字金融、普惠金融及电子商务角度分析了减小贫困脆弱性的方式。具体有如下结论:

第一,中国家庭的贫困脆弱性整体呈下降趋势。本章的描述性统计结果表明,2011 年以来,中国家庭贫困脆弱性整体呈下降趋势,尤其是在 2015 年精准扶贫政策在全国范围内开展以来,贫困脆弱的家庭在大幅减少,到 2019 年中国处于贫困脆弱的家庭仅为 3.73%。

第二,新冠疫情等冲击使得家庭贫困脆弱性加大。受到新冠疫情等外在因素冲击,2021 年中国贫困脆弱家庭再次增多,脱贫攻坚成果受到极大挑战。

第三,中国家庭贫困脆弱性存在户主工作性质、受教育水平、年龄方面的异质性。从户主工作性质看,户主在体制外工作的家庭的贫困脆弱性远高于户主在体制内工作的家庭;从户主受教育水平看,户主受教育水平较高的家庭的贫困脆弱性远低于户主受教育水平较低的家庭；从户主年龄看，老年家庭贫困脆弱性最高，中年家庭次之，青年家庭贫困脆弱性最低。

第四，中国家庭贫困脆弱性存在家庭收入水平、财富水平、社会网络、商业保险参与方面的异质性。从家庭收入水平来看，随着收入水平的提高，家庭贫困脆弱性降低；从家庭财富水平来看，随着财富水平的提高，家庭贫困脆弱性降低；从社会网络水平来看，低社会网络家庭的贫困脆弱程度远高于中高社会网络家庭；从社会养老保险参与率来看，社会养老保险高参与率家庭的贫困脆弱性低于社会养老保险低参与率家庭；从社会医疗保险参与率来看，社会医疗保险高参与率家庭的贫困脆弱性低于社会医疗保险低参与率家庭；从商业保险参与情况来看，参与商业保险家庭的贫困脆弱性低于未参与商业保险的家庭；从外生冲击角度来看，遭受外生冲击家庭的贫困脆弱性大于未遭受外生冲击家庭。

第五，家庭贫困脆弱性存在地区异质性。从城市规模来看，三线及以下城市的家庭的贫困脆弱性最高，二线城市家庭其次，一线城市家庭贫困脆弱性最低；从城乡差异来看，农村家庭的贫困脆弱性远高于城镇家庭；从东中西部地区来看，西部家庭的贫困脆弱性最高，中部家庭次之，东部家庭的贫困脆弱性最低。

第六，数字普惠金融和电子商务能够防范返贫风险。从数字金融角度看，参与数字金融家庭的贫困脆弱性低于未参与数字金融家庭；从普惠金融角度看，参与普惠金融家庭的贫困脆弱性低于未参与普惠金融家庭；从电子商务使用角度看，使用电子商务家庭的贫困脆弱性低于未使用电子商务家庭。

破产风险

10.1　个人破产制度背景

　　个人破产制度发端于古罗马时期的《十二铜表法》，在中世纪时的意大利和英国得到较为广泛的发展。至19世纪，法国、美国等国家也逐步建立了破产制度，美国在20世纪70年代将消费者破产纳入其破产制度之中。随着时间的推移，个人破产法逐渐成为许多国家现代破产法不可分离的一部分。1986年，中国发布了首个破产法律《中华人民共和国企业破产法（试行）》，该法律仅适用于全民制企业。虽然该法的适用范围之后逐步扩大到一切法人和非法人企业，但中国一直未设立自然人破产制度。2020年，深圳经济特区率先对个人破产制度进行了尝试，深圳市第六届人民代表大会常务委员会第四十四次会议通过了中国首部个人破产法规——《深圳经济特区个人破产条例》。①虽然不同国家的破产制度和程序不尽相同，但其宗旨均是为了给予

①　《深圳经济特区个人破产条例》明年3月起实施》，人民网2020年9月2日，http://sz.people.com.cn/n2/2020/0902/c202846-34266215.html。

诚信的债务人实现经济再生的机会。关于破产申请的条件,各国主要考虑债务人的总资产、总债务、到期债务、收入等状况。本节就英美法系和大陆法系的几个代表国家的个人破产制度进行简要介绍,并以此为参考确定中国家庭破产风险的度量方式。

10.1-1　英美法系国家

(1)英国个人破产制度。

英国破产法最早起源于 1542 年,早期破产立法侧重于对债务人的欺诈、逃债等恶劣行为进行打击与惩处,为债权人提供一种集体受偿的机制。并且,早期的英国破产法仅适用于商人。到了 18 世纪,英国《1705 年破产法》引入了破产免责制度,但该法的目的依然是保护债权人,甚至引入死刑来制裁有欺诈行为的破产人。直到 1861 年,英国才颁布新的破产法,规定所有无力偿债者都可以申请破产,不再对商人与非商人进行区分,该法律称为《1861 年破产法》。《1869 年债务人法》进一步废除了对债务人的监禁制度。此后英国不断对破产法进行修改和完善,整合为《1914 年破产法》。

1986 年后,英国为进一步保护破产人的利益,将免除债务期限从 3 年缩短为最长 12 个月。根据《1986 年破产法》及后续立法修改(《2016 年英格兰和威尔士破产规则》第十章),当债务人不能清偿到期债务时,债务人本人或债权人都可以申请破产。其中,债务人可以根据自身的资产和负债状况直接向法院提交申请,提供个人收入、支出和债务的相关信息并说明破产原因。

英国的个人破产制度包括三项主要程序:破产清算、债务纾缓程序(debt relief order,DRO)以及个人自愿安排程序(individual voluntary arrangement,IVA)。根据英国破产署(Insolvency Service)官方公布数据,2022 年英格兰和威尔士的个人破产总数量约为 11.9 万起。其中,最常见的个人自愿安排程序约占个案总数的 74%,其次是债务纾缓程序,约占个案总数的 20.4%,最后是破产清算,占比约为 5.6%。①

---

① 数据来源:https://www.gov.uk/government/statistics/individual-insolvency-statistics-october-to-december-2022/。

（2）美国个人破产制度。

个人破产制度在美国发展较早，是其法律法规体系的重要部分。美国的个人破产数量远高于企业破产数量，根据美国法院行政管理局（Administrative Office of the U.S. Courts）官方发布的数据，2022 年度美国商业和非商业破产申请数量分别约为 1.3 万起和 37.4 万起[1]，非商业类型的破产申请占据了极高的比例。

1800 年，美国国会颁布了第一部有关破产的联邦法律，称为《1800 年破产法》。该法律的颁布是为了解决因经济危机而导致的大批商人资不抵债的问题，它仅适用于商人并且在三年后被废除。后美国国会为应对 1837 年金融恐慌引起的经济危机以及大量个人资不抵债的情况，通过了《1841 年破产法》，但它仅存活了 18 个月。1857 年大恐慌和美国内战后以及 1893 年经济大恐慌后，美国又陆续制定和通过了《1867 年破产法》和《1898 年破产法》。可见，美国个人破产制度的建立与修改同国家经历的经济危机密切相关，个人破产制度在一定程度上治愈了经济危机并恢复了美国的经济（冯彦明、侯洁星，2020）。

然而，在消费信贷产生以后，新一轮危机开始出现。1978 年《破产改革法》就是为解决大量无力偿贷消费者的问题而实行的自然人破产制度。《破产改革法》第七章和第十三章给个人申请破产提供了直接清算和制定偿还计划两种路径，对应面临不同财务境况的公民。这两章破产申请的主要区别在于申请人是否可以对自己的财产保持持有。该法在申请人的具体条件设定中主要考虑了债务人的收入和负债状况。根据美国法院行政管理局发布的官方数据，在 2022 年约 37.4 万起非商业破产申请中，第七章破产申请占比为 58.2%，第十三章破产申请占比为 41.7%，第十一章破产申请的程序较为复杂，更适用于企业破产，因而占比仅为 1.2%。[2]

美国破产制度的三大程序——清算、重整、自然人还款计划——都适用于个人破产。为了更好地平衡帮助债务人走出困境与维护债权人权益，美国联邦政府多次尝试修改破产法案。2005 年通过的《防止破产滥用及消费

---

[1][2] 数据来源：https://www.uscourts.gov/statistics-reports/analysis-reports/bankruptcy-filings-statistics。

者保护法》修正案是联邦政府一次重要的大幅修改。该保护法为遏制个人破产的滥用,在破产法中加入信用制度,如规定将个人破产记录在信用报告中留存七年(第十三章)或十年(第七章)等。背负破产信息的破产者将在消费、就业、创业、获取银行贷款等方面受限。这使得破产者在获得债务豁免的同时必须付出高昂的代价,从而遏制个人破产滥用。[1]

10.1-2　大陆法系国家

（1）德国个人破产制度。

《德国破产法》于 1999 年正式引入了个人破产程序,是债务人以接受财产管理为代价在经济上浴火重生的过程。该制度既向债权人提供了平等受偿的机会,维护了债权人利益,又给予了债务人重整旗鼓的机会。自 2014 年 7 月起,《德国破产法》对个人破产及免除债务程序方面做了较大修改。[2]

《德国破产法》第九章“消费者破产程序”规定,该程序只适用于没有从事独立经济活动、曾经从事独立经济活动但财产关系清晰且不存在劳动债权、不曾从事独立经济活动的三类自然人。此外,法律规定,债务人申请破产的原因有两种:支付不能和未来支付不能。支付不能的判别标准是“当债务人无法履行其到期债务或自然人停止支付债务”,未来支付不能的判别标准是“预期债务人在到期时无法履行现有的给付义务”。可见,债务人只有在出现失去支付能力或者即将出现资不抵债时才能申请破产。

《德国破产法》规定债权人和债务人申请启动个人破产适用不同的程序。债务人申请破产程序包含法庭外清偿和解、法庭内债务清理调解和简易破产程序。如果债务人与债权人在经过庭外和解与庭内调解后仍然无法达成和解协议,就要启动破产程序,申请债务免除,且在申请通过后六年内不能完全免除债务。债务人会受到严格的行为约束,大部分的收入也将转

---

[1] 王文:《美国:信用制度遏制个人破产滥用》,《中国改革报》2019 年 8 月 30 日,http://www.cfgw.net.cn/epaper/content/201908/30/content_18015.htm。

[2] 朱晟:《德国:个人破产制度 程序严格保障完善》,《经济参考报》2019 年 8 月 16 日,http://dz.jjckb.cn/www/pages/webpage2009/html/2019-08/16/content_56399.htm。

入托管人名下,再由托管人分配给各债权人。①

(2)日本个人破产制度。

日本近现代的破产法律制度起源于 1890 年以《法国商法典》为蓝本的旧《日本商法典》"破产编"。日本破产清算程序的一般法在 1922 年诞生,是一部以《德国破产法》为蓝本的《日本破产法》。到了第二次世界大战后,日本的破产法不可避免地受到美国的影响,在 1952 年对旧《日本破产法》进行了修改,考虑到债务人破产后的生活,引入了免责制度。

为了适应经济结构的变化,日本在 1999 年制定《民事再生法》,作为重整程序的一般法;在 2002 年制定现行《公司更生法》,作为重整程序的特别法;在 2004 年制定现行《日本破产法》,作为破产清算程序的一般法;在 2005 年制定《公司法》并规定特别清算程序,作为破产清算程序的特别法。现行的日本破产法律体系包含破产清算、公司整理、公司更生和民事再生四个部分。

日本的破产法同时适用于个人以及法人与公司。考虑到个人债务人的特殊性,《日本破产法》设有若干特别规定,如破产清算程序开始的申请与裁定、同时破产清算程序终止、自由财产等。日本的个人破产制度包括任意债务整理、民事重整、个人破产三个步骤。现行的《民事再生法》第十三章"小规模个人再生程序与薪资所得再生程序"规定任何人均可进行申请。当债务人无法利用现有资产与收入偿付债务时,可依法向法院申请个人破产,启动个人破产程序。债务人所有的财产在经法院裁判后将被托管、拍卖变现,并按照债权份额进行分配、清算。

10.1-3　中国的探索

中国香港地区的法律制度的宪制框架来自《中华人民共和国香港特别行政区基本法》,该法律自 1997 年 7 月 1 日起施行。②根据"一国两制"基本方针,香港的法律制度有别于内地,以普通法辅以成文法为基础。其中,成文

---

① 李戈、林洋:《大陆法系的个人破产制度》,《人民法院报》2019 年 9 月 13 日,http://rmfyb.chinacourt.org/paper/html/2019-09/13/content_160030.htm?div=-1。

② 参见中国人大网,http://www.npc.gov.cn/npc/c2597/c1775/c1789/。

法即为香港现存的成文法法例编汇——《香港法例》。中国香港地区在1932年借鉴英国破产法,颁布并实施了《破产条例》,将个人破产制度纳入《香港法例》。条例规定,破产申请可以由债务人或债权人提出。关于债务人破产申请,债务人需要符合至少两项条件:第一是以香港为其居籍;第二是在呈请之日身居香港;第三是在呈请之日前三年的任何时间居住在香港、在香港有居住地方或在香港经营业务。①第一项是必要条件,第二、三项符合其一即可。另外,只要债务人符合无能力偿还债务,无论其数额多少都可以提出破产申请。关于债权人破产申请,需要满足其未获清偿的债权为1万港币以上,才可提出破产呈请。②根据香港破产管理署公布的官方数据,2022年香港个人破产申请数量为6 920宗。③

纵观美国、英国、德国、日本、中国香港等英美法系与大陆法系的国家和地区实行的个人破产制度,个人破产制度的宗旨就是给诚实却不幸的债务人东山再起的机会,同时,还要防止给恶意欠款人可乘之机。良好的破产制度能够平衡债权人和债务人的权益,对两者来说都是更加公平且十分有益的。

关于个人破产制度,虽然中国现阶段尚未出台全国范围内统一实行的个人破产法,但在深圳经济特区已经存在个人破产制度的"试点"。自2021年3月1日起,《深圳经济特区个人破产条例》正式施行。该条例的总则中指明了其目的和意义为:规范个人破产程序,合理调整债务人、债权人以及其他利害关系人的权利义务关系,促进诚信债务人经济再生,完善社会主义市场经济体制。④

《深圳经济特区个人破产条例》与其他国家和地区的破产法相类似,规定破产申请可以分别由债务人和债权人提出。关于债务人破产申请,债务人需要满足在深圳经济特区居住,并且参加深圳社会保险连续满三年的条件,当其因生产经营、生活消费导致丧失清偿债务能力或者资产不足以清

---

① 详见《香港法例》第6章《破产条例》第四条。
② 详见《香港法例》第6章《破产条例》第六条。
③ 数据来源:https://www.oro.gov.hk/sc/statistics/compulsory_winding_up_and_bankruptcy/stat.php。
④ 详见《深圳经济特区个人破产条例》第一条。

偿全部债务时,可以进行破产清算、重整或者和解。①而债权人破产申请是指由拥有债权的一方来提出对债务人进行破产清算。该条例规定,当债务人不能清偿到期债务时,单独或者共同对债务人持有 50 万元以上到期债权的债权人,可以向人民法院提出破产申请,申请对债务人进行破产清算。②

本章试图对中国家庭面临的破产风险进行度量,但由于中国尚未实行统一的个人破产法律,在本章使用的数据中无法观测到中国家庭的破产申请情况,也无法获得真实发生破产的家庭数量。因此,本章综合考虑了《深圳经济特区个人破产条例》和 CHFIS 的数据可得性,参考《深圳经济特区个人破产条例》中债务人破产申请条件所包含的"资产不足以清偿全部债务"的内涵,将一个家庭出现资不抵债状况视为该家庭存在面临破产的风险。本章试图通过比较家庭总资产与总负债的大小关系,考察总资产是否能够覆盖总债务,并以此为指标度量中国家庭的破产风险。尽管本章定义下存在破产风险的家庭目前还没有真实地发生破产,但根据其总资产和总负债呈现出的较为恶劣的财务状况,可以判定这些家庭面临着比其他家庭更高的经济风险,有更大的随时面临破产的可能性。

在理解消费者申请破产这一决策时,学者们主要关注两种理论,分别为逆向事件理论(Himmelstein et al.,2005)和战略性时间选择理论(Fay et al.,2002;Gross and Souleles,2002)。逆向事件理论认为,个人破产在很大程度上是由离婚、疾病和失业等不利事件引发的。它给出了一个前提假设,设定导致申请破产的原因主要是消费者遭遇了离婚、疾病和失业等负面事件以及随之而来的金融和财务困境。战略性时间选择理论则假定一个理性预期消费者在其成本和收益决策中加入破产选择,充分利用其可得信息,选择最优的破产申请时间。

在相关理论研究的基础上,学者们开始进一步探究个人破产申请的原因。由于部分国家个人破产申请的信息是可以获得的,大量国外文献基于相关数据对个人破产的影响因素展开了广泛研究。研究发现,年龄

---

① 详见《深圳经济特区个人破产条例》第二条和第八条。
② 详见《深圳经济特区个人破产条例》第九条。

(Golmant and Woods，2010)、性别（Agarwal et al.，2018)、受教育程度（Cole et al.，2014；Livshits et al.，2016)、种族（Xiao and Yao，2014)等人口统计学特征均会对个人破产申请产生影响。研究还发现，自付医疗费用（Gross and Notowidigdo，2011)以及住房和汽车等耐用消费品支出（Zhu，2011)对个人破产申请也有显著影响。此外，债务是导致个人破产的重要因素。Domowitz 和 Sartain(1999)研究认为，信用卡负债和医疗负债是导致破产的最强的两个因素。抵押贷款、车辆贷款和教育贷款（Thompson and Bricker，2014)也被发现与申请破产有关。关注宏观层面政策和制度的现有研究发现，放松银行监管和信贷供应会引起个人破产率上升（Dick and Lehnert，2010)。此外，由于申请破产需要支付相关法律和行政费用，这在一定程度上会暂时限制缺乏流动性的家庭宣布破产，因而，退税会造成破产申请短期内显著增加（Gross et al.，2014)。同时，还有学者认为个人破产制度仍然存在一定局限性。Porter 和 Thorne(2006)研究发现，在申请破产一年后，债务人的财务状况仍然较差，并且难以实现经济复苏。本章基于 CHFIS 数据，参考已有文献，分别考察地区、户主和家庭三方面特征与中国家庭破产风险的关系及其对家庭破产风险的影响。

10.2 中国家庭破产风险的度量

10.2-1 中国家庭资产

（1）家庭总资产。

在 CHFIS 数据中，家庭总资产包括非金融资产和金融资产。其中，家庭非金融资产包括农业及工商业等生产经营资产、房产与土地资产、车辆、家庭耐用品等资产。家庭金融资产包括活期与定期存款、股票、债券、基金、衍生品、理财产品、黄金、借出款等（李凤等，2016)。表 10.1 给出了 2021 年全国及分城乡样本家庭的总资产情况。可以看出，中国家庭的总资产均值约为 124.29 万元。分城乡来看，城镇家庭和农村家庭的平均总资产分别约为 171.66 和 51.77 万元，农村家庭的平均总资产远低于城镇家庭，并且城镇家庭资产总量占全样本资产总量的比重高达 83.54%，可以看出城乡家庭总资产水平存在明显差距。此外,从家庭总资产的中位数来看,全国家庭总资产的中位数仅为 37.82 万元,不到均值水平 124.29 万元的三分之一。分城乡来看,城镇家庭和农村家庭总资产的中位数也大幅低于均值。可见,中国家庭总资产存在较为明显的分布不均现象。

表 10.1   中国家庭总资产情况

	全国		城镇		农村	
	均值	中位数	均值	中位数	均值	中位数
总资产(万元)	124.29	37.82	171.66	60.79	51.77	20.14
样本量(个)	22 027		13 324		8 703	

资料来源:根据 2021 年 CHFIS 数据计算。

(2)家庭总资产变化趋势。

图 10.1 展示了中国家庭总资产的变化趋势,可以看出,中国家庭总资产呈现逐年上升的趋势。平均家庭总资产从 2011 年的约 61.65 万元增长至 2021 年超过 124 万元,在十年内发生了翻倍的增长,增长速度较快。然而,从家庭总资产的中位数来看,虽然其也随时间推移发生了一定增长,但其增长速度远小于家庭总资产均值的增长速度。此外,中国家庭总资产均值和中位数之间的差距随时间推移有所扩大。尤其是,受新冠疫情等因素冲击

图 10.1   中国家庭总资产变化趋势

资料来源:根据 2011—2021 年 CHFIS 数据计算。

后,2021 年中国家庭总资产均值仍保持上升的同时,家庭总资产中位数却出现了下降。这表明,受这些因素的影响,尽管全国家庭的平均总资产水平仍在上升,但总资产较低的家庭比例却呈现不减反增的变化趋势,这可能进一步拉大中国家庭的贫富差距。

10.2-2　中国家庭负债

(1)家庭总负债。

在 CHFIS 数据中,家庭总负债包括农业及工商业借款、房屋借款、汽车借款、金融投资借款、信用卡借款、教育借款、医疗借款以及其他借款等(甘犁等,2013)。表 10.2 给出了 2021 年全国及分城乡样本家庭的总负债情况。可以看出,中国家庭的平均负债水平约为 6.60 万元,有债务家庭所占比例约为 28%。分城乡来看,城镇家庭的平均总负债水平较高,约为 8.69 万元,约为农村家庭总负债的 2.6 倍。从有债务家庭的占比来看,农村家庭和城镇家庭有债务的比例分别为 32% 和 26%,农村样本中有债务的家庭占比却明显高于城镇样本。

表 10.2　中国家庭总负债

	全国		城镇		农村	
	均值 (万元)	有债家庭 占比	均值 (万元)	有债家庭 占比	均值 (万元)	有债家庭 占比
总负债	6.60	0.28	8.69	0.26	3.40	0.32
样本量(个)	22 027		13 324		8 703	

资料来源:根据 2021 年 CHFIS 数据计算。

(2)家庭总负债变化趋势。

图 10.2 展示了近十年中国家庭总负债的变化趋势。从图中可以看出,中国家庭总体债务水平呈逐年上升趋势。家庭总负债自 2011 年至 2017 年发生了较为快速的增长,由约 3 万元增长至约 6 万元,六年内发生了翻倍的增长。在 2017 年后,中国家庭的总负债水平依然保持持续增长的发展趋势,直至 2021 年家庭总负债水平达到约 6.6 万元。

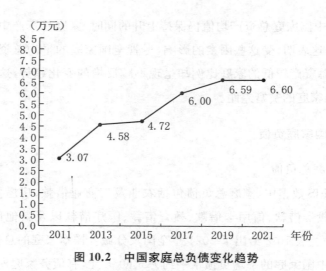

图 10.2　中国家庭总负债变化趋势

资料来源：根据 2011—2021 年 CHFIS 数据计算。

10.2-3　中国家庭破产风险

本章结合《深圳经济特区个人破产条例》中债务人破产申请条件和国际上个人破产的相关法律及破产申请条例进行家庭破产风险的初步定义。如前所述，本章将总资产无法覆盖总债务的家庭定义为可能面临破产的家庭，即当一个家庭当前财务状况出现资不抵债的情况，就认为该家庭存在破产风险。本章根据 CHFIS 数据，计算出每个家庭的总资产和总负债，将总资产小于总负债的家庭定义为存在破产风险，赋值为 1，否则为 0。由此定义得到的破产风险变量的均值，其含义即为中国有破产风险家庭的比例。

表 10.3 为中国家庭面临破产风险的情况。可以看出，2011 年中国有破产风险家庭的比例为 1.23％，到 2019 年有破产风险家庭的比例为 2.37％，总体呈上升趋势。在经历了全球范围的新冠疫情冲击后，2021 年中国有破产风险家庭的比例高出 2019 年 0.9 个百分点，大幅上升至 3.24％，上升幅度约为 2019 年有破产风险家庭比例的三分之一。可见，新冠疫情使得更多家庭处于未来可能面临破产的风险之中。此外，与 2011 年相比，2021 年有破产风险的家庭占比显著提高了 2 个百分点，约为 2011 年的 2.63 倍。可见，中国家庭面临资不抵债的破产风险问题逐渐凸显。

表 10.3　有破产风险家庭的比例

	2011 年	2013 年	2015 年	2017 年	2019 年	2021 年
有破产风险家庭	0.012 3	0.018 3	0.020 8	0.031 7	0.023 7	0.032 4

资料来源：根据 2011—2021 年 CHFIS 数据计算，由于该比例数值较小，故保留四位小数。

10.3　中国家庭破产风险的特征

10.3-1　破产风险的变化趋势

如前所述，中国有破产风险的家庭比例总体呈上升趋势。我们将表 10.3 绘成图形，以呈现中国家庭破产风险近十年来的变化趋势（见图 10.3）。随着时间的推移，中国可能发生破产家庭的比例存在轻微波动，但总体呈增长趋势。2011 年，中国有破产风险的家庭比例约为 0.012，此后，这一比例逐年增长，在 2017 年达到较高的水平后，又在 2019 年回归至 0.02 附近，即全国约有 2% 的家庭存在破产风险。然而，在新冠疫情发生后的 2021 年，有破产风险家庭的比例再次大幅上升至超过 3%，相比于 2019 年显著增加了 0.87 个百分点，相比于此前的 2017 年也有所增加，达到了近十年来的最高水平。这一结果表明，随着中国经济社会的发展，家庭部门面临破产风险的情况发

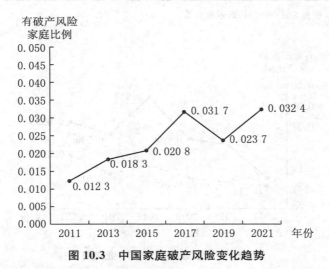

图 10.3　中国家庭破产风险变化趋势

资料来源：根据 2011—2021 年 CHFIS 数据计算。

生着变化,财务状况陷入资不抵债的家庭占比总体呈上升趋势,存在破产风险的家庭比例有所增加。尤其是,在全球新冠疫情暴发后,家庭成员的工作、生活和生产经营都受到了严重冲击,家庭的财务状况发生恶化,有破产风险的家庭比例显著提高。

10.3-2　地区特征与破产风险

农村地区有破产风险家庭的比例显著高于城镇地区。表 10.4 反映了城乡家庭破产风险情况,可以看出,城镇和农村有破产风险家庭的比例分别为 0.026 和 0.042,农村有破产风险家庭的比例明显更高。此外,图 10.4 展示了近十年城乡家庭破产风险的趋势图,其同样反映了近十年内农村有破产风险家庭的比例一直显著高于城镇家庭,尤其是 2017 年,农村家庭有破产风险的比例约为城镇家庭的 2.6 倍。从总体趋势来看,城乡家庭间破产风险的差异从 2011 年到 2017 年不断扩大,但在 2017 年后逐渐缩小。特别是在受

表 10.4　有破产风险家庭的比例:按照城乡分组

	城镇	农村
均值	0.026	0.042
样本量	13 324	8 703

资料来源:根据 2021 年 CHFIS 数据计算。

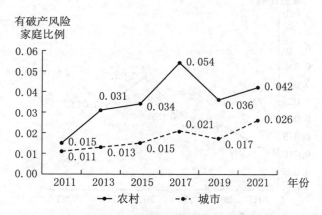

图 10.4　城乡家庭破产风险变化趋势

资料来源:根据 2011—2021 年 CHFIS 数据计算。

到新冠疫情冲击后,城镇有破产风险家庭比例从 2019 年的 0.017 显著增加
至 2021 年的 0.026,增幅为 52.9%。同时,城乡家庭间破产风险的差异也进
一步缩小。这表明,新冠疫情对中国家庭财务状况的冲击在城乡之间似乎
是无差别的,甚至城镇地区有破产风险家庭的比例在受新冠疫情冲击后上
升更多。但是整体来看,农村有破产风险家庭的比例仍然更高。

　　中西部地区有破产风险家庭的比例显著高于东部地区家庭。表 10.5 反
映了东中西部地区家庭面临破产风险的情况,可以看出,东部、中部和西部
地区有破产风险家庭的比例分别为 0.022、0.033 和 0.043,依次递增。进一
步地,图 10.5 展示了东中西部地区家庭破产风险的变化情况。由图可知,从
2011 年至 2019 年,东部地区家庭面临破产风险的比例变化幅度较小,总体
呈上升趋势。中部和西部地区有破产风险家庭的比例有所波动。对比 2019
年和 2021 年数据可以发现,受新冠疫情等因素影响,西部地区有破产风险
家庭的比例大幅增加,有破产风险家庭比例的上升幅度显著高于中部和东
部地区。总体而言,在经济相对落后的中西部地区有破产风险家庭的比例
更高,波动更大,增长速度更快。

表 10.5　有破产风险家庭的比例:按照东中西部地区分组

	东部	中部	西部
均值	0.022	0.033	0.043
样本量	8 722	5 183	8 122

资料来源:根据 2021 年 CHFIS 数据计算。

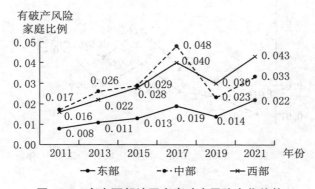

图 10.5　东中西部地区家庭破产风险变化趋势

资料来源:根据 2011—2021 年 CHFIS 数据计算。

南北方有破产风险家庭的比例的差距呈现逐渐缩小趋势。表 10.6 反映了 2021 年南方和北方家庭面临破产风险的情况,可以看出,南方和北方有破产风险家庭的比例分别为 0.034 和 0.031,南方存在破产风险的家庭比例略高于北方。图 10.6 展示了近十年南北方家庭破产风险的变化趋势。可以看出,从 2011 年至 2019 年,北方有破产风险的家庭比例明显高于南方,并且南北方家庭破产风险之间的差距在 2017 年之前呈现逐年扩大的趋势,又在 2019 年略微缩小。然而,受新冠疫情冲击后,2021 年南方有破产风险家庭的比例的增加幅度远大于北方,以致南北方有破产风险的家庭比例的差异明显缩小。可见,虽然在 2011—2021 年间,北方有破产风险家庭的比例更高,但南方家庭受新冠疫情影响更大,家庭财务状况发生明显变化,出现资不抵债状况的家庭比例陡增。

表 10.6　有破产风险家庭的比例:按照南北方分组

	南方	北方
均值	0.034	0.031
样本量	11 128	10 899

资料来源:根据 2021 年 CHFIS 数据计算。

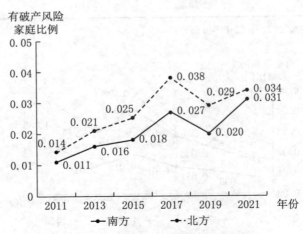

图 10.6　南北方家庭破产风险变化趋势

资料来源:根据 2011—2021 年 CHFIS 数据计算。

10.3-3　户主特征与破产风险

中年家庭有破产风险的比例最高,老年家庭有破产风险的比例最低。表10.7展现了户主年龄与家庭破产风险的关系。本章将户主年龄为45岁以下、户主年龄为45—60岁和户主年龄在60岁以上的家庭分别定义为青年、中年和老年家庭。可以发现,青年、中年和老年家庭有破产风险的比例分别为0.040、0.042和0.020。此外,图10.7展示了不同户主年龄组家庭有破产风险的比例随时间变化的趋势。总体来看,中年家庭和青年家庭有破产风险的比例均随时间不断升高,老年家庭中存在破产风险的比例相对稳定。同时,中青年家庭有破产风险的比例显著高于老年家庭。并且在新冠疫情发生后的2021年,中青年家庭有破产风险比例的增长速度也大于老年家庭。在2015年之前,不同年龄组家庭之间差距较小,而随着时间的推移,差

表 10.7　家庭有破产风险的比例:按照户主年龄分组

	青年家庭	中年家庭	老年家庭
均值	0.040	0.042	0.020
样本量	4 138	8 804	9 085

资料来源:根据 2021 年 CHFIS 数据计算。

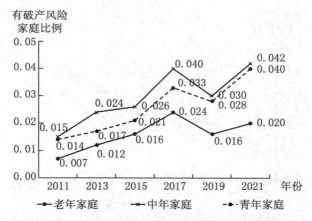

图 10.7　青年、中年和老年家庭破产风险变化趋势

资料来源:根据 2011—2021 年 CHFIS 数据计算。

距逐渐扩大,尤其是受新冠疫情冲击后,中青年家庭有破产风险的比例与老年家庭的差距进一步扩大,反映出中青年家庭在流行病的暴发中面临更明显的财务状况恶化。

户主已婚的家庭有破产风险的比例明显更低。表 10.8 给出了户主婚姻状况与家庭破产风险的关系。本章将户主婚姻状况划分为已婚和未婚两组,未婚组包含未婚、同居、离异等非已婚婚姻状态。可以看出,户主婚姻状态为已婚和未婚的家庭有破产风险的比例分别为 0.031 和 0.042。户主已婚的家庭有破产风险的比例显著低于未婚组家庭。此外,由图 10.8 也可以看出,户主已婚家庭有破产风险的比例更低。并且,随着时间的推移,两组家庭有破产风险比例的差距逐步扩大。尤其是受新冠疫情冲击后,户主未婚家庭有破产风险的比例的上升幅度明显大于户主已婚组家庭,两组间的差距进一步扩大。这表明,婚姻在一定程度上起到了风险分担的作用。

表 10.8 家庭有破产风险的比例:按照户主婚姻状况分组

	已婚	未婚
均值	0.031	0.042
样本量	18 473	3 500

资料来源:根据 2021 年 CHFIS 数据计算。

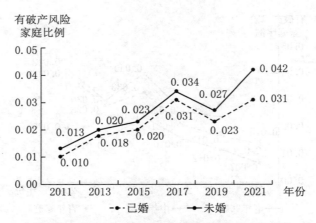

图 10.8 户主已婚和未婚家庭破产风险变化趋势

资料来源:根据 2011—2021 年 CHFIS 数据计算。

户主受教育年限较少的家庭有破产风险的比例远高于户主受教育年限多的家庭。表 10.9 报告了户主不同受教育水平下家庭有破产风险的比例。本章将户主的受教育水平分为高中以下和高中及以上两组。从表中可以看出,户主受教育水平为高中以下的家庭有破产风险的比例为 0.040,而户主受教育水平为高中及以上的家庭有破产风险的比例为 0.020,户主受教育水平较低的家庭有破产风险的比例是户主受教育水平较高的家庭的 2 倍。可见,户主不同受教育水平家庭有破产风险的比例有所差异,户主受教育水平高有助于降低家庭面临破产风险的可能性。

表 10.9　家庭有破产风险的比例:按照户主受教育水平分组

	高中以下	高中及以上
均值	0.040	0.020
样本量	14 188	7 839

资料来源:根据 2021 年 CHFIS 数据计算。

户主在体制内工作的家庭有破产风险的比例明显更低。表 10.10 给出了户主工作性质与家庭破产风险的关系。本章将户主工作性质分为体制内工作和体制外工作两组。体制内工作是指户主在机关团体/事业单位或者国有企业工作,体制外工作包含户主为个体工商户,户主在私营企业、外商或港澳台投资企业工作等。可以看出,户主在体制内工作的家庭有破产风险的比例为 0.018,户主在体制外工作的家庭有破产风险的比例为 0.034。可见,有破产风险家庭的比例在不同户主工作性质的家庭间有所差异,户主在体制内工作有助于降低家庭面临破产风险的可能性。

表 10.10　家庭有破产风险的比例:按照户主工作性质分组

	体制内工作	体制外工作
均值	0.018	0.034
样本量	2 568	19 459

资料来源:根据 2021 年 CHFIS 数据计算。

10.3-4　家庭特征与破产风险

无房家庭有破产风险的比例极高。表 10.11 反映了家庭住房拥有情况与家庭破产风险的关系。可以看出,2021 年无房家庭的比例较低,仅有 7.8％的家庭无自有住房。此外,有房家庭和无房家庭有破产风险的比例分别为 0.028 和 0.081。这表明,无房家庭样本中有 8.1％的家庭存在破产风险,这一比例约为有房家庭的 2.9 倍,可见无房家庭的破产风险更高。

表 10.11　家庭有破产风险的比例:按照拥有住房情况分组

	有房	无房
均值	0.028	0.081
样本量	20 282	1 717

资料来源:根据 2021 年 CHFIS 数据计算。

未参与商业保险的家庭有破产风险的比例更高。表 10.12 给出了家庭商业保险参与情况与家庭破产风险的关系。可以看出,2021 年投保商业保险的家庭比例较低,仅有 15.3％的家庭拥有商业保险。此外,拥有商业保险的家庭有破产风险的比例为 0.022,无商业保险的家庭有破产风险的比例为 0.034。可见,无商业保险家庭有破产风险的比例显著高于有商业保险的家庭,参与商业保险有利于缓解家庭可能面临的破产风险。

表 10.12　家庭有破产风险的比例:按照商业保险参与情况分组

	有商业保险	无商业保险
均值	0.022	0.034
样本量	3 378	18 649

资料来源:根据 2021 年 CHFIS 数据计算。

无社会保障家庭有破产风险的比例显著高于有社会保障家庭。表 10.13 反映了家庭拥有社会保障情况与家庭破产风险的关系。本章将家庭全体成员均无养老保险和医疗保险等社会保障定义为无社会保障家庭。可以发现,2021 年没有社会保障的家庭占比极低,仅有 2.35％的家庭的全体家庭成员均没有社会保障。表 10.13 显示,有社会保障和无社会保障家庭有破产风险的比例分别为 0.032 和 0.060。可见,无社会保障家庭有破产风险的比例显著高于有社会保障家庭,这类更可能面临破产风险的无社会保障家庭亟待受到关注。

表 10.13   家庭有破产风险的比例：按照社会保障参与情况分组

	有社会保障	无社会保障
均值	0.032	0.060
样本量	21 509	518

资料来源：根据 2021 年 CHFIS 数据计算。

低收入家庭有破产风险的比例明显高于高收入家庭。表 10.14 给出了家庭总收入水平与家庭破产风险的关系。本章将家庭总收入水平按中位数划分为低收入家庭和高收入家庭两组。可以看出，低收入家庭有破产风险的比例为 0.047，高收入家庭有破产风险的比例为 0.018。低收入家庭有破产风险的比例明显更高，约为高收入家庭的 2.61 倍。可见，家庭总收入的高低与家庭面临破产风险的可能性高度相关，高收入能够降低家庭可能面临的破产风险。

表 10.14   家庭有破产风险的比例：按照家庭总收入水平分组

	低收入	高收入
均值	0.047	0.018
样本量	10 951	11 076

资料来源：根据 2021 年 CHFIS 数据计算。

低社会网络家庭有破产风险的比例相对较高。表 10.15 给出了家庭社会网络水平与家庭破产风险的关系。本章将家庭社会网络水平按家庭礼金支出的中位数划分为低社会网络和高社会网络两组。可以看出，低社会网络家庭有破产风险的比例为 0.042，高社会网络家庭有破产风险的比例为 0.022。低社会网络家庭有破产风险的比例相对较高，约为高社会网络家庭的 1.9 倍。可见，不同社会网络水平家庭有破产风险的比例差异明显，拥有高社会网络能够缓解家庭面临破产风险的可能。

表 10.15   家庭有破产风险的比例：按照社会网络分组

	低社会网络	高社会网络
均值	0.042	0.022
样本量	11 218	10 809

资料来源：根据 2021 年 CHFIS 数据计算。

10.4　小结

本章结合美国、英国、德国、中国香港等国家和地区的个人破产制度与2011—2021年CHFIS数据，分析中国家庭破产风险，主要有如下发现：

第一，中国家庭总资产和总负债均呈现逐年上升的趋势。2011—2021年，平均家庭总资产发生了翻倍的增长，同时中国家庭平均总负债也在快速增长。近十年，中国家庭有破产风险的比例总体呈现缓慢波动上升趋势，在2021年遭受新冠疫情冲击后，中国有破产风险的家庭比例达到近十年内最高值，这可能是由于疫情对家庭生产经营、就业产生严重冲击，使得家庭财务状况恶化，导致出现资不抵债的家庭比例上升。

第二，中国家庭破产风险存在户主受教育水平、工作性质、婚姻状况、年龄方面的异质性。从户主年龄角度看，中青年家庭有破产风险的比例高于老年家庭。从户主婚姻状况看，户主未婚家庭有破产风险的比例略高于户主已婚家庭。从户主受教育水平看，户主文化水平为高中以下的家庭有破产风险的比例更高。从户主工作性质看，户主在体制外工作的家庭有破产风险的比例高于户主在体制内工作的家庭。

第三，中国家庭破产风险存在家庭商业保险购买、收入水平、社会网络、社保参与程度方面的异质性。从家庭住房拥有情况看，无房家庭有破产风险的比例明显高于有房家庭。从商业保险的购买看，购买商业保险的家庭有破产风险的比例低于未购买商业保险的家庭。从家庭社会保障拥有情况看，拥有社会保障的家庭有破产风险的比例明显更低。从家庭收入看，低收入家庭有破产风险的比例高于高收入家庭。从家庭社会互动和社会网络看，低社会网络家庭有破产风险的比例更高。

第三，中国家庭破产风险存在地区异质性。分城乡看，农村家庭有破产风险的比例显著高于城镇家庭。从地理位置看，中西部地区家庭有破产风险的比例高于东部地区家庭，北方家庭有破产风险的比例高于南方家庭。

中国家庭经济风险指数

11.1 引言

　　传统意义上,风险是指在某一特定环境下,在某一特定时间段内,某种损失发生的可能性。学术界对于风险普遍接受的概念大致可以分为两种:一是认为风险是一定时期内和一定条件下,某一事件发生结果的不确定性,将风险定义为在给定的条件下和某一特定的时期未来结果的变动(March and Shapira, 1987);二是认为风险主要体现为损失可变性,其关键之处在于不确定性。风险损失的不确定性主要体现为风险事故的发生不确定、发生时间不确定、发生的地点不确定以及造成的风险损失程度和范围不确定。基于风险概念:狭义上,家庭经济风险主要是指家庭的债务偿还能力,若家庭不能按时偿还债务,则家庭具有经济风险(Brown and Taylor, 2008; Jappelli et al., 2013; Michelangeli and Pietrunti, 2014);广义上,家庭经济风险被定义为,受到外生冲击或风险后,家庭无法支付日常消费与各类支出的状态(Lusardi et al., 2011)。Brunetti 等(2016)认为家庭需要足够的流动性资金来应对意外风险,从而避免家庭财务陷入困境。

通过梳理已有文献，本书发现，已有研究主要以单一风险指标为切入点，分析家庭经济风险，如收入风险（申朴、刘康兵，2003；Dynan et al.，2004；沈坤荣、谢勇，2012）、支出风险、健康风险（何兴强、史卫，2014）、失业风险（Meng，2003；尹志超等，2020）。但是，中国家庭经济风险的多样性和复杂性决定了难以从某个单一风险因素出发度量总体的家庭经济风险，在度量时需要综合考虑家庭的收入、支出、人力资本、就业状况、社会环境等因素。参照以往文献对于风险的定义，本书认为，家庭经济风险的内涵是在一定期间和一定条件下，某种风险事故的不确定性导致家庭财务状况恶化的可能性。家庭经济风险既可以是家庭的经济活动所导致家庭财务遭受损失的风险（如失业、健康问题、过度负债等），也可以是社会活动、自然灾害给家庭的经济活动带来的不利影响。

这些经济风险不仅会对家庭造成一定影响，还可能通过一系列渠道传导到宏观部门，进而影响宏观经济的平稳发展，造成巨大的经济波动，甚至引发经济危机，从美国次贷危机的影响就可见一斑。因此，认清中国家庭经济风险的影响，是中国在高质量发展过程中防范化解重大风险的重要一环，这不仅有助于提高宏观调控的科学性和有效性，还可以推进国家治理体系和治理能力现代化。具体来说，家庭收入风险会影响家庭进行消费、储蓄以及家庭资产配置的决策（樊潇彦等，2007；马小勇、白永秀，2009；林光华，2013；刘宏、马金秋，2022），同时还会影响家庭的幸福感和福利水平（王貂等，2021），并对个人职业选择造成一定影响（廖娟，2011）；健康风险的发生会影响家庭的风险市场参与（周钦等，2015）以及家庭对医疗保险的需求程度（邵全权、郝天琪，2020；岳崴等，2021；王伊琳等，2021）；失业风险会对家庭的收入造成一定的损失，影响家庭职业的稳定性（莫玮俏、史晋川，2020），进而影响家庭的储蓄行为（尹志超等，2020）和消费行为（温兴祥，2015）。降低经济风险、缩小家庭经济风险差异是提高居民消费预期的重要保障。只有家庭经济风险显著下降，家庭抗风险能力逐渐增强，人民群众生活水平才会不断提高。

此外，家庭经济风险还会间接跨部门对其他部门造成影响（王海军等，2023），危及金融稳定和国家经济安全（李运达、张玉婷，2022）。家庭部门发生的风险所带来的后果，往往超过对其自身的影响，有可能对整个金融体系的稳健运行构成威胁。因此,防控家庭经济风险也是保证中国经济持续稳定发展的重要目标。

　　基于这些影响,在度量家庭经济风险时,本书考虑家庭经济风险的复杂性,选取收入风险、支出风险、失业风险、健康风险、外生冲击五方面指标,通过熵权法等科学方法进行降维,合成家庭经济风险指数。这种指标构建方式能弥补单一指标所含信息的有限性,综合反映家庭经济风险,也有利于对比分析不同地区和不同特征家庭经济风险的时空变化。

11.2　中国家庭经济风险指数

11.2-1　数据来源

　　本章所使用的数据来自 CHFIS, CHFIS 样本覆盖了除西藏、新疆、港澳台地区以外的 29 个省(市、自治区)。目前已经采集 2011 年、2013 年、2015 年、2017 年、2019 年和 2021 年六轮调查数据。CHFIS 的整体抽样方案为分层、三阶段与规模度量成比例(PPS)的抽样设计。具体而言,第一阶段抽样在全国范围内抽取区县,第二阶段抽样从区县中抽取居委会/村委会,第三阶段从居委会/村委会中抽取家庭住户样本。每个阶段抽样都采用 PPS 抽样方法,其权重设定为抽样单位的人口数(或户数)。抽样设计、问卷设计等保证了样本的代表性和数据的有效性。调查样本在中国的覆盖范围如表11.1 所示。

表 11.1　样本情况

调查年份	省份数量	区县	村(居)委	家庭样本数	个人样本数	代表性
2011 年	25	80	320	8 438	29 324	全国代表性
2013 年	29	267	1 048	28 141	97 906	全国和省级代表性
2015 年	29	351	1 396	37 289	133 183	全国、省级、副省级城市代表性
2017 年	29	355	1 428	40 011	127 012	全国、省级、副省级城市代表性
2019 年	29	345	1 360	34 643	107 008	全国、省级代表性
2021 年	29	269	1 028	22 027	68 387	全国、省级代表性

CHFIS收集了家庭人口统计特征、资产与负债、保险与保障、收入与支出、金融知识、基层治理等各方面的数据，每年问卷均包含1 000多道问题。在资产部分，详细询问了受访者非金融资产和金融资产持有情况，包括股票、基金、理财产品、债券、衍生品、非人民币资产、黄金、其他金融资产、现金、借出款，能够有效反映中国家庭资产持有和资产配置情况。在收入部分，详细询问了受访者的工资性收入、财产性收入、转移性收入和其他收入，全面反映了中国家庭的收入构成和变化。在消费部分，详细询问了家庭在衣食住行等方面的消费性支出、转移性支出。在科技生活部分，询问了受访者智能手机和电脑使用、互联网使用、互联网金融参与、移动支付使用等具体情况。调查采集的数据为本章的研究与分析提供了数据基础。根据CHFIS数据，我们能有效计算家庭收入变化，各项支出、债务在收入中所占比例，能否承担得起非预期支出，投资和经营的收益和损失等指标，综合反映家庭的经济状况和经济风险，测度中国家庭经济风险指数。

11.2-2 指标选择

本章重点介绍中国家庭经济风险指数。家庭经济风险是多样的。基于家庭经济风险指标体系，需要选择合适的数学方法来合成中国家庭经济风险指数，以便于从总体上分析和度量中国家庭经济风险的发展和差异。参考已有文献，基于CHFIS数据，本章选取了收入风险、支出风险、失业风险、健康风险、外生冲击五方面经济风险的指标，详见表11.2。

表 11.2　中国家庭经济风险指标体系

风险维度	指标命名	指标定义
收入风险	总收入波动	根据家庭净财富水平、年龄、受教育水平、家庭所在省份进行分组，计算每类家庭的组内方差，通过连乘得到家庭的收入波动
	投资损失	将股票当前市值小于股票投入资金的家庭定义为投资损失家庭，取值为1，否则为0
	经营损失	将工商业经营亏损的家庭定义为1，否则为0
支出风险	过度负债	将家庭负债收入比大于1的家庭定义为过度负债家庭，取值为1，否则为0
	非预期支出	（医疗保健支出－社会医疗保险报销金额）＋住房装修、维修、翻修费用

（续表）

风险维度	指标命名	指标定义
失业风险	失业风险	家庭中劳动年龄人口是否失业
健康风险	自评健康状况	将户主自评健康状况为"非常不健康""不健康"的家庭定义为有健康风险家庭,取值为1,否则为0
	人口老龄化	60岁以上人口占家庭总人数比例
外生冲击	外生冲击	将发生过自然灾害、人为灾害、重大疾病、经济状况急剧恶化等外生冲击的家庭定义为1,否则为0

11.2-3 指数构建

参考已有文献,本章基于 CHFIS 数据构建中国家庭经济风险指标体系,涵盖家庭收入风险、支出风险、失业风险、健康风险、外生冲击五方面的风险,以期更加全面和充分地反映家庭经济风险水平。在信息充分性的基础上,指数构建方法需要满足良好的指标属性(单位无关、有界、单调)、计算的便捷性(易复制)以及意义的直观性。熵权法是一种客观赋权方法,在计算过程中,根据各指标的数据的分散程度,利用信息熵计算出各指标的熵权,再根据各指标适当修正熵权,从而得到较为客观的指标权重。与因子分析法和主成分分析法相比,熵权法构建的指数在权重计算时具有稳定性。因此,本章使用熵权法综合计算家庭经济风险指数,步骤如下。

第一步,确定家庭经济风险指数,建立评价指标体系,构建水平矩阵 R'。信息的充分性是构建家庭经济风险指数的首要条件。对于家庭而言,经济风险是一个复杂的概念。家庭经济风险指数既要反映家庭不同来源和类型的风险,也要综合反映风险的水平和程度,使其能在纵向和横向上可比。参考已有研究,基于 CHFIS 数据,本章从收入风险、支出风险、失业风险、健康风险和外生冲击五方面选取指标,确定评价体系,具体指标和定义方式如表11.2 所示。

第二步,对评价矩阵进行标准化处理得到矩阵 R。本章中会根据不同子指标的性质对评价矩阵进行标准化处理:

$$\text{若 } j \text{ 为正指标:} r_{ij} = \frac{r'_{ij} - \min_i(r'_{ij})}{\max_i(r'_{ij}) - \min_i(r'_{ij})} \tag{11.1}$$

$$若 j 为负指标：r_{ij} = \frac{\max\limits_{i}(r'_{ij}) - r'_{ij}}{\max\limits_{i}(r'_{ij}) - \min\limits_{i}(r'_{ij})} \tag{11.2}$$

这里，r_{ij} 是标准化后的指标矩阵，j 代表不同子指标，i 代表不同家庭。

第三步，计算每个指标的熵值。根据下面的公式，本章在第三步将计算九个指标的熵值：

$$H_j = -k \sum_{i=1}^{m} f_{ij} \times \ln(f_{ij}) \tag{11.3}$$

$$f_{ij} = \frac{r_{ij}}{\sum_{i=1}^{m} r_{ij}}, \; k = \frac{1}{\ln(m)} \tag{11.4}$$

其中，f_{ij} 为第 j 个指标下第 i 个项目的指标值的权重。

第四步，计算第 j 个指标的熵权 w_j。本章将根据下面的式子计算评价体系中九个子指标的熵权值：

$$w_j = \frac{1 - H_j}{\sum_{j=1}^{n}(1 - H_j)} = \frac{1 - H_j}{n - \sum_{j=1}^{n}(H_j)} \tag{11.5}$$

这里，H_j 代表第 j 个指标的熵值。

第五步，计算指标的综合权数 λ_j。进一步地，本章对熵权法得到的权重进行修正，方法如下式所示：

$$\lambda_j = \frac{\lambda'_j w_j}{\sum_{j=1}^{n} \lambda'_j w_j} \tag{11.6}$$

第六步，计算家庭经济风险，具体如式（11.7）所示：

$$ER = r_{ij} \times \lambda_j \tag{11.7}$$

11.3　中国家庭经济风险分析

11.3-1　2011—2021 年中国家庭经济风险

根据中国家庭经济风险指数，本章基于 CHFIS 数据，报告 2011—2021 年中国家庭不同来源的经济风险，具体如表 11.3 所示。收入波动是指

2011—2021 年中国家庭总收入波动的平均值。股票投资损失被用来衡量家庭金融投资损失,代表样本家庭中股票投资损失的比例。经营损失用于衡量样本家庭中有经营损失的家庭比例。过度负债是指样本家庭中负债收入比大于 1 的家庭比例。非预期支出一行显示的是 2011—2021 年样本家庭平均非预期支出的金额。户主自评健康状况和老年人口占比反映家庭的健康风险,分别指样本家庭户主自评不健康的比例和老年人口平均占比。CHFIS 中仅有 2019 年和 2021 年询问了关于外生冲击的问题,因而在表 11.3 中仅报告 2019 年和 2021 年样本中受到外生冲击的家庭的比例。

表 11.3 中国家庭经济风险来源描述

	中国家庭经济 风险来源	2011 年	2013 年	2015 年	2017 年	2019 年	2021 年
	收入波动	18.36	19.18	21.21	21.67	27.26	24.21
收入风险	股票投资损失	0.04	0.04	0.03	0.03	0.02	0.02
	经营损失(全样本)	0.01	0.01	0.01	0.01	0.01	0.01
支出风险	过度负债	0.22	0.18	0.21	0.18	0.16	0.17
	非预期支出(万元)	0.72	2.52	5.41	6.90	1.16	1.61
健康风险	自评健康状况	0.12	0.51	0.16	0.17	0.22	0.18
	老年人口占比	0.21	0.24	0.27	0.34	0.40	0.52
失业风险	失业风险	0.39	0.45	0.49	0.47	0.42	0.35
外生冲击	外生冲击	—	—	—	—	0.17	0.14

资料来源:2011—2021 年 CHFIS 数据,作者在计算过程中已考虑家庭样本权重,本章后同。

进一步地,本章使用熵权法,对家庭不同来源的风险进行降维,综合得到中国家庭经济风险指数。考虑到 2011—2017 年未询问家庭是否受到外生冲击,本章在计算中国家庭经济风险指数时未包含外生冲击。包含外生冲击的中国家庭经济风险指数在脚注中进行报告。图 11.1 报告了中国家庭经济风险指数的描述性统计结果。2011—2021 年间,中国家庭经济风险水平总体上保持稳定,中国家庭经济风险指数平均值为 0.11。但从趋势上看,中国家庭经济风险指数的平均值呈下降趋势,尤其是 2013—2019 年,下降趋势明显。而 2021 年,中国家庭经济风险指数增加,这可能是受到新冠疫情的影响,中国家庭的经济风险加大。

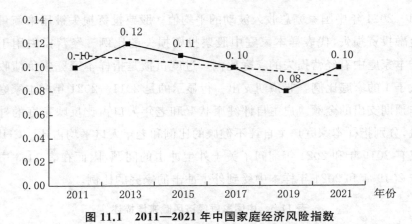

图 11.1　2011—2021 年中国家庭经济风险指数

资料来源：根据 CHFIS 数据计算。

　　进一步地，我们针对中国家庭经济风险指数进行更加详细的描述，具体如表 11.4 所示。从表中数据可以看出，中国家庭经济风险指数的平均值虽然较为稳定，但指数的最大值有所上升。2011—2015 年，中国家庭经济风险指数的最大值从 0.67 增加到 0.89。相较于 2015 年，2017 年和 2019 年中国家庭经济风险水平略有下降。2021 年，该数值再次增加，且高于 2011 年、2013 年、2017 年和 2019 年，中国家庭的经济风险仍值得重视。

表 11.4　中国家庭经济风险指数描述

	2011 年	2013 年	2015 年	2017 年	2019 年[①]	2021 年[②]
平均值	0.10	0.12	0.11	0.10	0.08	0.10
min	0	0	0	0	0	0
max	0.67	0.78	0.89	0.72	0.66	0.81
P25	0	0.06	0.02	0.03	0.03	0.02
P75	0.15	0.16	0.17	0.14	0.17	0.14

资料来源：同图 11.1。

---

①　包含外生冲击的 2019 年中国家庭经济风险指数的平均值为 0.085 9，最小值为 0.000 4，最大值为 0.635 8。

②　包含外生冲击的 2021 年中国家庭经济风险指数的平均值为 0.102 8，最小值为 0，最大值为 0.774 1。

11.3-2　中国家庭经济风险的地域差异

（1）中国家庭经济风险的城乡差异。

长期以来，中国城镇与农村之间存在发展差异，城乡家庭亦有不同。本章区分城镇与农村，分别测算中国城镇家庭与农村家庭的经济风险指数，具体如图 11.2 所示。从 2011—2021 年数据可以看出，整体上，中国农村家庭的经济风险呈上升趋势，城镇家庭的经济风险呈下降趋势。2011—2017 年，中国城镇家庭的经济风险指数平均值略高于农村家庭，但 2019 年和 2021年，中国农村家庭的经济风险指数平均值高于城镇家庭。在新冠疫情冲击和经济下行压力下，农村家庭较为脆弱，其经济风险需要重点关注。

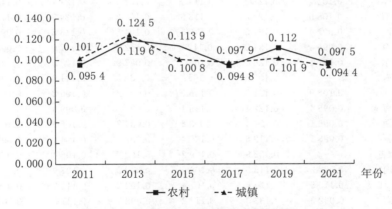

图 11.2　中国城乡家庭经济风险指数

资料来源：同图 11.1。

（2）中国家庭经济风险的省份差异。

为反映中国家庭经济风险的异质性，本章按省份划分样本，描述不同省份的家庭经济风险指数均值，如表 11.5 所示。2013—2021 年 CHFIS 数据涵盖了除西藏、新疆、港澳台地区以外的 29 个省（市、自治区）。从 2011 年到2021 年平均来看，云南、甘肃和贵州三个省份的家庭经济风险指数平均值最高。北京、天津、辽宁和山东的家庭经济风险指数的平均值在 29 个省（市、自治区）中最低。

表 11.5 中国不同省(市、自治区)家庭经济风险指数

	2011 年	2013 年	2015 年	2017 年	2019 年	2021 年
北京	0.1014	0.1248	0.0947	0.1042	0.0896	0.0819
上海	0.1006	0.1344	0.0916	0.1178	0.1080	0.0684
天津	0.0871	0.1262	0.0954	0.1082	0.1025	0.0757
浙江	0.0905	0.1176	0.1071	0.0973	0.1140	0.0914
福建	—	0.1269	0.1042	0.0892	0.1061	0.0969
甘肃	0.1213	0.1205	0.1149	0.1072	0.1168	0.1129
山东	0.0978	0.1217	0.0950	0.0830	0.0874	0.0733
辽宁	0.1041	0.1092	0.0986	0.0969	0.0914	0.0860
重庆	0.0957	0.1351	0.1262	0.0963	0.1094	0.0981
江苏	0.0931	0.1150	0.1056	0.0931	0.1030	0.0899
河北	0.0958	0.1244	0.1074	0.0963	0.1014	0.0918
江西	0.0908	0.1270	0.1099	0.1016	0.1138	0.0964
贵州	0.1047	0.1282	0.1141	0.1079	0.1211	0.1129
云南	0.1086	0.1276	0.1135	0.1072	0.1245	0.1122
山西	0.0914	0.1315	0.1195	0.1045	0.1138	0.0949
陕西	0.0994	0.1313	0.1120	0.1027	0.1170	0.0987
广东	0.1174	0.1262	0.1060	0.0879	0.1089	0.1217
海南	—	0.1035	0.1019	0.0855	0.1116	0.0986
湖北	0.1069	0.1237	0.1060	0.0992	0.1052	0.1015
青海	0.0954	0.1224	0.1151	0.0977	0.0999	0.1239
广西	0.0961	0.1224	0.0996	0.0862	0.1069	0.1004
吉林	0.0981	0.1196	0.1074	0.0971	0.1046	0.0900
内蒙古	—	0.1329	0.1292	0.1022	0.1084	0.0983
河南	0.0972	0.1186	0.1005	0.0952	0.1079	0.1008
黑龙江	0.1105	0.1236	0.1074	0.1022	0.1118	0.0968
湖南	0.0923	0.1333	0.1152	0.0889	0.1112	0.1064
四川	0.1142	0.1206	0.1147	0.0935	0.1026	0.0924
安徽	0.1018	0.1211	0.1139	0.1010	0.1126	0.0976
宁夏	—	0.1240	0.1018	0.0921	0.1102	0.1075

资料来源:同图 11.1。

(3) 中国家庭经济风险的东中西部地区差异。

由表 11.5 可知,不同省(市、自治区)家庭的经济风险指数均值存在差异。为科学反映中国不同区域的社会经济发展状况和家庭经济风险指数,本章根据东中西部地区的划分标准将样本家庭进行分组,描述不同地区的家庭经济风险差异。具体数据如表 11.6 所示。对比各年份的数据可知,整体上看,相较于东部地区,中部地区和西部地区家庭的经济风险较大。中国

东、中、西部经济发展差异的形成和扩展是历史、自然、社会等综合因素长期演化的结果，目前仍显著存在。中西部地区家庭面临的经济环境较为脆弱，由此影响了家庭经济风险的差异。

表 11.6　中国家庭经济风险的东中西部地区差异

	2011 年	2013 年	2015 年	2017 年	2019 年	2021 年
东部地区	0.097 7	0.119 8	0.100 7	0.094 1	0.100 9	0.104 1
中部地区	0.098 1	0.124 3	0.107 4	0.098 8	0.111 3	0.098 6
西部地区	0.092 3	0.124 4	0.112 7	0.099 7	0.111 7	0.088 8

资料来源：同图 11.1。

（4）中国家庭经济风险的经济发展背景差异。

宏观与微观相互联系，相互影响，家庭的经济风险与经济行为会受到宏观发展状况的影响。由此，本章进一步考虑不同省（市、自治区）发展状况的差异，以省（市、自治区）生产总值（GDP）为标准，按照各省（市、自治区）GDP 的平均值划分两组，分别报告两组家庭经济风险指数的平均值，具体如表 11.7 所示。由表 11.7 可知，不同发展背景的家庭经济风险指数均值存在差异。相较于 GDP 高于全国平均的省（市、自治区）而言，GDP 低于全国平均的省（市、自治区）的家庭经济风险更高。

表 11.7　中国家庭经济风险的经济发展背景差异

	2011 年	2013 年	2015 年	2017 年	2019 年	2021 年
高于全国平均 GDP	0.098 0	0.122 2	0.104 8	0.095 6	0.104 8	0.103 7
低于全国平均 GDP	0.100 7	0.122 9	0.107 4	0.099 4	0.110 8	0.092 3

资料来源：根据 CHFIS、国家统计局数据计算。

11.3-3　中国家庭经济风险的家庭差异

为了全面反映中国家庭经济风险的异质性，本章考虑家庭特征的差异，从年龄、人力资本和家庭结构区分，分别描述中国家庭经济风险指数的情况，具体如表 11.8—11.10 所示。

（1）中国家庭经济风险的年龄差异。

表 11.8 报告了中国家庭经济风险的年龄差异。对比表 11.8 的数据，我

们发现,对于户主年龄在 60 岁以上的老年家庭,经济风险指数的平均值最高。相较于户主年龄为 40 岁及以下的青年家庭,户主年龄在 40 岁以上的家庭风险更高。但在新冠疫情冲击下,2021 年户主年龄为 40 岁及以下和 40—60 岁的家庭的风险指数均值增加,高于户主年龄为 60 岁及以上家庭的经济风险。

表 11.8 中国家庭经济风险的年龄差异

户主年龄	2011 年	2013 年	2015 年	2017 年	2019 年	2021 年
60 岁及以上	0.131 6	0.148 2	0.130 5	0.128 8	0.125 8	0.081 7
40—60 岁	0.092 3	0.114 8	0.094 5	0.085 3	0.094 7	0.111 7
40 岁及以下	0.088 4	0.111 7	0.094 0	0.077 8	0.090 9	0.105 2

资料来源:同图 11.1。

(2)中国家庭经济风险的人力资本差异。

进一步地,本章从人力资本差异出发,描述不同家庭的经济风险,具体数据如表 11.9 所示。根据表 11.9 的数据发现,无论按哪种方式分组,户主未接受义务教育的或者受教育程度为小学及以下的家庭的经济风险明显高于其他类型家庭。人力资本是影响家庭进行财务和经济决策的重要因素,会影响家庭决策和行为的合理性。户主作为家庭决策的重要制定者,其人力资本和文化程度会影响家庭的经济行为和风险。

表 11.9 中国家庭经济风险的人力资本差异:受教育程度

		2011 年	2013 年	2015 年	2017 年	2019 年	2021 年
		Panel A					
户主受教育程度	小学及以下	0.110 1	0.132 4	0.128 0	0.114 3	0.126 7	0.109 1
	初中	0.095 2	0.119 1	0.099 6	0.092 0	0.101 4	0.096 0
	高中	0.098 7	0.119 9	0.095 0	0.092 9	0.095 0	0.088 2
	大学及以上	0.099 8	0.123 2	0.094 6	0.097 0	0.095 0	0.096 2
		Panel B					
户主受教育程度	未接受义务教育	0.110 1	0.132 4	0.128 0	0.114 3	0.126 7	0.109 1
	接受义务教育	0.097 3	0.120 3	0.097 1	0.090 3	0.098 3	0.093 8

资料来源:同图 11.1。

(3)中国家庭经济风险的家庭结构差异。

最后,本章从家庭结构差异出发,描述不同类型家庭经济风险的异质性。相较于无老人且无 16 周岁以下子女的家庭,有老人的家庭平均经济风险更高。整体上看,有老有小和有老无小的家庭的经济风险高于无老有小家庭和无老无小家庭。相较于抚养未成年子女,赡养老人的非预期支出相对更高,主要为医疗支出。因而,需要赡养老人的家庭往往面临更大的经济风险。

表 11.10　中国家庭经济风险的家庭结构差异

家庭结构	2011 年	2013 年	2015 年	2017 年	2019 年	2021 年
有老无小	0.125 3	0.147 4	0.127 8	0.112 4	0.099 3	0.100 8
有老有小	0.134 2	0.130 8	0.114 5	0.095 2	0.107 1	—
无老有小	0.084 6	0.107 5	0.091 6	0.078 7	0.119 7	—
无老无小	0.075 8	0.100 4	0.078 5	0.073 7	0.092 7	0.070 4

资料来源:同图 11.1。

家庭经济风险的国际比较

12.1 美国家庭经济风险

本节基于 2010—2019 年美国消费者财务状况调查（Survey of Consumer Finances，SCF）数据，从财务脆弱性、破产风险和过度负债三个角度分析美国家庭经济风险。

12.1-1 美国家庭数据来源

本节使用 SCF 数据考察美国家庭部门存在的经济风险。SCF 由 1962 年的消费者财务特征调查（Survey of Financial Characteristics of Consumers，SFCC）和 1963 年的家庭财务变化调查（Survey of Changes in Family Finances，SCFF）演变而来，由美联储和美国财政部合作发起，自 1992 年以来，由芝加哥大学国家民意调查中心（National Opinion Research Center，NORC）进行数据收集。该调查每三年进行一次，所形成的数据为横截面数据。1983—1989 年和 2007—2009 年经追踪调查获得面板数据。该调查数据涵盖家庭资产、负债、养老金、收入和人口特征等信息，被美联储和其他政府部门以及主要经济研究中心广泛使用于数据分析与学术研究。目前,调查进行到 2022 年,本节使用可公开下载的 2010—2019 年数据进行分析。SCF 基于双框架抽样设计,以 2019 年为例,一部分样本采用标准的分层多阶段区域概率抽样方法,获取了 4 291 个样本。另一部分是从美国国税局(Internal Revenue Service,IRS)收入统计(Statistics of Income,SOI)部门的税收统计数据中抽取了 1 492 个样本,两部分共计 5 783 个样本。经缺失数据填补和隐私保护处理后,最终公开数据中包含 5 777 个家庭。SCF 数据覆盖华盛顿哥伦比亚特区和全美 50 个州,2010 年、2013 年、2016 年和 2019 年 SCF 数据样本量分别为 6 482 个、6 015 个、6 248 个和 5 777 个。

12.1-2 美国家庭财务脆弱性的度量与特征

(1)美国家庭财务脆弱性的度量。

第 8 章中详细介绍了现有文献综合考虑家庭收入、支出、资产、负债等情况对家庭财务脆弱性进行定义和测度,而本节基于美国 SCF 数据的可得性,参考 Brunetti 等(2016)的"财务四象限"定义法度量美国家庭财务脆弱性。Brunetti 等(2016)将家庭财务状况分为四种状态:当家庭收入足以覆盖预期支出且流动性资产足以覆盖非预期支出时定义为财务自由;当家庭收入足以覆盖预期支出但流动性资产不足以覆盖非预期支出时定义为财务脆弱;当家庭收入不足以覆盖预期支出但流动性资产足以覆盖非预期支出时定义为家庭存在过度消费但具有流动性;当家庭收入不足以覆盖预期支出且流动性资产不足以覆盖非预期支出时定义为财务约束。SCF 问卷中询问了家庭过去一年总支出(剔除耐用品支出)与总收入的大小关系。①本节将选择"支出等于收入"和"支出小于收入"定义为家庭收入足以覆盖预期支出。此外,本节根据 SCF 问卷中"你认为你(你家)需要多少储蓄来应对紧急情况和其他可能出现的意外情况?"②

---

① 2019 年 codebook 中问题 X7508:Leaving aside those expenses, over the past year, would you say that your(family's) spending exceeded your(family's) income, that it was about the same as your income, or that you spent less than your income?

② 2019 年 codebook 中问题 X7187:About how much do you think you(and your family) need to have in savings for emergencies and other unexpected things that may come up?

这一问题度量家庭的非预期支出。

关于家庭流动性资产，美国 SCF 数据公告中给出了细分类别的资产和债务定义。SCF 定义的美国家庭流动性资产包含各类交易型账户，如货币市场账户、支票账户、储蓄账户、预付卡等。若家庭关于收支关系问题的回答为"支出等于收入"或"支出小于收入"，并且家庭流动性资产小于家庭非预期支出，则本节将该家庭定义为财务脆弱家庭，赋值为 1，否则为 0。由此定义得到的家庭财务脆弱性变量均值为美国财务脆弱家庭的比例。

（2）美国家庭财务脆弱性的特征。

美国财务脆弱家庭比例高。表 12.1 给出了美国财务脆弱和财务约束家庭的占比情况。从财务脆弱家庭比例来看，2010—2019 年美国财务脆弱家庭的比例在 43％附近小幅波动。以 2019 年为例，中国财务脆弱家庭比例为 23％，美国财务脆弱家庭比例为 42.5％，远高于中国。然而，从财务约束家庭比例来看，2010—2019 年美国财务约束家庭的比例在 10％附近小幅波动，并且自 2013 年以来呈下降趋势。以 2019 年为例，中国和美国的财务约束家庭比例分别为 18％和 8.4％，中国财务约束家庭比例远高于美国。将财务脆弱和财务约束两种状态的家庭合并来看，美国财务脆弱和财务约束的家庭比例仍然较高。

表 12.1　美国家庭财务脆弱和财务约束情况

	2010 年	2013 年	2016 年	2019 年
财务脆弱	0.439	0.443	0.424	0.425
财务约束	0.122	0.102	0.095	0.084

资料来源：根据 2010—2019 年 SCF 数据计算。

美国户主为黑人及非洲裔、西班牙裔和拉丁裔的家庭财务脆弱的比例较高。表 12.2 展示了户主为不同种族的家庭的财务脆弱状况。2019 年，户主为黑人及非洲裔、西班牙裔和拉丁裔的家庭财务脆弱和财务约束的比例均为 68％，约为非西班牙裔白人家庭财务脆弱和财务约束比例的 1.5 倍。亚洲裔等其他种族和多种族家庭的财务脆弱和财务约束比例也高于非西班牙裔白人家庭。

表 12.2　美国家庭财务脆弱和财务约束比例:按照户主种族分组

	非西班牙裔白人	黑人/非洲裔	西班牙裔/拉丁裔	其他/多种族
财务脆弱	0.394	0.513	0.551	0.428
财务约束	0.062	0.167	0.129	0.104
财务脆弱/约束	0.456	0.680	0.680	0.532
样本量	3 982	677	490	628

注:根据 2019 年 SCF 数据计算。其他/多种族代表户主为亚洲裔、美国印第安人、阿拉斯加原住民、夏威夷原住民、太平洋岛民和不止一个种族身份的人。

12.1-3　美国家庭破产风险的度量与特征

（1）美国家庭破产风险的度量。

本节通过两种方式度量美国家庭的破产风险。首先根据 SCF 问卷中"你(你的丈夫/妻子/伴侣)申请过破产吗? 是什么时候申请的?"[①]这一问题,将曾在三年内经历破产的家庭赋值为 1,否则为 0,以此考察真实发生破产的美国家庭所占比例。此外,为了与中国家庭破产风险情况进行对比,本节参考本书第 10 章中国家庭破产风险的度量方式,将出现资不抵债情况的美国家庭,即总资产小于总负债的美国家庭,定义为存在面临破产的风险,赋值为 1,否则为 0。

（2）美国家庭破产风险的特征。

美国具有破产风险的家庭比例高。表 12.3 给出了美国家庭破产风险情况。从实际发生破产的情况来看,美国三年内曾经历破产的家庭比例处于0.9%—1.5%,自 2010 年至 2019 年呈现逐渐下降趋势。从未来可能面临破产的角度来看,美国资不抵债家庭的比例处于 10.4%—11.5%。中国2011—2021 年有破产风险家庭的比例处于 1.2%—3.2%。对比中国和美国家庭破产风险情况可以发现,美国未来可能发生破产的家庭比例远高于中国。然而,从时间维度的变化趋势来看,美国与中国情况相反,近十年中国家庭破产风险呈上升趋势,而美国在 2010—2019 年呈逐渐下降趋势。

---

① 2019 年 codebook 中问题 X6772:Have you(or your{husband/wife/partner}) ever filed for bankruptcy? When was that?

表 12.3　美国家庭破产风险情况

	2010 年	2013 年	2016 年	2019 年
资不抵债	0.111	0.115	0.11	0.104
三年内曾申请破产	0.015	0.011	0.008	0.009

资料来源:根据 2010—2019 年 SCF 数据计算。

　　美国户主为青年、黑人或非洲裔的家庭以及无房、非医保全覆盖和低社会网络家庭申请破产和有破产风险的比例更高。表 12.4 给出了不同户主与家庭特征分组下美国家庭破产风险情况。从户主特征来看,本节将户主年龄在 45 岁以下的家庭定义为青年家庭,将户主年龄为 45—64 岁的家庭定义为中年家庭,将户主年龄为 65 岁及以上的家庭为老年家庭。可以发现,青年、中年和老年家庭申请破产和有破产风险的比例依次递减。此外,户主为黑人或非洲裔的家庭申请破产和有破产风险的比例最高。

　　从家庭特征来看,无房家庭申请破产和有破产风险的比例远高于有房家庭。另外,本节将全部成员均拥有医疗保险的家庭定义为医保全覆盖家庭,反之为非医保全覆盖家庭。由表 12.4 可以看出,医保全覆盖家庭申请破产和有破产风险的比例明显低于非医保全覆盖家庭。根据 SCF 问卷中"在紧急情况下,你(或你的丈夫/妻子/伴侣)能从不同住的亲友那里获得 3 000 美元或更多的经济援助吗?"①这一问题,本节将回答"是"和"否"的家庭分别定义为高社会网络家庭和低社会网络家庭。可以看出,低社会网络家庭申请破产和有破产风险的比例更高。

表 12.4　美国有破产风险的家庭比例:户主与家庭特征分组

	Panel A:户主年龄		
	老年家庭	中年家庭	青年家庭
资不抵债	0.022	0.053	0.191
三年内曾申请破产	0.004	0.007	0.012

---

①　2019 年 codebook 中问题 X6443:In an emergency could you(or your{husband/wife/partner}) get financial assistance of $3 000 or more from any friends or relatives who do not live with you?

（续表）

	Panel B：户主种族			
	非西班牙裔白人	黑人/非洲裔	西班牙裔/拉丁裔	其他/多种族
资不抵债	0.064	0.185	0.098	0.132
三年内曾申请破产	0.007	0.016	0.01	0.005

	Panel C：是否拥有自有住房	
	有房	无房
资不抵债	0.018	0.237
三年内曾申请破产	0.004	0.015

	Panel D：是否拥有医疗保险	
	医保全覆盖	非医保全覆盖
资不抵债	0.078	0.161
三年内曾申请破产	0.007	0.015

	Panel E：社会网络	
	高社会网络	低社会网络
资不抵债	0.061	0.15
三年内曾申请破产	0.004	0.016

资料来源：根据 2019 年 SCF 数据计算。

12.1-4 美国家庭过度负债的度量与特征

（1）美国家庭过度负债的度量。

SCF 提供了美国家庭总负债数据，其中包含有担保贷款、无担保贷款、信用卡欠款、按揭贷款和其他债务。本节基于家庭总负债和总收入数据，计算出美国家庭的负债收入比。参考本书对中国家庭过度负债的定义方式，本节将美国家庭负债收入比大于 1 的家庭定义为过度负债家庭，取值为 1，否则为 0。

（2）美国家庭过度负债的特征。

美国过度负债家庭比例高。图 12.1 绘出了美国家庭过度负债情况，2010—2019 年美国过度负债家庭比例处于 33.7%—37.5%，呈缓慢下降趋势。以 2019 年为例，当年中国过度负债家庭比例为 16.7%，与中国家庭的过度负债情况相比，美国过度负债家庭比例远高于中国。

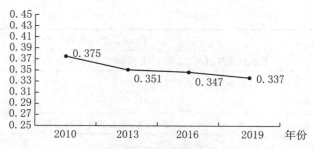

图 12.1　美国过度负债家庭比例的变化趋势

资料来源：根据 2010—2019 年 SCF 数据计算。

美国户主为青年、已婚或者户主为黑人或非洲裔的家庭以及高收入、高社会网络和医保全覆盖的家庭过度负债的比例更高。表 12.5 给出了不同户主特征与家庭特征分组下的美国家庭破产风险情况。从户主年龄特征来看，青年、中年和老年家庭过度负债的比例依次递减。从户主种族来看，户主为黑人或非洲裔的家庭过度负债的比例最低，这可能是由这类家庭信贷可得性低这一原因导致。从户主婚姻状况来看，户主已婚家庭过度负债的比例明显高于户主未婚家庭。从家庭特征来看，本节根据家庭总收入水平的中位数将美国家庭分为高收入和低收入两组。可以看出，高收入家庭过度负债的比例远高于低收入家庭。此外，医保全覆盖家庭和高社会网络水平家庭过度负债的比例也明显更高。总体来看，美国户主个人条件和家庭面经济状况更好的家庭的过度负债比例反而更高，体现出这些家庭的信贷可得性更高，他们更易获得贷款，从而使得家庭的负债收入比增高。

表 12.5　美国过度负债家庭比例：户主与家庭特征分组

	Panel A：户主年龄		
	老年家庭	中年家庭	青年家庭
过度负债	0.226	0.355	0.409
	Panel B：户主种族			
	非西班牙裔白人	黑人/非洲裔	西班牙裔/拉丁裔	其他/多种族
过度负债	0.342	0.294	0.331	0.361
	Panel C：户主婚姻状况	
	已婚	未婚
过度负债	0.377	0.272

（续表）

Panel D：是否拥有医疗保险	
医保全覆盖	非医保全覆盖
过度负债	0.343	0.295

Panel E：收入	
高收入	低收入
过度负债	0.372	0.302

Panel F：社会网络	
高社会网络	低社会网络
过度负债	0.361	0.285

资料来源：根据 2019 年 SCF 数据计算。

12.2　意大利家庭经济风险

本节基于 2012—2020 年意大利家庭收入与财富调查（Survey of Household Income and Wealth，SHIW）数据，从财务脆弱性、破产风险和过度负债三个角度分析意大利的家庭经济风险。

12.2-1　意大利家庭数据来源

SHIW 是意大利银行发起的关于家庭收入和财富的调查，该调查数据包含家庭组成、年龄、教育、劳动、收入、储蓄、消费、信贷、保险等详细信息。意大利银行从 20 世纪 60 年代开始进行这项调查，旨在收集意大利家庭收入和储蓄的数据。多年来，这项调查的范围不断扩大，现在涵盖了财富及家庭经济和金融行为的其他方面，例如所采用的支付方式。SHIW 采用了 PPS 抽样设计。最近一轮的 2020 年调查涵盖了 6 239 个家庭，15 198 名个人，其中追踪调查到的家庭有 2 986 个。SHIW 数据覆盖意大利全国大约 300 个城市，2012 年、2014 年、2016 年和 2020 年 SHIW 数据分别包含 8 151 个、8 156 个、7 420 个和 6 239 个家庭样本。

12.2-2　意大利家庭财务脆弱性的度量与特征

（1）意大利家庭财务脆弱性的度量。

本节基于意大利 SHIW 数据可得性，参考 Brunetti 等（2016）的"财务四象限"定义法度量意大利家庭财务脆弱性。Brunetti 等（2016）将家庭财务脆弱状态定义为：当家庭收入足以覆盖预期支出，但流动性资产不足以覆盖非预期支出。SHIW 问卷中询问了家庭过去一年总花销与总收入的大小关系。本节将受访家庭选择"花销小于家庭年收入且存下了钱"和"花光了全年收入且没有存下一分钱"定义为该家庭年度收入足以覆盖年度预期支出。[①]此外，本节根据 SHIW 问卷中"你认为你家大约应该存多少钱以应对例如健康问题或其他紧急情况等意外事件？"[②]这一问题度量家庭的非预期支出。关于家庭流动性资产，SHIW 数据统计了意大利家庭的银行或邮政存款，包含活期账户、储蓄账户和存折中存款，本节将这些类型的存款定义为家庭流动性资产。若家庭关于收支关系问题的回答为"花销小于家庭年收入且成功存下了钱"和"花光了全年收入且没有存下一分钱"，并且家庭流动性资产小于家庭非预期支出，则本节将该家庭定义为财务脆弱家庭，赋值为 1，否则为0。由此定义得到的家庭财务脆弱性变量均值的含义为意大利财务脆弱家庭的比例。

（2）意大利家庭财务脆弱性的特征。

意大利财务脆弱家庭比例较高。图 12.2 展示了意大利家庭财务脆弱性近年来的变化趋势。2012—2020 年，意大利财务脆弱家庭比例处于 50.3%—75.2%，总体来看在微小波动中呈下降趋势。2011—2021 年，中国财务脆弱

---

① 2020 年 SHIW 问卷中问题 C40：Please consider all of the sources of income for your household that you have told me about during this interview. Could you tell me if in 2020 your household spent less than its entire yearly income and succeeded in saving/ spent its entire yearly income and didn't manage to save anything/spent more than its entire yearly income, drawing on savings or borrowing?

② 2020 年 SHIW 问卷中问题 C42：Approximately, how much should your household put aside for unexpected events, e.g. health problems or other emergencies?

家庭比例处于 11%—23%,远低于意大利财务脆弱家庭比例。然而,从两国家庭财务脆弱性的变化趋势来看,中国财务脆弱家庭比例在近十年内呈逐渐上升趋势,而意大利财务脆弱家庭比例总体呈下降趋势。

图 12.2 意大利财务脆弱家庭比例变化趋势

资料来源:根据 2012—2020 年意大利 SHIW 数据计算。

12.2-3 意大利家庭破产风险的度量与特征

(1)意大利家庭破产风险的度量。

由于意大利 SHIW 问卷中未提及家庭成员过往的破产申请经历,为与中国家庭破产风险情况进行对比,本节参考第 10 章中国家庭破产风险的度量方式,将总资产小于总负债的意大利家庭,即出现资不抵债状况的家庭,定义为存在面临破产的风险,赋值为 1,否则为 0。由此定义的破产风险变量的均值可以呈现意大利有破产风险家庭的比例。

(2)意大利家庭破产风险的特征。

意大利有破产风险的家庭比例与中国相近。图 12.3 展示了近年意大利家庭破产风险的变化趋势。2012—2020 年,意大利具有破产风险的家庭比例处于 1.7%—3.4%。2011—2021 年,中国具有破产风险的家庭比例处于 1.3%—3.4%。从具有破产风险的家庭比例的数值来看,意大利与中国有破产风险的家庭比例相近。从时间维度上的变化趋势来看,两国有破产风险的家庭比例的变化趋势相反。意大利家庭面临的破产风险呈现逐渐下降的趋势,而中国总体呈现上升趋势。

意大利户主为青年、未婚或户主为蓝领和无工作者的家庭以及无房和低

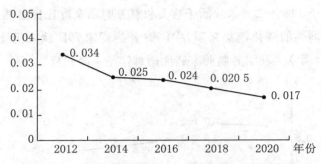

图 12.3　意大利有破产风险家庭比例的变化趋势

资料来源：根据 2012—2020 年意大利 SHIW 数据计算。

社会网络家庭有破产风险的比例更高。表 12.6 给出了不同户主与家庭特征分组下意大利家庭破产风险情况。从户主年龄特征来看，本节将户主年龄为 45 岁以下的家庭定义为青年家庭，户主年龄为 45—64 岁的家庭定义为中年家庭，户主年龄为 65 岁及以上的家庭为老年家庭。可以发现，青年、中年和老年家庭有破产风险的比例依次递减。从户主婚姻状况来看，户主已婚家庭有破产风险的比例明显低于户主未婚家庭。从户主工作状况来看，户主无工作和户主为蓝领工作者的家庭有破产风险的比例较高，而户主为领导、经理或专业人员以及户主为独资企业负责人或艺术家的家庭有破产风险的比例明显较低。

从家庭特征来看，无房家庭有破产风险的比例远高于有房家庭。此外，本节还根据问卷中关于家庭是否能在紧急情况下向亲友借到钱来定义意大利家庭的社会网络水平。据 SHIW 问卷中"在紧急情况下，你认为你家可以暂时从不同住的亲友那里借到 5 000 欧元吗？"①这一问题，本节根据家庭回答"是"与"否"的情况来区分家庭社会网络水平的高与低。可以看出，低社会网络家庭有破产风险的比例明显更高。

---

① 2020 年 SHIW 问卷中问题 C43：In an emergency, do you think your household could temporarily borrow the sum of €5 000 from friends and relatives who do not live with you?

表 12.6　意大利有破产风险的家庭比例：户主与家庭特征分组

	Panel A：户主年龄		
	老年家庭	中年家庭	青年家庭
破产风险	0.008	0.019	0.043

	Panel B：户主婚姻状况	
	已婚	未婚
破产风险	0.014	0.023

	Panel C：户主工作状况					
	蓝领	办公室员工/教师	领导/经理	独资企业/艺术/专业人员	退休	无工作者
破产风险	0.053	0.023	0.006	0.002	0.010	0.048

	Panel D：自有住房	
	有房	无房
破产风险	0.005	0.064

	Panel E：社会网络	
	高社会网络	低社会网络
破产风险	0.010	0.027

资料来源：根据 2020 年 SHIW 数据计算。

12.2-4　意大利家庭过度负债的度量与特征

（1）意大利家庭过度负债的度量。

SHIW 提供了意大利家庭总收入数据，其中包含工资性收入、工商业经营收入、财产性收入以及养老金和转移性收入。此外，SHIW 还提供了意大利家庭总负债数据，其中包含对银行和金融公司的负债、对其他住户的负债以及商业贸易相关的负债。本节基于家庭总负债和总收入数据，计算出意大利家庭的负债收入比。参考本书对中国家庭过度负债的定义方式，本节将负债收入比大于 1 的家庭定义为过度负债家庭，取值为 1，否则为 0。

（2）意大利家庭过度负债的特征。

意大利过度负债家庭比例低于中国。图 12.4 展示了近年意大利过度负债家庭比例的变化趋势。2012—2020 年意大利过度负债家庭比例处于 10.7%—13.2%,呈先下降后上升趋势。2011—2021 年,中国过度负债家庭比例处于 13.9%—18.0%。从过度负债家庭比例来看,意大利存在过度负债状况的家庭比例低于中国。

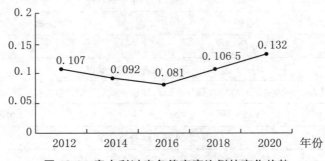

图 12.4　意大利过度负债家庭比例的变化趋势

资料来源:根据 2012—2020 年意大利 SHIW 数据计算。

　　意大利户主为青年、已婚或户主为领导或经理的家庭以及高收入和高社会网络家庭过度负债的比例更高。表 12.7 给出了不同户主与家庭特征分组下意大利家庭过度负债情况。从户主年龄特征来看,本节将户主年龄为 45 岁以下的家庭定义为青年家庭,将户主年龄为 45—64 岁的家庭定义为中年家庭,将户主年龄为 65 岁及以上的家庭定义为老年家庭。可以发现,青年、中年和老年家庭有过度负债的比例依次递减。从户主婚姻状况来看,户主已婚家庭过度负债的比例明显高于户主未婚家庭。从户主工作状况来看,户主为领导或经理的家庭过度负债的比例最高,户主退休或无工作的家庭过度负债的比例最低。

　　从家庭特征来看,本节根据家庭总收入水平的中位数将意大利家庭分为高收入和低收入两组家庭。由表 12.7 可以看出,高收入家庭过度负债的比例远高于低收入家庭。此外,高社会网络水平家庭过度负债的比例也明显高于低社会网络水平家庭。总体来看,与美国家庭的情况相似,户主个人条件和家庭面经济状况更好的家庭的过度负债比例反而更高,体现出这些家庭的信贷可得性更高。

表 12.7　意大利过度负债家庭比例：户主与家庭特征分组

	Panel A：户主年龄		
	老年家庭	中年家庭	青年家庭
破产风险	0.021	0.161	0.276

	Panel B：户主婚姻状况	
	已婚	未婚
破产风险	0.156	0.107

	Panel C：户主工作状况					
	蓝领	办公室员工/教师	领导/经理	独资企业/艺术/专业人员	退休	无工作者
破产风险	0.131	0.248	0.359	0.248	0.026	0.038

	Panel D：收入	
	高收入	低收入
破产风险	0.215	0.087

	Panel E：社会网络	
	高社会网络	低社会网络
破产风险	0.161	0.095

资料来源：根据 2020 年 SHIW 数据计算。

12.3　其他欧洲国家家庭经济风险

本节基于 2010 年、2014 年和 2017 年欧洲国家家庭财务与消费调查
（Household Finance and Consumption Survey，HFCS)结果，从家庭收支情况、
破产风险和过度负债三个角度分析欧元区国家家庭经济风险的内涵、测度
及现状。

12.3-1　欧洲国家家庭数据来源

HFCS 由欧洲央行联合欧元体系各国央行发起，收集家庭层面的财务和
消费数据。大多数国家在 2010 年和 2011 年开展了第一轮调查（2010 年)，

2013 年至 2015 年上半年开展了第二轮调查（2014 年），2017 年开展了第三轮调查（2017 年）。这项调查涵盖了 19 个欧元区国家以及克罗地亚、匈牙利和波兰的 9.1 万户家庭。

12.3-2 欧洲国家家庭收支情况

2017 年欧洲 HFCS 结果报告中给出了欧洲各国家庭的收入和支出情况及两者的大小关系。报告将一年内经常性支出小于总收入的家庭定义为有储蓄能力的家庭，并汇报了有储蓄能力的家庭占比。而本节将其反面情况，即经常性支出等于或大于总收入的家庭比例呈现在图 12.5 中，这类家庭的收支处于入不敷出或者收入仅能覆盖支出的境况，不具备储蓄能力且面临较高的经济风险。

欧元区国家收入仅能覆盖支出及入不敷出的家庭比例较高。以 2017 年为例，欧元区国家收入等于支出及入不敷出的家庭比例均值为 59.8%，中国收入等于支出及入不敷出的家庭占比为 41.6%（根据 2017 年 CHFIS 数据计算）。样本国家中，希腊、波兰、葡萄牙、西班牙等国家收入仅能覆盖支出及

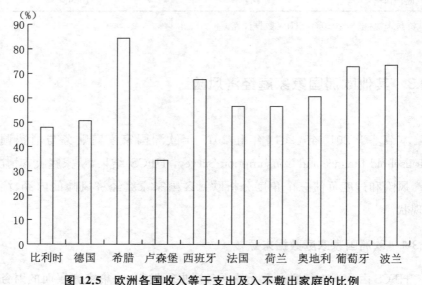

图 12.5 欧洲各国收入等于支出及入不敷出家庭的比例

资料来源：2017 年 HFCS 结果报告。

入不敷出家庭的比例远高于中国,比利时和卢森堡等少数欧洲国家家庭的收支状况优于中国。

欧元区国家不同户主年龄特征下收入等于支出及入不敷出家庭比例的差异较小。表 12.8 展现了欧元区各国收入等于支出及入不敷出家庭的比例与家庭户主年龄的关系。2017 年欧洲 HFCS 结果报告分别给出了户主为 16—34 岁、35—44 岁、45—54 岁、55—64 岁、65—74 岁以及 75 岁及以上家庭的收支关系的情况。可以发现,欧元区各国收入仅能覆盖支出及入不敷出家庭的比例在不同户主年龄段家庭间的差异并不明显,德国、葡萄牙和波兰的老年家庭中收入仅能覆盖支出及入不敷出家庭比例较高,青年家庭收支状况较差的比例较低。希腊、卢森堡和法国的青年和老年家庭中收入仅能覆盖支出及入不敷出家庭比例略高于中年家庭。

表 12.8   收入等于支出及入不敷出家庭比例:按照户主年龄分组

	比利时	德国	希腊	卢森堡	西班牙	法国	荷兰	奥地利	葡萄牙	波兰
16—34 岁	58.9%	38.1%	90.6%	40.6%	69.2%	58.8%	59.4%	65.5%	69.1%	69.2%
35—44 岁	61.8%	45.3%	86.3%	36.0%	62.9%	56.8%	53.3%	60.3%	68.9%	69.3%
45—54 岁	59.6%	49.0%	86.4%	33.9%	69.1%	55.5%	57.0%	58.5%	74.9%	76.5%
55—64 岁	58.5%	49.2%	80.6%	33.6%	68.1%	56.5%	57.6%	60.3%	73.5%	75.7%
65—74 岁	58.0%	54.2%	79.4%	27.2%	63.9%	54.7%	57.1%	60.0%	73.9%	75.7%
≥75 岁	61.7%	50.5%	87.0%	36.8%	72.5%	57.9%	57.8%	61.0%	75.7%	76.7%

资料来源:2017 年 HFCS 结果报告。

欧元区国家无房家庭收入等于支出及入不敷出的比例最高,拥有无贷款住房家庭收入等于支出及入不敷出的比例最低。表 12.9 展现了欧元区各国家庭住房拥有状况与家庭收支情况的关系。可以看出,大多数欧元区国家无房家庭收入等于支出及入不敷出的比例远高于有房家庭。并且在两类有房家庭中,背负按揭贷款的家庭收入等于支出及入不敷出的比例略高于无房贷家庭。然而,西班牙、葡萄牙和波兰例外,这三个国家无房贷家庭收入等于支出及入不敷出的比例略高于背负按揭贷款的家庭。

表 12.9　收入等于支出及入不敷出家庭比例：按照家庭住房状况分组

	比利时	德国	希腊	卢森堡	西班牙	法国	荷兰	奥地利	葡萄牙	波兰
有房 （完全拥有）	40.3%	35.9%	82.1%	32.2%	65.1%	59.9%	45.2%	52.4%	71.4%	73.4%
有房 （有按揭）	40.5%	49.1%	89.0%	34.6%	64.2%	58.9%	49.6%	59.8%	69.8%	71.0%
无房 （租客/其他）	65.1%	58.2%	88.6%	38.5%	75.5%	52.7%	68.3%	65.8%	79.2%	76.6%

资料来源：2017 年 HFCS 结果报告。

12.3-3　欧洲国家家庭破产风险情况

2017 年欧洲 HFCS 结果报告给出了欧洲各国净财富为负的家庭占比情况，结合本书第 10 章对中国家庭破产风险的度量方式，本节将净财富为负（即总资产小于总负债）的家庭定义为存在破产风险的家庭，如表 12.10 所示。

欧元区国家有破产风险的家庭比例普遍高于中国。以 2017 年为例，欧元区国家有破产风险家庭的比例均值为 4.7%，中国有破产风险家庭比例为 3.2%。德国、荷兰、芬兰、西班牙等国家有破产风险家庭的比例较高，约为中国的 2—3 倍，而法国、卢森堡、葡萄牙等国家有破产风险家庭的比例略低于中国。

表 12.10　欧洲各国有破产风险家庭比例

	比利时	德国	希腊	卢森堡	西班牙	法国	荷兰	奥地利	葡萄牙	芬兰
2017 年	3.5%	7.4%	3.1%	2.0%	5.8%	2.5%	9.4%	3.9%	3.1%	9.4%

资料来源：2017 年 HFCS 结果报告。

欧元区国家青年家庭有破产风险的比例最高，老年家庭有破产风险的比例最低。表 12.11 展现了欧元区各国家庭户主年龄与破产风险的关系。2017 年欧洲 HFCS 结果报告分别给出了户主为 16—34 岁、35—44 岁、45—54 岁、55—64 岁、65—74 岁以及 75 岁及以上有破产风险的家庭比例。可以发现，欧元区各国有破产风险的家庭比例与户主年龄呈负相关，尤其是德国、西班牙、法国和芬兰有破产风险的家庭比例严格随户主年龄段的上升而

表 12.11 有破产风险家庭比例：按照户主年龄分组

	比利时	德国	希腊	卢森堡	西班牙	法国	荷兰	奥地利	葡萄牙	芬兰
16—34 岁	8.2%	16.6%	2.4%	3.8%	10.9%	4.6%	12.6%	7.3%	8.0%	25.6%
35—44 岁	3.2%	7.9%	4.5%	3.2%	9.9%	4.0%	15.4%	5.2%	4.9%	9.5%
45—54 岁	3.8%	6.9%	5.2%	0.6%	6.8%	3.0%	11.0%	5.4%	2.5%	7.0%
55—64 岁	3.4%	6.2%	4.5%	2.0%	4.1%	1.7%	8.8%	3.5%	1.5%	4.0%
65—74 岁	3.5%	3.9%	1.4%	1.1%	2.4%	0.9%	3.5%	1.0%	2.6%	2.7%
≥75 岁	0.1%	0.5%	0.2%	0.7%	1.0%	0.5%	1.3%	0.4%	0.9%	0.8%

资料来源：2017 年 HFCS 结果报告。

减少。此外，德国、西班牙、荷兰和芬兰户主为 45 岁以下的青年家庭有破产风险的比例甚至高于 10%。

欧元区国家无房家庭有破产风险的比例最高，拥有无贷款住房家庭有破产风险的比例最低。表 12.12 展现了欧元区各国家庭住房拥有状况与破产风险的关系。可以看出，无房家庭和背负按揭贷款的有房家庭有破产风险的比例远高于无房贷的有房家庭。尤其是比利时、德国、西班牙和芬兰的无房家庭未来可能面临破产风险的比例高于 10%。

表 12.12 有破产风险家庭比例：按照家庭住房状况分组

	比利时	德国	希腊	卢森堡	西班牙	法国	荷兰	奥地利	葡萄牙	芬兰
有房（完全拥有）	0.0%	0.2%	0.1%	0.0%	0.2%	<0.1%	0.2%	0.1%	<0.1%	0.2%
有房（有按揭）	0.8%	2.8%	16.3%	1.2%	8.7%	1.9%	12.1%	1.6%	2.4%	2.9%
无房（租客/其他）	10.7%	12.3%	5.5%	5.3%	13.2%	4.9%	8.5%	6.7%	0.1%	24.9%

资料来源：2017 年 HFCS 结果报告。

12.3-4 欧洲国家家庭过度负债情况与特征

三轮欧洲 HFCS 结果报告给出了欧洲各国有债家庭负债收入比情况，表 12.13 展示了比利时、德国、希腊、卢森堡、西班牙、法国等十个欧洲主要国家 2010 年、2014 年和 2017 年三轮调查的结果。本节参考本书第 3 章中过度负债的度量方式，将负债收入比大于 1 的家庭定义为过度负债家庭。

欧元区国家有债家庭的负债收入比总体略低于中国,少数欧洲国家存在比中国更严重的过度负债状况。以 2017 年为例,欧元区国家有债家庭负债收入比中位数为 70.8%,中国有债家庭负债收入比中位数为 98.3%(根据 2017 年 CHFIS 数据计算)。由表 12.13 可以看出,西班牙、荷兰、葡萄牙有债家庭的负债收入比中位数大于100%,表明这些国家至少有半数以上的有债家庭存在过度负债,这些国家家庭存在着比中国家庭更明显和更严重的过度负债状况。而德国、法国、奥地利有债家庭的负债收入比中位数较低,远低于中国,这些国家家庭部门的负债负担较低,债务支出方面面临的经济风险较低。从时间维度来看,2010—2017 年多数欧洲国家有债家庭的负债收入比呈逐渐上升趋势,奥地利和葡萄牙等少数国家有债家庭的负债收入比有所下降。

表 12.13　欧洲各国有债家庭的负债收入比

	欧元区	比利时	德国	希腊	卢森堡	西班牙	法国	荷兰	奥地利	葡萄牙	芬兰
2010 年	63.4%	80.0%	37.3%	47.2%	86.9%	113.5%	50.4%	194.1%	35.6%	224.5%	64.3%
2014 年	71.8%	79.8%	38.1%	53.5%	114.1%	141.8%	68.0%	177.1%	32.7%	198.5%	76.7%
2017 年	70.8%	90.6%	45.1%	72.9%	95.5%	117.7%	64.5%	243.0%	34.0%	131.6%	77.1%

资料来源:2010 年、2014 年和 2017 年 HFCS 结果报告,表中数据为有债家庭负债收入比的中位数。

12.4　小结

本章基于美国、意大利和其他欧洲国家家庭层面微观调查数据,比较分析各国家庭经济风险的特征,主要有如下发现:

第一,中国家庭经济风险显著低于美国。本章基于 SCF 数据,从财务脆弱性、破产风险和过度负债三方面考察美国家庭经济风险。从家庭财务状态来看,2010—2019 年美国财务脆弱和财务约束家庭比例较为稳定,财务脆弱家庭比例明显高于中国,财务约束家庭比例略低于中国,财务脆弱和财务约束两类家庭比例之和高于中国。从破产风险来看,美国具有破产风险的家庭比例较高,远高于中国。此外,美国三年内曾经历破产的家庭比例处于0.9%—1.5%。在时间维度上,美国家庭破产风险与中国情况相反,近十年中国家庭破产风险呈上升趋势,而美国则呈逐渐下降趋势。从过度负债情况来看,美国过度负债家庭比例远高于中国。

第二,中国家庭经济风险显著低于意大利。本章基于 SHIW 数据,从财务脆弱性、破产风险和过度负债三方面考察意大利家庭经济风险。从家庭财务状态来看,意大利财务脆弱家庭比例较高,2012—2020 年意大利财务脆弱家庭比例远高于中国财务脆弱家庭比例。然而,从其变化趋势来看,中国财务脆弱家庭比例在近十年内呈逐渐上升趋势,而意大利则呈下降趋势。从破产风险来看,近十年意大利具有破产风险的家庭比例与中国相近。从过度负债情况来看,2012—2020 年意大利过度负债家庭比例相对于中国过度负债家庭比例较低。

第三,中国家庭经济风险显著低于欧元区国家。本章基于 2010 年、2014 年和 2017 年 HFCS 结果报告,从家庭收支情况、破产风险和过度负债角度考察欧元区国家家庭经济风险。从收支情况来看,欧元区国家收入仅能覆盖支出及入不敷出家庭比例的均值较高,明显高于中国。然而,存在比利时和卢森堡等少数欧洲国家家庭收支状况优于中国。从破产风险来看,2017 年欧元区国家有破产风险家庭比例均值高于中国,尤其是德国、荷兰、芬兰等国家有破产风险家庭比例约为中国的 2—3 倍,而法国和卢森堡等少数欧洲国家有破产风险家庭比例略低于中国。从过度负债来看,欧元区国家有债家庭负债收入比总体略低于中国,少数欧洲国家如西班牙、荷兰、葡萄牙等有半数以上的有债家庭存在过度负债,这些国家家庭存在着比中国家庭更加严重的过度负债情况。

第四,各国家庭经济风险呈现出异质性特征。从家庭财务状态来看,美国户主为黑人及非洲裔、西班牙裔和拉丁裔的家庭财务脆弱比例更高。欧元区国家无房家庭收入等于支出及入不敷出的比例最高,拥有无贷款住房家庭收入等于支出及入不敷出的比例最低。从破产风险来看,美国户主为青年、黑人或非洲裔的家庭以及无房、非医保全覆盖和低社会网络家庭申请破产和有破产风险的比例更高。意大利户主为青年、未婚或户主为退休和无工作者的家庭以及无房和低社会网络家庭有破产风险的比例更高。欧元区国家青年家庭有破产风险的比例最高,老年家庭有破产风险的比例最低,无房家庭有破产风险的比例最高,拥有无贷款住房家庭有破产风险的比例最低。从过度负债状况来看，美国户主为青年、已婚或户主为黑人或非洲裔的家庭以及医保全覆盖、高收入和高社会网络的家庭过度负债的比例更高。意大利户主为青年、已婚或户主为领导或经理的家庭以及高收入和高社会网络家庭过度负债的比例更高。

第三篇

中国家庭经济风险微观经济效应

13

家庭经济风险与家庭消费

13.1 引言

改革开放以来,中国经济蓬勃发展,居民收入不断提高。然而,中国家庭的消费增长速度却低于家庭收入增长的速度,由此导致的高储蓄问题导致内需严重不足,使拉动经济的"三驾马车"之间的结构性矛盾日益突出。据世界银行 2021 年的数据,发达国家美国、英国、加拿大、德国的国民消费率分别为 81.80%、83.64%、80.02%、72.78%,发展中国家印度、巴西、马来西亚、俄罗斯的国民消费率分别为 69.81%、83.21%、73.81%、72.90%,而中国的国民消费率仅为 54.82%,远低于发达国家及部分发展中国家。[①]据国家统计局数据,中国居民消费率仍呈下降趋势(见图 13.1)。[②]与此同时,不同地区、不同群体之间消费的增长速度也并不一致,居民消费差距一直处于较

---

① 国民消费率等于家庭部门、企业部门和政府部门消费与 GDP 的比。参见世界银行网站:https://data.worldbank.org.cn/。

② 参见国家统计局网站:http://www.stats.gov.cn/tjsj/ndsj/。

高水平。张海洋和韩晓（2022）根据 2012—2018 年 CFPS 数据测算出 2012
年、2014 年、2016 年、2018 年中国县域居民消费的基尼系数分别为 0.40、
0.40、0.43、0.42。可见，中国消费基尼系数仍然较高，发展不充分不平衡问
题依旧突出。相较于收入与财富而言，消费代表着居民的福利，能够反映居
民终身福利的变化，决定着居民的美好生活需要，而居民消费不平等代表的
福利差异是不平衡不充分发展的具体表现，是阻碍共享发展的绊脚石。

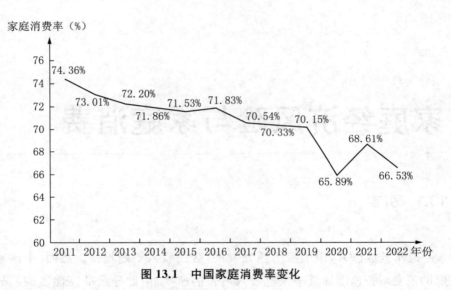

图 13.1　中国家庭消费率变化

资料来源：2011—2022 年《中国统计年鉴》。

　　在此背景下，如何促进居民消费，缩小消费不平等成为政府重点关注的
问题。党的十九届五中全会提出："要形成以国内大循环为主体、国内国际
双循环相互促进的新发展格局。"2021 年《中华人民共和国国民经济和社会
发展第十四个五年规划和 2035 年远景目标纲要》指出："必须建立扩大内需
的有效制度，加快培育内需体系，加强需求侧管理，建设强大国内市场。"居
民为预防未来不确定性进行的储蓄和流动性约束是中国家庭形成低消费、
高储蓄的主要原因。2020 年新冠疫情的暴发加大了居民面临的不确定性和
流动性约束（尹志超等，2021），从而可能对家庭消费产生负向影响，拉大消
费不平等。

习近平总书记在十九届中央政治局第六次集体学习会议上强调:"于安思危,于治忧乱。"当前中国依然面临着政治安全、经济安全、科技安全、社会安全、外部环境安全、党的执政安全等领域的重大风险。其中,经济风险集聚情况受到政府高度关注。党的十九大把防范化解重大风险作为三大攻坚战之一。中央财经委员会第十次会议也研究了防范化解重大金融风险、做好金融稳定发展工作等问题。始终绷紧"经济风险"这根弦,才能最终实现打好防范化解经济重大风险攻坚战的目标。中国的经济发展面临着来自国内国外的双重风险。从国际来看,外部环境的不确定性,通过国际贸易、跨境资本流动、大宗商品市场等渠道,加大中国输入性风险,对国内股市、债市、汇市、互联网金融和楼市产生不容忽视的风险。从国内来看,投资消费增速放缓、中小企业"融资难、融资贵"问题突出等,使得实体经济发展困难重重。

根据第七次全国人口普查数据,中国有 4.9 亿户家庭。家庭既是消费者,又是生产者,在促进整个国民经济可持续发展的过程中发挥着重要作用。家庭所面临的经济风险,将可能通过一系列渠道传导到宏观部门,进而影响宏观经济的平稳发展,造成巨大的经济波动,甚至引发经济危机,从而阻碍共同富裕的实现。家庭经济风险对于居民来说是一种不确定性,而这种不确定性是引起居民进行预防性储蓄、降低当期消费的重要因素。在此背景下,本章试图探讨家庭经济风险对家庭消费及消费不平等的影响,以明确家庭经济风险作用机理及如何防范、分担、转移家庭经济风险,从而为推动共同富裕提供现实依据。

13.2　文献综述

首先,本章从影响居民消费的因素及相关理论两方面对相关文献进行评述。已有研究从人口结构、财富水平、收入分配、消费习惯及金融发展水平等多个方面探讨了影响家庭消费的因素。现有文献关于人口结构对家庭消费的影响持有不同观点。范兆媛和周少甫(2016)研究发现,老人抚养比及少儿抚养比降低了家庭消费。盛来运等(2021)则研究发现,老人抚养比对家庭消费率有负向影响,少儿抚养比对家庭消费率无明显影响。也有研究发现少儿抚养比和老人抚养比提高了家庭消费(黄燕芬等,2019),出于竞争性储蓄动机,性别比例失衡,导致有男孩家庭提高储蓄、降低消费(Wei and Zhang, 2011)。财富水平是个人身份地位的象征,对家庭消费具有不可估量的影响(张大永、曹红,2012),而资产又分为固定资产和金融资产。李涛和陈斌开(2014)发现,生产性固定资产对家庭发挥了财富效应和资产效应,从而提高了家庭消费水平。尹志超等(2021)发现,住房财富通过信贷效应及财富效应提高了城镇居民消费水平。收入不平等是中国乃至全世界长期存在的问题,收入不平等导致资源流向高收入群体,加大了低收入居民的不确定性和流动性约束(周广肃等,2014;甘犁等,2018)。金烨等(2011)发现,收入不平等强化了居民追求高社会地位的动机,从而降低了其消费水平。消费习惯强的居民对于收入的敏感度较低,支出波动较为平缓(Seckin, 1999;Carroll et al., 2000)。张安全和凌晨(2015)发现,消费习惯会提高居民的预防性储蓄,从而降低消费。Campbell 和 Mankiw(1991)发现,金融资源的不可得是降低家庭消费的主要因素。随着金融市场不断完善,家庭获得金融资源的可能性提高,家庭的消费需求得到有效释放(Levchenko,2005)。以银行卡、信用卡及移动支付等为代表的金融发展对家庭消费有明显的促进作用(樊纲、王小鲁,2004;吴锟等,2020;王晓彦、胡德宝,2017)。

消费相关的理论梳理对于理解本章的问题同样至关重要。Modigliani 和 Brumberg(1954)提出的生命周期理论认为,理性消费者会对其一生的劳动收入和财产性收入进行合理分配,使得在生命的每个周期都能达到足够的消费水平,从而达到一生效用的最大化。Friedman(1957)提出的持久收入假说与生命周期理论不同,他认为消费者为实现效用最大化将根据持久收入合理作出每期消费决策。进一步,Leland(1968)根据理论模型提出了预防性储蓄假说,他认为,消费者在不确定条件下会增加当期储蓄、减小当期消费以应对未来不确定性。Deaton(1991)通过建立跨期模型发现,在居民边际效用函数单调递减的条件下,流动性约束会使得家庭当期边际效用高于未来各期的边际效用,从而使得家庭当期消费水平低于未来各期的消费水平。随后,Deaton(1991)和 Carroll 等(1992)结合流动性约束和预防性储蓄理论提出并改进了缓冲存货理论。他们认为,一方面,流动性约束和预防性储蓄存在替代效应,两者都可以降低家庭消费水平,但二者的作用却不可区分;另一方面,流动性约束和预防性储蓄存在促进效应,即流动性约束进一步提高家庭的预防性储蓄动机,从而降低家庭消费。以上假说都没有考虑遗产动机对家庭消费的影响。遗产动机是分析家庭内部进行代际交换的经济学理论(Barro,1974;Becker,1974),消费者本身的利他主义、利己主义及家族传承动机会降低家庭消费(De Nardi et al.,2010)。

随后,我们进一步理解消费不平等。一是理解关于消费不平等的测度。消费不平等是人民对社会公平的直接体现,可细分为群体消费不平等及个体消费不平等(任国强等,2014)。洛伦兹曲线和基尼系数、泰尔指数、对数方差及分位数之比都是测度群体间消费不平等的方式(张海洋、韩晓,2022)。基尼系数能够反映整体的不平等程度(万广华,2009;周广肃等,2020),泰尔指数具有可分解优势,可以有效衡量组间和组内的消费不平等程度(Jappelli and Pistaferri,2010;李彦龙、沈艳,2022)。对数方差也可以衡量组间消费及组内消费不平等,组间消费不平等由家庭可观测到的特征决定,组内(残差)消费不平等由家庭不可观测到的特征变量决定(姚健、臧旭恒,2022)。现有文献大都使用 Yitzhaki 指数(Yitzhaki,1979)、Kakwani 指数(Yitzhaki,1994)及 Podder 指数(Podder,1996)衡量个体消费不平等。Kakwani 指数可以克服 Yitzhaki 指数和 Podder 指数的正规性及量纲性的缺陷,被学者们广泛应用(张雅淋、姚玲珍,2020;张雅淋等,2022;李晓飞、臧旭恒,2022;杨碧云等,2022;杨碧云等,2023),且 Yitzhaki 指数的加权平均值与基尼系数大小相等(杨碧云等,2023)。

二是要关注影响消费不平等的因素。已有研究从财富、收入、负债及数字鸿沟、数字金融等多个角度研究消费不平等问题。住房财富是居民财富的重要组成部分,能发挥财富效应及信贷效应提高居民消费水平,但由房价上涨导致的住房财富的分配不均也拉大了居民的消费不平等(刘靖、陈斌开,2021),张雅淋等(2022)研究发现,住房财富的提高会缓解青年群体面临的消费相对剥夺程度。从持久性收入及缓冲存货理论来看,收入的增长是应对风险、缓解家庭流动性约束、降低家庭预防性储蓄动机的重要方式,但收入的不确定性及不同群体之间的收入差距逐渐拉大了居民间的消费不平等(Krueger and Perri,2006;寇恩惠、侯和宏,2015;姚健、臧旭恒,2022)。负债是一种平滑跨期消费的重要方式，能够提高家庭消费水平（潘敏、刘知琪，2018），缩小收入不平等及财富不平等（邹静娴等，2023）。张雅淋等（2020）也研究发现，负债能够缩小家庭的消费不平等，但住房负债会加剧消费不平等，非住房负债则能够缓解消费不平等。杨碧云等（2022）及杨碧云等（2023）分别从数字经济及数字鸿沟两个视角研究了消费不平等，他们研究发现，数字经济能够缓解家庭流动性约束，缩小收入不平等，从而降低家庭的消费不平等，而数字鸿沟则起到相反作用，其降低了家庭消费（Wang et al.，2023），扩大了消费不平等。目前并无文献研究家庭经济风险与消费不平等之间的关系。在此背景下，本章的研究可弥补相关文献的不足，具有一定现实意义。

最后，我们回到家庭经济风险及消费相关的讨论。家庭经济风险包含了收入风险、失业风险、健康风险等背景风险，对家庭消费产生了不可忽视的影响。袁志刚和宋铮（2000）研究发现，经济转轨中导致的收入不确定性是使居民边际消费倾向降低的重要原因。万广华等（2001）研究发现，流动性约束型消费者比重上升及收入不确定性的增大是造成中国消费低迷、内需不足的重要原因。罗楚亮（2004）、沈坤荣和谢勇（2012）使用家庭暂时性收入作为收入风险的代理变量，研究发现，收入风险对城镇居民消费具有显著负向效应。樊潇彦等（2007）根据户主受教育年限、从事职业、工作单位所有制类型计算了家庭收入风险，他们研究发现，收入风险降低了家庭耐用品消费，且对农村家庭消费的负向影响更大。失业风险是导致家庭收入发生波动的重要因素。周吉梅和舒元（2004）通过理论建模发现，当居民面临更高的失业风险时，他们的预期工资也会随之减少，从而导致居民的消费水平降低。张华初和刘胜蓝（2015）发现，流动人口的失业风险降低了他们的消费水平，且对低消费家庭消费的负向影响更为突出（温兴祥，2015）。居民自身健康状况是人力资本的重要构成因素之一，决定了居民面临的失业风险及收入风险。何兴强和史卫（2014）使用家庭成员自评健康状况衡量健康风险，研究发现，健康风险降低了居民消费水平。尹志超等（2020）使用家庭老年人占比这一客观标准衡量家庭健康风险，研究发现，健康风险加大了居民的预防性储蓄动机，提高了家庭储蓄率。

13.3　数据、变量及模型设定

13.3-1　数据来源和变量介绍

本章所使用的数据来自 2015—2019 年 CHFIS。数据经过处理后,共获得 75 897 个观测值用于本章的模型构建和检验。

（1）被解释变量。

本章研究家庭经济风险对家庭消费的影响。家庭消费包括食品消费、衣着消费、居住消费、家庭设备服务消费、交通通信消费、教育文化娱乐消费、医疗保健消费及其他消费。食品消费指伙食费、烟酒支出及自产农产品支出。衣着消费指家庭所有成员购买衣物支出。居住消费指房屋租金、水电燃料费、物业管理费、暖气费及房屋修缮费用。家庭设备服务消费指耐用品支出、日常用品支出、家政支出及美容支出。交通通信消费指交通工具支出、交通费及通信费。教育文娱消费指教育支出、娱乐旅游支出。医疗保健消费指医保报销后的医疗支出及保健支出。其他消费指奢侈品消费及法律服务消费等。在计量模型中,本章将总消费取自然对数。

与此同时,为了探讨家庭经济风险对消费不平等的影响,借鉴 Kakwani (1984)的做法,本章使用消费相对剥夺指数度量家庭层面的消费不平等,如前所述,该指标克服了 Yitzhaki 指数和 Podder 指数的正规性及量纲性的缺陷,受到学者们的青睐(张雅淋、姚玲珍,2020;张雅淋等,2022;杨碧云等,2022;杨碧云等,2023)。具体的度量方式如下,假设以区县为单位,群体的样本总量为 n,其个体的消费向量为 $X=(x_1, x_2, x_3, x_4, \cdots, x_n)$,将个体的消费水平按升序排列,即 $x_1 \leqslant x_2 \leqslant x_3 \leqslant x_4 \leqslant \cdots \leqslant x_n$,然后将每个家庭和群体内其他参照家庭进行比较,该家庭的消费相对剥夺可表示为:

$$RD(x_i, x_j) = \begin{cases} x_j - x_i, \text{若 } x_j > x_i \\ 0, \text{若 } x_j \leqslant x_i \end{cases} \tag{13.1}$$

第 i 个家庭的相对剥夺 $RD(x_i, x_j)$ 意味着 x_j 对 x_i 的相对剥夺,i 和 j 都代表某家庭将 $RD(x_i, x_j)$ 对 j 求和,并除以组群内家庭消费的均值,得到

第 i 个家庭的平均相对剥夺,计算公式如式(13.2)所示:

$$RD(x,x_k)\frac{1}{n\mu_x}\sum_{j=k+1}^{n}(x_j-x_k)=\gamma_{x_k}^{+}[(\mu_{x_k}^{+}-x_k)/\mu_k] \tag{13.2}$$

Yitzhaki 指数和 Podder 指数的计算公式如下:

$$RD(x,x_k)\frac{1}{n}\sum_{j=k+1}^{n}(x_j-x_k)=\gamma_{x_k}^{+}[(\mu_{x_k}^{+}-x_k)] \tag{13.3}$$

$$RD(x,x_k)\frac{1}{n}\sum_{j=k+1}^{n}(\ln x_j-\ln x_k)=\gamma_{x_k}^{+}[(\mu_{\ln x_k}^{+}-\ln x_k)] \tag{13.4}$$

其中,k 代表家庭,$\gamma_{x_k}^{+}$ 是 X 组群中消费超过 x_k 的样本在组群 X 中占的百分比,μ_k 是组群 X 的消费均值,$\mu_{x_k}^{+}$ 是组群 X 中消费超过 x_k 的样本消费均值。

(2)解释变量。

本章的解释变量为家庭经济风险。本章从收入视角、支出视角、人力资本视角、外生冲击视角出发,借鉴尹志超和张浩栋(2020)构建经济风险指数的方式,使用因子分析的方法合成家庭经济风险指数。为保证家庭经济风险指数的正规性和量纲性,借鉴尹志超等(2021)的研究,使用公式(13.5)将家庭经济风险指数的取值范围界定在 0—1,其中 ER_i 代表每个家庭面临的经济风险,$\min(ER)$ 代表经济风险的最小值,$\max(ER)$ 代表经济风险的最大值。

$$ER\_index_i=\frac{ER_i-\min(ER)}{\max(ER)-\min(ER)} \tag{13.5}$$

收入视角包括收入波动、家庭失业率、投资损失、经营损失;支出视角包括家庭过度负债;人力资本视角包括不健康成员占比、人口老龄化;外生冲击视角主要为家庭遭受的负向冲击。具体定义方式如表 13.1 所示。

表 13.1　家庭经济风险指标体系

一级指标	二级指标		指标设定
家庭经济风险	收入视角	收入波动	根据家庭财富水平、年龄、受教育水平、工作类型及家庭所在县域进行分组,计算每类家庭的组内方差,通过连乘得到家庭的收入波动
		家庭失业率	失业人口/劳动力人口
		投资损失	将股票、基金当前市值小于股票、基金投入资金的家庭定义为投资损失家庭,取值为 1,否则为 0
		经营损失	将工商业项目盈利状况为亏损的家庭定义为 1,否则为 0

（续表）

一级指标	二级指标	指标设定
	支出视角　过度负债	将家庭负债收入比大于1的家庭定义为过度负债家庭,取值为1,否则为0
家庭经济风险	人力资本视角　不健康人员占比	将家庭成员自评健康状况为"非常不健康""不健康"定义为不健康人员,再除以家庭总人数
	外生冲击视角　人口老龄化	家庭60岁以上人口占家庭总人数比例
	负向冲击	将发生过自然灾害、人为灾害、重大疾病、经济状况急剧恶化等外生冲击的家庭定义为1,否则为0

注:为保证使用面板数据进行实证分析,此处家庭经济风险指标的选取可能与第11章有所不同。

表 13.2 呈现了 2015 年、2017 年、2019 年、2021 年家庭经济风险指数的描述性统计结果。在此期间,中国家庭的经济风险总体上呈现上升趋势,而标准差呈现下降趋势,说明中国家庭之间经济风险的差距在不断缩小。

表 13.2　家庭经济风险指数

	2015 年	2017 年	2019 年	2021 年
标准差	0.229 6	0.237 0	0.154 3	0.156 6
均值	0.392 0	0.486 0	0.526 2	0.520 7
最小值	0	0	0	0
最大值	1	1	1	1

（3）控制变量。

参考已有研究家庭消费及家庭消费不平等的文献(易行健、周利,2018;吴锟等,2020;杨碧云等,2023),本章选取了家庭特征变量及户主特征变量。家庭特征变量包括家庭总收入、家庭总资产(净资产＋总负债)、孩子占比(16 岁及 16 岁以下孩子占家庭总人数的比值)、社会养老保险参与人数、社会医疗保险参与人数、自有住房(有住房为1,否则为0)。户主特征变量包括年龄、年龄的平方/100、已婚(已婚为1,否则为0)、受教育年限(没上过学为0;小学为6;初中为9;高中及中专为12;大专为15;大学本科为16;硕士学历为19;博士学历为22)、工作状态(户主有工作为1,否则为0),具体描述性统计如表13.3所示。

表 13.3　描述性统计

变量名称	观测值	均值	标准差	最小值	最大值
被解释变量					
家庭总消费	75 897	10.549 5	0.878 1	5.886 1	19.948 6
消费不平等	75 897	0.422 6	0.231 3	0	1
关注变量					
家庭经济风险	75 897	0.422 6	0.231 3	0	1
家庭特征					
家庭总收入(万元)	75 897	10.222 9	2.241 0	0	17.978 8
家庭总资产(万元)	75 897	12.565 5	1.803 5	0	20.413 9
孩子占比	75 897	0.111 9	0.161 0	0	0.833 3
社会养老保险占比	75 897	0.612 7	0.346 6	0	1
社会医疗保险占比	75 897	0.665 5	0.343 8	0	1
自有住房	75 897	0.953 0	0.211 4	0	1
户主特征					
年龄	75 897	56.442 5	13.604 0	17	117
年龄的平方/100	75 897	33.708 2	15.509 0	2.89	136.89
已婚	75 897	0.886 9	0.316 6	0	1
受教育年限	75 897	8.886 4	4.077 2	0	22
工作	75 897	0.637 3	0.480 7	0	1
农村户口	75 897	0.573 8	0.494 5	0	1

注:在回归模型中,本章对家庭总收入及总资产取自然对数。

13.3-2　模型设定

为考察家庭经济风险对家庭消费及消费不平等的影响,本章的计量模型设定如下:

$$Y_{it} = \beta_0 + \beta_1 ER\_index_{it} + \beta_2 X_{it} + \mu_i + \lambda_t + e_{it} \tag{13.6}$$

其中,下标 i 代表家庭, t 代表年份。 Y_{it} 代表第 i 个家庭在 t 年份家庭总消费的自然对数及第 i 个家庭在 t 年份的消费不平等。 ER_index_{it} 代表第 i 个家庭在 t 年份的经济风险指数。 β_1 为家庭风险指数对家庭消费及消费不平等影响的边际效应。 β_2 为一系列控制变量对家庭消费及消费不平等影响的边际效应。 X_{it} 为控制变量,包括户主特征变量和家庭特征变量。 μ_i 、 λ_t 分别为家庭固定效应及年份固定效应。扰动项 $e_{it} \sim N(0, \sigma^2)$ 。

13.4　计量结果分析

13.4-1　家庭经济风险与家庭消费

首先是家庭经济风险对家庭消费的影响,表13.4展示了双向固定效应模型的估计结果。第(1)列被解释变量为家庭总消费的自然对数,第(2)列被解释变量为生存型消费占比,第(3)列被解释变量为发展型消费占比,第(4)列被解释变量为享受型消费占比。实证结果表明,家庭经济风险能够降低消费水平,且对发展型消费的负向影响更为显著。家庭经济风险指数每提高0.1个单位,家庭总消费降低25.87%。

接下来逐一分析其他控制变量对家庭消费的影响。经典生命周期理论认为,年龄与家庭储蓄率呈现倒U型关系,与消费呈正U型关系。然而,本章发现消费与年龄虽在统计意义上无明显关系,但在经济意义上呈现倒U型关系,居民在年轻时期及老年时期因教育、医疗等原因有较高消费水平,在中年时期尽管收入有了明显提升,需要为其自身养老及子女教育、老人医疗进行储蓄的动机却较大,因而消费水平会较低。

进入婚姻和提高受教育水平均会提高消费水平。户主已婚会提高其消费水平的可能原因为,一方面,户主已婚增加了家庭劳动力,提高了家庭收入水平。另一方面,婚姻能够提高居民的安全感,从而降低居民的预防性储蓄,从而提高消费水平。而户主增加受教育年限能够提高消费水平则可能是因为,受教育年限多的户主获得工作的概率较高,失业的概率较小,能够平滑收入风险对家庭消费的负向影响(易行健等,2017)。此外,户主健康状况较好的家庭消费水平低,可能的原因为,家庭需要的医疗支出大幅减少,不确定性较小,预防性储蓄动机弱,在统计意义上不显著与本章使用的双向固定效应有关。户主若为农村户口显著减小了家庭消费。

生命周期理论及持久收入理论认为,家庭消费水平受收入影响,家庭总收入的提高会促进消费水平的提升。家庭净资产及负债会提高农村居民消费水平。这可能是由于,家庭净资产及负债会缓解流动性约束,而流动性约束一直是制约消费的重要因素。有房会提高家庭消费水平,可能的原因为,

表 13.4　家庭经济风险与家庭消费

变量	家庭消费	生存型消费	发展型消费	享受型消费
	(1)	(2)	(3)	(4)
家庭经济风险	−0.258 7***	0.008 3	−0.118 5***	0.002 5
	(0.024 4)	(0.008 3)	(0.008 3)	(0.003 8)
家庭收入	0.025 8***	−0.001 7***	0.000 1	0.001 5***
	(0.001 6)	(0.000 5)	(0.000 5)	(0.000 2)
家庭资产	0.079 0***	−0.000 8	−0.002 2**	0.006 8***
	(0.003 0)	(0.000 9)	(0.000 9)	(0.000 4)
未成年人比例	0.456 0***	−0.024 0**	0.037 8***	0.007 1
	(0.031 9)	(0.010 7)	(0.011 0)	(0.005 6)
社会养老保险参与比例	−0.074 2***	0.004 4	−0.031 4***	−0.000 0
	(0.012 5)	(0.004 0)	(0.004 2)	(0.002 0)
社会医疗保险参与比例	−0.009 4	−0.000 9	−0.037 6***	0.004 4*
	(0.013 6)	(0.004 3)	(0.004 4)	(0.002 3)
自有住房	−0.068 2***	0.020 4***	0.002 9	0.002 2
	(0.012 3)	(0.004 0)	(0.004 5)	(0.002 2)
年龄	0.001 8	0.000 5	−0.002 8***	0.001 4***
	(0.002 4)	(0.000 8)	(0.000 8)	(0.000 4)
年龄的平方/100	−0.005 5**	−0.000 1	0.002 5***	−0.001 5***
	(0.002 2)	(0.000 7)	(0.000 7)	(0.000 3)
性别	0.033 1***	0.003 0	−0.001 9	−0.000 4
	(0.009 5)	(0.003 3)	(0.003 5)	(0.001 8)
农村户口	−0.033 2**	0.000 6	0.002 7	−0.003 0
	(0.015 6)	(0.005 5)	(0.005 4)	(0.002 6)
已婚	0.059 7***	0.003 4	−0.001 2	−0.003 7
	(0.014 0)	(0.004 4)	(0.004 6)	(0.002 9)
受教育年限	0.007 4***	0.007 6***	0.007 9**	0.015 5**
	(0.001 6)	(0.001 6)	(0.003 3)	(0.007 3)
参与工作	−0.034 5***	0.003 9	−0.012 9***	0.002 2*
	(0.008 8)	(0.003 1)	(0.003 1)	(0.001 4)
时间固定效应	是	是	是	是
家庭固定效应	是	是	是	是
样本量	75 897	75 897	75 897	75 897
拟合优度	0.092 0	0.088 6	0.049 3	0.050 8

注:(1) ***、**、* 分别代表 1%、5%、10% 的显著性水平;(2) 括号内为异方差稳健标准误。本章后表同。

住房可以通过发挥财富效应缓解家庭信贷约束及流动性约束(尹志超等,
2021)。

　　未成年人占比增加也会提高家庭总消费,可能因为,家庭需要为未成年
人付出极高的教育支出及生活用品支出。社会医疗保险同样提高了家庭消
费,这或许是由于医疗保险降低了家庭因疾病而导致的医疗支出,降低了其
预防性医疗储蓄动机(白重恩等,2012)。社会养老保险却并未对家庭消费
产生显著影响,可能的原因为,目前中国的养老保险体制并不完善,养老保
险参与深度水平较低。

13.4-2　家庭经济风险与家庭消费不平等

　　相较收入与财富而言,消费代表着居民的福利,能够反映居民终身福利
的变化,决定着居民的美好生活需要,而居民消费不平等代表的福利差异是
不平衡不充分发展的具体表现。在此背景下,党的十九届五中全会提出了
"十四五"时期推动共同富裕迈出坚实步伐的重点任务。解决居民之间的消
费不平等则是推动共同富裕的重要途径(杨碧云等,2022)。因此,本章也着
重分析了家庭经济风险对家庭消费不平等的影响。

　　表 13.5 展示了家庭经济风险对家庭消费不平等的影响。第(1)列被解
释变量是在 Kakwani 指数定义下的消费不平等,第(2)列被解释变量是在
Podder 指数定义下的消费不平等,第(3)列被解释变量是在 Yitzhaki 指数定
义下的消费不平等。表 13.5 的实证结果显示,家庭经济风险的提高扩大了
家庭的消费不平等。以表 13.5 第(1)列为例,家庭经济风险指数每提高 0.1
个单位,家庭消费不平等指数提高 6.66%。

表 13.5　家庭经济风险与家庭消费不平等

变　量	消费不平等 (Kakwani 指数)	消费不平等 (Podder 指数)	消费不平等 (Yitzhaki 指数)
	(1)	(2)	(3)
家庭经济风险	0.066 6 ***	0.169 3 ***	0.451 5 ***
	(0.006 9)	(0.015 5)	(0.056 0)
家庭收入	−0.006 6 ***	−0.012 8 ***	−0.030 8 ***
	(0.000 4)	(0.000 9)	(0.003 2)
家庭资产	−0.020 3 ***	−0.039 8 ***	−0.120 9 ***
	(0.000 8)	(0.0019)	(0.006 2)

（续表）

变 量	消费不平等 （Kakwani 指数）	消费不平等 （Podder 指数）	消费不平等 （Yitzhaki 指数）
	(1)	(2)	(3)
未成年人比例	−0.122 5***	−0.257 5**	−0.622 2***
	(0.009 1)	(0.017 5)	(0.066 5)
社会养老保险参与比例	0.025 4***	0.037 0***	0.040 3
	(0.003 5)	(0.008 1)	(0.026 7)
社会医疗保险参与比例	0.008 2***	−0.003 1	0.067 1**
	(0.003 7)	(0.008 6)	(0.027 4)
自有住房	0.017 4***	0.034 8***	0.116 4***
	(0.003 5)	(0.007 4)	(0.028 2)
年 龄	−0.000 8	−0.006 1***	−0.014 5***
	(0.000 6)	(0.001 4)	(0.005 3)
年龄的平方/100	0.001 8***	0.008 1***	0.018 3***
	(0.000 6)	(0.001 3)	(0.004 8)
性 别	−0.008 5***	−0.027 8***	−0.083 8***
	(0.002 7)	(0.005 4)	(0.021 4)
农村户口	0.005 0	0.021 8**	0.016 0
	(0.004 9)	(0.008 7)	(0.033 1)
已 婚	−0.014 2***	−0.039 4***	−0.039 2
	(0.003 8)	(0.009 1)	(0.029 9)
受教育年限	−0.001 7***	−0.001 0***	−0.002 2***
	(0.000 4)	(0.000 6)	(0.000 8)
参与工作	0.012 3***	0.005 3***	0.106 4***
	(0.002 5)	(0.005 3)	(0.018 4)
时间固定效应	是	是	是
家庭固定效应	是	是	是
样本量	75 897	75 897	75 897
拟合优度	0.058 5	0.055 5	0.147 3

13.5 机制分析

13.5-1 基于流动性约束视角的分析

Deaton(1991)提出了流动性约束理论,他通过数理建模的方式得出流动性约束会提高家庭当期储蓄率、降低家庭消费这一结论。具体地,当家庭受到流动性约束时,消费者无法对资源进行有效配置,效用最大化目标无法实现,家庭当期的边际效用会大于未来的边际效用,从而导致家庭当期消费水平较低。据 2019 年 CHFIS 数据,流动性约束型家庭占比达到 42%,中国家庭面临的流动性约束较为严重(尹志超等,2021)。本章的家庭经济风险包含了收入的波动及收入的下降,这是导致家庭面临流动性约束的重要原因。

与此同时,资金供给方在进行放贷时,会对资金需求方自身的就业、收入、健康状况禀赋等进行系统评估,而高经济风险家庭面临违约的不确定性较高,无法获得自身所需要的资金。为验证经济风险提高广义流动性约束①的渠道,借鉴 Zeldes(1989)的定义方式,本章将金融资产价值低于两个月永久性收入的家庭定义为广义流动性约束家庭,赋值为 1,否则为 0(尹志超等,2020)。借鉴江艇(2022)的研究,本章直接探讨家庭经济风险对广义流动性约束的影响,表 13.6 第(1)列结果显示,家庭经济风险可以显著提高家庭广义流动性约束。

一般将狭义信贷约束定义为因信贷需求主体受到信息不对称等原因限制,无法获得自身需要的信贷资金,信贷需求无法得到满足(Baydas et al.,1994)。本章借鉴 Jappelli 等(1998)的做法,将需要信贷但是没有申请或申请被拒绝的家庭定义为信贷约束家庭。借鉴江艇(2022)的研究,本章直接探讨家庭经济风险对狭义流动性约束的影响,表 13.6 第(2)列为最小二乘估计结果,实证结果表明,家庭经济风险显著提高了家庭面临的信贷约束。

表 13.6　机制分析 1

变　量	广义流动性约束	狭义流动性约束(信贷约束)
	(1)	(2)
家庭经济风险	0.067 0 ***	0.258 7 ***
	(0.006 9)	(0.024 4)
控制变量	是	是
时间固定效应	是	
家庭固定效应	是	
省份固定效应		是
样本量	75 897	75 897
拟合优度	0.058 3	0.092 0

---

① 广义流动性约束是指家庭在需要支付款项时没有资金,包括自身收入低和无法借贷足够的款项两种情况。

13.5-2 基于风险态度视角的分析

风险态度是居民面临风险时所拥有的态度或者居民对不确定性的回应方式,对家庭经济决策具有重要影响(Hong et al., 2004)。风险态度分为风险偏好、风险中性及风险厌恶。李涛和郭杰(2009)、秦芳等(2023)研究发现,具有风险偏好的居民更倾向于参与股市和创业。风险偏好型家庭对未来发生不确定性的敏感程度较低,为应对风险而进行预防性储蓄的动机也较低,而风险厌恶型家庭对未来发生不确定性的敏感程度较高,为应对风险而进行预防性储蓄的动机也较强,家庭当期消费较低(钟慧、邓力源,2015)。

借鉴尹志超等(2023)的研究,本章根据家庭的投资倾向来定义家庭是风险厌恶还是风险偏好或风险中立的。具体地,本章将"如果您有一笔资金用于投资,您最愿意选择哪种投资项目"这一问题回答为"略低风险、略低回报的项目及不愿意承担任何风险"的家庭定义为风险厌恶家庭,取值为1,否则为0。表13.7的实证结果表明,家庭经济风险会显著提高家庭风险厌恶的概率。

表 13.7 机制分析 2

变　量	风险厌恶
家庭经济风险	0.067 0***
	(0.006 9)
控制变量	是
时间固定效应	是
家庭固定效应	是
样本量	75 897
拟合优度	0.058 3

13.6 异质性分析

13.6-1 收入异质性

根据持久收入假说,消费者的消费、储蓄行为不是由现期收入决定的,而是取决于其持久收入,收入的大小及稳定性是家庭进行预防性储蓄的重要原因。长期以来,中国居民面临着严重的收入不平等问题,据《中国统计年鉴》数据,2022年中国的基尼系数达到 0.468。收入不平等是导致家庭高储蓄的重要因素(甘犁等,2018),这表明家庭经济风险带来的降低消费效应在不同收入水平家庭应有所不同。收入作为一种物质资本能够帮助家庭分散风险,相较低收入家庭,高收入家庭拥有较强的抵抗不确定性的能力及较低的资金约束程度(尹志超等,2021),预防性储蓄动机较弱。

为考察家庭收入水平异质性,本章在计量模型中引入家庭经济风险与低收入家庭的交互项,表 13.8 第(1)列汇报的估计结果显示,两者交互项系数为−5.67%,在10%的显著性水平下显著,表明家庭经济风险对低收入家庭的消费有更大的负向影响。可能的原因为,低收入家庭为应对不确定性而进行预防性储蓄的动机较为强烈。

13.6-2　教育异质性

人力资本作为体现到居民身上的资本对推动经济增长具有重要且深远的意义。受教育水平作为人力资本的重要体现对家庭经济行为更是有着不容小觑的作用。一方面,受教育水平高的家庭拥有更多金融素养的积累,为家庭收入的增加打下基础。另一方面,受教育水平减小了家庭面临的不确定性。尹志超等(2020)认为,受教育水平高的家庭就业的概率大,失业风险较小。易行健等(2017)发现,受教育水平高的家庭抵御收入风险的能力强。而根据持久收入假说及预防性储蓄理论可知,无论是收入的增加还是不确定性的削减都能有效降低家庭进行预防性储蓄的动机,从而提高家庭消费水平(Modigliani and Brumberg 1954;Leland,1968)。

本章根据户主受教育水平将样本分为低受教育水平家庭及高受教育水平家庭①,使用交互项的方法探讨家庭经济风险对两组家庭消费影响的差异。表 13.8 展示了估计结果,第(2)列的估计结果显示,家庭经济风险和低受教育水平家庭的交互项系数在5%的显著性水平下显著为负,该结果表

---

① 本章将户主学历为高中以上的家庭设为高受教育水平家庭,否则为低受教育水平家庭。

明,相较于高受教育水平家庭,家庭经济风险对低受教育水平家庭的消费有较大的抑制作用。其中的可能原因为高受教育水平家庭抵御经济风险的能力较强,而低受教育水平家庭抵御经济风险的能力较弱,预防性储蓄动机更强。

13.6-3　年龄异质性

个人年龄与家庭消费密切相关(李蕾、吴斌珍,2014)。鉴于此,本章以户主60岁为界限将样本分为老年家庭和非老年家庭,将家庭经济风险与老年家庭的交互项引入计量模型。表13.8第(3)列展示的估计结果显示,两者的交互项系数为−37.98%,且在1%的显著性水平下显著,实证结果表明,家庭经济风险对老年家庭的消费有更大的负向效应。这可能是因为,一方面,相对于非老年家庭,老年家庭应对风险的能力较弱,因养老问题、疾病问题等原因进行预防性储蓄的动机更为强烈;另一方面,受到传统思想的限制,老年人保守的思想导致家庭以储蓄为主,消费较少。

13.6-4　城乡异质性

中国是一个典型的二元体制国家,城乡之间的差异较为明显。处于城镇地区的家庭获得金融服务、医疗服务、就业机会的概率较高,应对风险的能力强于农村地区的家庭,但如果只按农村和城镇进行分组会将外出务工但属于农村家庭的样本划分到城镇样本,而尹志超等(2020)研究发现农村劳动力流动是一个充满风险的过程,流动行为会提高家庭储蓄率。

鉴于此,本章按户主的户口类型区分农村家庭和城镇家庭,并在计量模型中引入家庭经济风险和农村家庭的交互项。表13.8第(4)列展示的估计结果显示,两者的交互项系数为−15.95%,且在5%的显著性水平下显著,该结果表明,家庭经济风险对农村家庭的消费有更大的负向效应。可能的原因为,相对于城镇家庭而言,农村家庭面临的不确定性较大,且受到信贷约束,获得就业的机会更低,应对不确定性的能力较弱,预防性储蓄动机较强,从而导致其消费水平较低。

表 13.8　异质性分析

变　量	家庭消费			
	(1)	(2)	(3)	(4)
家庭经济风险	−0.193 0***	−0.196 4***	−0.074 2**	−0.160 5***
	(0.035 9)	(0.035 2)	(0.033 2)	(0.031 9)
家庭经济风险×低收入家庭	−0.056 7*			
	(0.034 9)			
低收入家庭	−0.120 7***			
	(0.016 2)			
家庭经济风险×低教育水平		−0.080 8**		
		(0.037 9)		
低教育水平		0.026 6		
		(0.022 3)		
家庭经济风险×老年家庭			−0.379 8***	
			(0.044 7)	
老年家庭			0.234 2***	
			(0.027 3)	
家庭经济风险×农村家庭				−0.159 5***
				(0.036 8)
农村家庭				0.039 5*
				(0.022 6)
控制变量	是	是	是	是
时间固定效应	是	是	是	是
家庭固定效应	是	是	是	是
样本量	75 897	75 897	75 897	75 897
拟合优度	0.099 7	0.092 3	0.093 8	0.092 6

13.7　进一步分析

13.7-1　基于风险转移视角的分析

　　家庭为应对不确定性而进行预防性储蓄是导致家庭消费较低的重要原因。中国于 2007 年出台的《中华人民共和国劳动合同法》切实保障了劳动者合法权益,提高了劳动者获得社会保险的概率(Gao et al.,2012)以及劳动者的福利水平(杜鹏程等,2018)。而获得社会保险等福利会使劳动者的预防性储蓄动机减小,家庭储蓄率较低(马光荣、周广肃,2014)。基于以上分析,获得劳动福利的劳动者的预防性储蓄会有所降低,消费水平有所增长。

一方面,签订劳动合同不仅能够使劳动者得到一定休闲时间,提高其效用水平,也能让劳动者获得应有权益,例如,劳动者能获得超时工作后的额外薪酬以及应有的社会保障。另一方面,出于被辞退的可能,劳动者可能会进行预防性储蓄以度过失业期,而在签订劳动合同后,劳动者即使被辞退也仍能获得部分辞退金,帮助劳动者在保证效用不变的同时降低预防性储蓄动机。因此,签订劳动合同可以将家庭成员失业的风险转移给用人单位。

为探讨签订劳动合同的影响,借鉴吴卫星等(2022)的做法,本章将有固定期限劳动合同、长期劳动合同及短期或临时劳动合同的劳动者定义为签订劳动合同,取值为1,否则为0,并以家庭为单位计算出家庭签订劳动合同的人数。在计量模型中引入家庭经济风险与签订劳动合同人数的交互项,表13.9第(1)列汇报的估计结果显示,两者交互项的系数为16.86%,在1%的显著性水平下显著,表明签订劳动合同人数是转移家庭经济风险的重要渠道,其降低了家庭经济风险对家庭消费的抑制作用。

商业保险作为社会保险的补充和一种特殊的金融产品,是家庭自我选择分散风险的方法,家庭可以通过参与商业保险将已发生的风险转移给保险公司,从而保持自身效用的最大化。参加商业保险不仅可以强化家庭对风险的识别能力,也可以减少家庭由预防性动机而进行的储蓄。杨继军和张二震(2013)研究发现,商业保险可以减少居民对风险的厌恶,提高居民的边际消费倾向,进而提高家庭消费,降低家庭储蓄率。尹志超和严雨(2020)研究发现,商业保险可以缓解收入不确定性对家庭储蓄率的影响。此外,商业保险作为一种金融资产,与家庭其他实物资产存在替代效应,这有利于家庭将储蓄转化为收益率较高的资产(Azman-Saini and Smith,2011),提高居民的收入,进而降低家庭的预防性储蓄动机。因此,相对参与商业保险人数更多的家庭,参与商业保险较少或者未参与商业保险的家庭的预防性储蓄动机更强,在当期消费的动机较弱。

基于以上分析,本章在计量模型中引入了家庭经济风险和参与商业保险人数变量的交互项,使用双向固定效应模型进行分析,重点关注两者交互项的系数。表13.9第(2)列汇报的估计结果显示,两者交互项的系数为8.61%,在5%的显著性水平下显著,表明参与商业保险是转移家庭经济风险的重要渠道,其降低了家庭经济风险对家庭消费的抑制作用。

表 13.9　进一步分析 1

变量	家庭消费	家庭消费
	(1)	(2)
家庭经济风险	−0.165 1 ***	−0.193 9 ***
	(0.033 4)	(0.035 2)
家庭经济风险×签订劳动合同人数	0.168 6 ***	
	(0.034 9)	
签订劳动合同人数	−0.008 8	
	(0.021 6)	
家庭经济风险×参与商业保险人数		0.086 1 **
		(0.037 9)
参与商业保险人数		0.031 6
		(0.022 3)
控制变量	是	是
时间固定效应	是	是
家庭固定效应	是	是
样本量	49 094	75 897
拟合优度	0.100 3	0.092 1

13.7-2　基于风险分担视角的分析

社会网络可以连接资源相异、权力不等的个体,而在人情味浓厚的中国,社会网络已然成为人民生活中必不可少的部分(边燕杰,2004),其作为家庭重要禀赋能够帮助家庭分散风险,抵御外部冲击,提高家庭消费,有效降低家庭储蓄率(王春超、袁伟,2016)。张栋浩和尹志超(2018)认为,中国农村保障能力整体相对较弱,从而使家庭陷入贫困状态的概率增大。当家庭面对风险或外部冲击所带来的负向影响时,受限于不完善的社会保险制度,社会网络可以充当非正式的保险帮助家庭分担风险(吴本健等,2014)。一方面,以亲缘、血缘、地缘为主的社会网络通过礼金往来等形式降低了经济风险对家庭带来的负向冲击(易行健等,2012)。另一方面,社会网络能够有效促进网络内部成员相互协作,帮助家庭获得正规借贷及非正规借贷,进而有效缓解家庭流动性约束(尹志超等,2019)。

基于以上分析,本章借鉴尹志超等(2021)的做法,使用户主成年子女数量及户主成年兄弟姐妹数量度量家庭社会网络,试图分析社会网络是否可以起到分担风险,从而降低家庭预防性储蓄动机的作用。本章在计量模型中分别引入了家庭经济风险与成年子女数量及成年兄弟姐妹数量的交互项,表 13.10 第(1)(2)列汇报的估计结果显示,两者交互项的系数分别为 9.69%、17.93%,且在 1%、5% 的显著性水平下显著,表明家庭社会网络是分担家庭经济风险的重要渠道,其降低了家庭经济风险对家庭消费的抑制作用。

失业保险作为一种社会保险,是社会保障体系的重要组成部分,能够保障因失业而暂时中断生活来源的劳动者的基本生活,最大程度降低为应对未来失业而进行预防性储蓄的动机,从而提高家庭消费(臧旭恒、易行健,2023)。因此,为探讨失业保险能起到分担风险从而促进家庭消费的作用,本章将有失业保险的家庭成员赋值为 1,否则为 0,然后计算出家庭拥有失业保险的人数,将其与家庭经济风险的交互项引入计量模型。表 13.10 第(3)列汇报的估计结果显示,两者交互项的系数为 37.91%,在 10% 的显著性水平下显著,表明失业保险人数可以分担家庭经济风险,降低家庭预防性储蓄动机,从而促进家庭消费。

表 13.10　进一步分析 2

变　量	家庭消费		
	(1)	(2)	(3)
家庭经济风险	−0.184 5 ***	−0.257 4 ***	−0.076 1 **
	(0.024 3)	(0.022 9)	(0.034 5)
家庭经济风险×成年子女数量	0.096 9 ***		
	(0.034 9)		
成年子女数量	0.051 2 ***		
	(0.009 8)		
家庭经济风险×兄弟姐妹数量		0.179 3 **	
		(0.090 6)	
兄弟姐妹数量		0.033 7	
		(0.036 7)	
家庭经济风险×参与失业保险人数			0.379 1 ***
			(0.047 8)
参与失业保险人数			0.234 0 ***
			(0.029 0)
控制变量	是	是	是
时间固定效应	是	是	是
家庭固定效应	是	是	是
样本量	75 897	75 897	75 897
拟合优度	0.103 2	0.093 3	0.093 6

13.8 小结

全面提振消费,缩小消费不平等,是扩大内需,推动共同富裕,建设中国式现代化国家的必由之路。中国经济面临国内国外的双重风险,家庭既是消费者也是生产者,家庭产生的经济风险能对宏观经济产生巨大影响,阻碍新发展格局及共同富裕的实现。本章使用 2015—2019 年 CHFIS 数据,从收入视角、支出视角、人力资本视角及外部冲击视角出发,使用因子分析的方法构建了家庭经济风险指数,运用双向固定效应模型研究了家庭经济风险对家庭消费及消费不平等的影响。具体有如下结论:

第一,家庭经济风险会显著降低家庭消费,扩大家庭消费不平等。本章从收入视角、支出视角、人力资本视角、外生冲击视角出发,使用因子分析的方法合成家庭经济风险指数,以 Kakwani 指数定义家庭消费不平等,并以家庭总消费和消费不平等指数作为被解释变量,运用双向固定效应模型进行实证分析。实证结果表明,家庭经济风险会降低家庭消费,加剧家庭消费不平等。家庭经济风险指数对家庭消费影响的边际效用为-25.87%,对家庭消费不平等影响的边际效用为 6.66%。

第二,家庭经济风险通过加大流动性约束和提高风险厌恶发挥作用。本章立足于流动性约束理论和风险偏好理论,具体探讨了家庭经济风险对家庭消费及不平等的影响渠道。将金融资产价值低于两个月永久收入的家庭定义为受到广义流动性约束家庭;将需要信贷但是没有申请或申请被拒绝的家庭定义为信贷约束(狭义流动性约束)家庭;以受访者的主观风险态度衡量风险厌恶程度,并分别以广义流动性约束、信贷约束及风险厌恶作为被解释变量,使用双向固定效应模型进行实证分析。实证结果表明,家庭经济风险会加大家庭流动性约束,提高家庭风险厌恶程度,从而降低家庭消费,扩大家庭消费不平等。

第三,家庭经济风险对低收入家庭、低受教育程度家庭、老年家庭及农村家庭消费的负向影响更大。本章在双向固定效应的计量模型中分别引入了家庭经济风险与低收入家庭、低受教育程度、老年家庭及农村家庭变量的交互项,分析了家庭经济风险影响家庭消费的异质性。实证结果表明,家庭经济风险对低收入家庭、低教育程度家庭、老年家庭及农村家庭的消费具有更大的负向影响。

第四,签订劳动合同及参与商业保险能够转移家庭经济风险,社会网络及参与失业保险则能够分担家庭经济风险。本章在双向固定效应的计量模型中分别引入了家庭经济风险与签订劳动合同人数及参与商业保险人数变量的交互项,分析了转移家庭经济风险的渠道。实证结果表明,签订劳动合同及参与商业保险能够转移家庭经济风险,从而提高家庭消费水平。与此同时,本章在双向固定效应的计量模型中分别引入了家庭经济风险与社会网络及参与失业保险人数变量的交互项,探讨了分担家庭经济风险的渠道。实证结果表明,社会网络及参与失业保险能够有效分担家庭经济风险,从而促进家庭消费。

14

保险与家庭财务脆弱性

14.1 引言

财务脆弱性是指家庭未来陷入财务困境的可能性,描述了家庭面临着无法及时或完全履行偿债义务而引发财务困境的状态。家庭财务脆弱性有多种测度方式,例如有研究使用负债收入比(Brown and Taylor,2008;Jappelli et al.,2013)、负净资产(Giarda,2013)、能否支付非预期支出(Lusardi et al.,2011)、收入可以覆盖其预期支出但流动性资产无法覆盖其非预期支出(Brunetti et al.,2016)等方式来测度。Brunetti 等(2016)提出的财务自由、财务脆弱、过度消费且具有流动性、财务约束分类法在测度中较为常用。人力资本匮乏(Lusardi et al.,2011;Anderloni et al.,2012)、金融素养不足(Brunetti et al.,2016)、过度负债(Christelis et al.,2010;Anderloni et al.,2012;李波、朱太辉,2022)以及健康风险(廖宇航,2019;岳崴等,2021)等都被认为是引发财务脆弱性的原因。

通过前面的分析,可知商业保险作为一种重要的风险分散工具,在提升家庭的风险应对能力、促进经济社会平稳健康发展等方面具有重要作用。

商业保险满足了家庭多层次的保险需求,形成对基本社会保险制度的有益补充。与此同时,商业保险也是一种重要的金融工具,商业保险的发展对完善中国金融体系、激活经济主体活力起到十分重要的意义。已有文献从不同维度探讨了商业保险的经济影响,例如,参与商业保险能够显著降低家庭的储蓄率(尹志超、严雨,2020),促进家庭消费(南永清等,2020),并能够提高家庭的风险金融资产配置水平(陈华、杨铖,2021)。

图 14.1 呈现了 2000 年以来中国保险密度(人均保险费)和保险深度(保费收入占 GDP 比重)数据。数据显示,中国保险密度呈现稳定增长态势,2022 年人均保险费增长至 3 326 元;保险深度具有一定的波动性,但整体上也呈现上升态势。2022 年的保险深度为 3.88%,与 2020 年 4.46% 的高点和前值 3.91% 相比有所回落。从保费收入来看,中国保费收入由 2000 年的 1 596 亿元增长至 2022 年的 46 957 亿元,翻了接近 30 倍,可见商业保险在资产配置领域的重要性愈加明显。商业保险市场的发展为家庭实现资产配置多样化提供了有效途径,商业保险成为分散风险的一种有效的金融工具,进而可能对缓解家庭财务脆弱性产生积极作用。从现有研究来看,基于财务脆弱性的角度探讨和分析商业保险的影响及其传导机制的文献颇少。

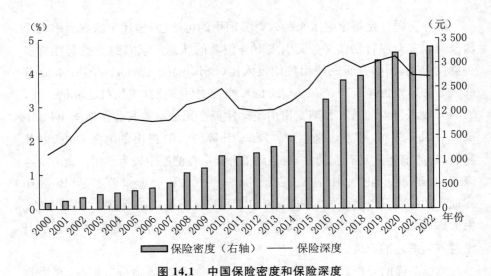

图 14.1 中国保险密度和保险深度

资料来源:历年《中国统计年鉴》。

从财务脆弱性的角度来看,商业保险作为弱化风险冲击的有效方式,可能对缓解家庭财务脆弱性具有积极影响。岳崴等(2021)研究发现,商业医疗保险对家庭财务脆弱性具有显著的改善作用,同时也降低了健康风险对财务脆弱性的不利影响。这是因为,医疗保险的参保家庭只需承担部分医疗支出,就能使其未来面临的医疗支出不确定性下降,有助于弱化不利的非预期支出对财务脆弱性的影响,帮助受冲击家庭恢复生产生活,提升抵御风险冲击的能力(张梦林、李国平,2020)。一方面,当遭受意外事件或冲击时,家庭可以通过商业保险获取赔付,减免部分必要支出,有助于改善家庭的财务脆弱性;另一方面,在不利事件或冲击发生时,商业保险能够有效缓解家庭面临的流动性紧张问题,降低家庭财务应对流动性困境的压力。总而言之,商业保险作为一种有益的风险分散金融工具,可能会有效缓解家庭的财务风险,降低家庭的财务脆弱性。接下来,本章将借助 CHFIS 2017 年、2019年和 2021 年面板数据,系统分析商业保险对家庭财务脆弱性的影响、作用机制及异质性。

14.2　数据、变量与模型

14.2-1　数据来源

本章运用 2017 年、2019 年、2021 年 CHFIS 数据进行实证研究。2017年样本覆盖了全国 29 个省(自治区、直辖市),355 个区县,样本规模 40 011户;2019 年样本覆盖了全国 29 个省(自治区、直辖市),345 个区县,样本规模 34 643 户;2021 年样本覆盖了全国 29 个省(自治区、直辖市),200 余个区县,样本规模 22 027 户。CHFIS 调查问卷涉及人口统计学特征、资产与负债、保险与保障、支出与收入、金融知识、基层治理与主观评价等方面的信息。其中,保险与保障模块中询问了家庭成员参与商业保险及获取商业保险赔付等方面的详细信息,支出与收入部分详细询问了家庭各类型收入、消费的基本情况,为本章考察商业保险对家庭财务脆弱性的影响提供了重要的数据支持。经过数据清洗,最终保留了 7 083 户家庭三期的平衡面板数据。接下来,本章将分别对商业保险参与、财务脆弱性、控制变量的定义方式展开详细说明。

14.2-2 变量定义

本章的被解释变量为家庭财务脆弱性。参考 Brunetti 等(2016)、岳崴等(2021)等文献的定义方式,根据家庭收入是否满足家庭预期消费,以及家庭流动性资产能否应对潜在的非预期支出定义四种财务状态,将"收入≥预期支出且流动性资产<非预期支出"定义为家庭财务脆弱,将非脆弱状态的定义划分为三类,分别是财务自由(收入≥预期支出且流动性资产≥非预期支出)、过度消费但具有流动性(收入<预期支出且流动性资产≥非预期支出)、财务约束(收入<预期支出且流动性资产<非预期支出)。其中,收入定义为家庭总收入,包括家庭工资性收入、经营性收入、财产性收入、转移性收入和其他收入;预期支出定义为家庭消费性支出(剔除了耐用品消费和医疗支出)、房租、耕地转入租金、贷款等;流动性资产定义为家庭现金、活期存款、定期存款、易存易取的互联网理财产品(如余额宝、京东小金库、百度百赚等)的余额、股票的现金余额等;非预期支出定义为医疗支出、住房维修支出、法律服务支出、红白喜事的红包和礼品支出等。在财务脆弱性指标的测度中,家庭收入大于预期支出,表明家庭可以维持基本生活,同时所持有的流动性资产低于家庭非预期支出,表明家庭难以有效应对潜在的医疗支出等不确定性事件对家庭财务状况产生的不利影响。这一状态综合反映了家庭虽然处于非贫困状态,但是应对风险的能力弱,一旦发生较高的非预期支出,家庭经济就无法承担,随即陷入贫困状态。

借鉴尹志超和严雨(2020)等文献的做法,本章的主要解释变量为商业保险参与、商业保险参保率等指标。具体来说,将商业保险参与定义为家庭中有成员拥有商业保险(包括商业人寿险、商业健康险、除车险以外的商业财产险等品种),将商业保险参保率定义为参与商业保险的家庭成员比例。在商业保险具体指标上,本章分别定义了商业人寿保险参与、商业健康保险参与、商业意外伤害保险参与、商业财产保险参与,来刻画并分析不同类型的商业保险参与对家庭财务脆弱性的影响。

14.2-3 描述性统计

表 14.1 汇报了按照商业保险参与以及商业保险参与类型分组的描述性统计结果。以商业保险参与的描述性统计结果为例,参与组家庭财务脆弱性的比例为 13.72%,财务约束的比例为 13.81%,分别比对照组低 7.18% 和 6.13%,而参与组家庭财务自由的比例为 46.86%,过度消费但具有流动性的比例为 25.61%,分别比对照组高 8.68% 和 4.62%。以商业保险子指标作为分析变量,研究结论基本类似。总体来看,参与商业保险与家庭财务脆弱、财务约束具有负相关关系,与家庭财务自由和过度消费但具有流动性具有正相关关系。

表 14.1 分组描述统计

	财务脆弱	财务自由	过度消费但具有流动性	财务约束
Panel A:商业保险				
参与组	0.137 2	0.468 6	0.256 1	0.138 1
对照组	0.209 0	0.381 8	0.209 9	0.199 4
组间差异检验	−0.071 7***	0.086 8***	0.046 2***	−0.061 3***
Panel B:商业人寿保险				
参与组	0.119 7	0.480 7	0.275 7	0.123 9
对照组	0.203 2	0.389 6	0.212 9	0.194 3
组间差异检验	−0.083 5***	0.091 1***	0.062 8***	−0.070 4***
Panel C:商业健康保险				
参与组	0.097 3	0.509 6	0.281 5	0.111 6
对照组	0.202 9	0.389 6	0.213 8	0.193 7
组间差异检验	−0.105 6***	0.120 0***	0.067 7***	−0.082 1***
Panel D:商业意外伤害保险				
参与组	0.135 3	0.438 9	0.273 9	0.151 8
对照组	0.209 8	0.402 5	0.205 5	0.182 1
组间差异检验	−0.074 5***	0.036 4	0.068 4***	−0.030 3*
Panel E:商业财产保险				
参与组	0.122 1	0.460 1	0.280 1	0.137 6
对照组	0.234 2	0.386 1	0.184 9	0.194 7
组间差异检验	−0.112 1***	0.074 0***	0.095 3***	−0.057 1***

注:***、**、*分别代表 1%、5%、10% 的显著性水平,本章后表同。

　　参照岳崴等(2021)及相关文献的做法,本章在实证模型中引入户主特征变量(户主年龄及户主年龄平方/100、户主性别、户主已婚、户主受教育年限、户主健康状况、户主社会养老保险参与、户主社会医疗保险参与)、家庭特征变量(家庭规模、家庭16岁以下孩子人口占比、家庭64岁以上老年人口占比、家庭总收入、家庭净资产),同时本章还控制了家庭固定效应和年份固定效应。为降低极端值对估计结果的干扰,本章对家庭层面的资产和收入变量进行了上下1%缩尾处理,表14.2汇报了变量描述性统计结果。

表 14.2　变量描述性统计

	2017 年		2019 年		2021 年	
	平均值	标准差	平均值	标准差	平均值	标准差
家庭财务脆弱	0.174 7	0.379 7	0.214 3	0.410 4	0.197 5	0.398 1
家庭总收入	66 959.56	80 445.59	77 023.71	97 190.98	89 420.77	103 595.5
家庭预期支出	52 549.58	51 039.9	60 806	63 703.51	66 984.47	72 643.21
家庭流动性资产	43 770.13	100 803.7	47 750.17	106 257.7	69 235.15	154 753.4
家庭非预期支出	9 066.45	18 163.68	11 842.03	22 135.9	11 104.94	20 533.31
家庭商业保险参与	0.161 9	0.368 4	0.163 5	0.369 8	0.176 8	0.381 5
家庭成员商业保险参保率	0.082 3	0.215 3	0.089 3	0.232 2	0.098 9	0.243 3
商业人寿保险参与	0.079 5	0.270 6	0.074 0	0.261 8	0.063 1	0.243 0
商业健康保险参与	0.048 9	0.215 7	0.064 6	0.245 9	0.063 8	0.244 4
商业意外伤害保险参与			0.024 8	0.155 6	0.020 3	0.141 2
商业财产保险参与(含车险)			0.212 6	0.409 2	0.225 2	0.114 8
户主年龄	55.231 6	13.072 5	57.964 6	12.398 5	58.384 6	12.723 8
户主年龄平方/100	32.214 0	14.571 4	35.136 0	14.290 8	35.706 3	14.767 7
户主男性	0.813 6	0.389 5	0.780 1	0.414 2	0.701 1	0.457 8
户主已婚	0.876 0	0.329 6	0.867 2	0.339 4	0.858 2	0.348 9
户主受教育年限	9.055 3	4.031 7	8.662 3	3.849 8	9.141 9	3.948 0
户主健康状况	3.351 8	1.008 0	3.251 5	1.023 7	3.343 6	1.007 7
户主参与社会医疗保险	0.950 1	0.217 8	0.939 3	0.238 8	0.940 5	0.236 6
户主参与社会养老保险	0.835 9	0.370 4	0.827 2	0.378 1	0.842 3	0.364 6
家庭人口规模	3.300 4	1.556 1	3.149 0	1.558 0	3.077 0	1.511 1
64 岁以上老人占比	0.223 9	0.354 9	0.295 2	0.391 2	0.330 9	0.402 6
16 岁以下小孩占比	0.115 7	0.168 7	0.096 9	0.157 5	0.082 1	0.148 5
家庭总收入	66 959.56	80 445.59	77 023.71	97 190.98	89 420.77	103 595.5
家庭净资产	736 606.5	1 376 734	830 861.4	1 474 798	949 210.4	1 633 105

　　注:描述性统计结果使用权数进行了调整。家庭总收入和净资产经过上下1%缩尾处理。

14.2-4 模型设定

为检验商业保险对家庭财务脆弱性的影响,本章设定如下计量模型:

$$finafrag_{ht} = \alpha + comminsu_{ht}\beta + X_{ht}\gamma + \lambda_h + \delta_t + \varepsilon_{ht} \qquad (14.1)$$

其中,$finafrag_{ht}$ 代表家庭财务脆弱性变量,衡量家庭 h 在第 t 年是否处于财务脆弱状态。$comminsu_{ht}$ 是商业保险变量,衡量家庭 h 在第 t 年商业保险参与情况,包括家庭商业保险参与及参与率和参保金额、家庭商业人寿保险参与、家庭商业健康保险参与。X_{ht} 是控制变量集合,包括户主特征变量和家庭特征变量,λ_h 表示家庭固定效应,δ_t 表示年份固定效应,α、β、γ 分别为常数项、核心解释变量、控制变量的估计系数,ε_{ht} 是随机扰动项。

需要说明的是,商业意外伤害保险、商业财产保险仅在 2019 年和 2021 年可以定义,本章也运用固定效应模型考察了这两类商业保险参与对家庭财务脆弱性的影响。

14.3 商业保险对中国家庭财务脆弱性的影响

14.3-1 基准回归

表 14.3 报告了商业保险对中国家庭财务脆弱性影响的基准估计结果。第(1)列双向固定效应模型的估计结果显示,商业保险参与能够显著降低家庭财务脆弱性,从平均意义上看,商业保险参与组比未参与商业保险的家庭组财务脆弱性显著低 0.020 4,约为样本家庭财务脆弱性均值的 10.36%,经济意义显著。第(2)列将核心解释变量更换为家庭商业保险参保率,第(3)列将核心解释变量更换为商业保险支出金额,商业保险指标的估计系数均显著为负。控制变量的估计结果显示,户主年龄与财务脆弱性呈 U 型关系,男性户主、户主健康状况越好的家庭,财务脆弱性越低。规模越大的家庭,财务脆弱性越高。此外,家庭收入越高,家庭收入超过预期支出的概率更高,家庭更加符合财务脆弱性的标准之一,而家庭净资产越高,家庭净资产超过非预期支出的概率越高,家庭更不符合财务脆弱性的标准,因而表现为家庭收入、家庭净资产分别对财务脆弱性具有正向和负向的影响。

表 14.3 商业保险对家庭财务脆弱性的影响:基准回归

	(1) FE	(2) FE	(3) FE	(4) IV-FE	(5) IV-FE	(6) IV-FE
家庭商业保险参与	−0.020 4 *** (0.007 7)			−0.266 2 ** (0.130 6)		
家庭商业保险参与率		−0.005 1 ** (0.002 0)			−0.068 2 ** (0.033 5)	
家庭商业保险支出			−0.005 9 *** (0.001 0)			−0.057 9 ** (0.029 5)
户主年龄	−0.003 9 (0.002 5)	−0.003 9 (0.002 5)	−0.003 7 (0.002 5)	−0.003 1 (0.003 0)	−0.003 1 (0.003 0)	−0.001 6 (0.003 3)
户主年龄平方/100	0.003 8 * (0.002 3)	0.003 8 * (0.002 3)	0.003 6 (0.002 3)	0.003 0 (0.002 7)	0.003 0 (0.002 7)	0.001 0 (0.003 1)
户主男性	−0.014 7 * (0.007 7)	−0.014 7 * (0.007 7)	−0.014 8 * (0.007 7)	−0.016 9 * (0.009 9)	−0.016 5 * (0.009 9)	−0.017 3 * (0.010 3)
户主已婚	0.001 2 (0.013 5)	0.001 2 (0.013 5)	0.000 7 (0.013 5)	−0.000 8 (0.016 2)	−0.000 6 (0.016 2)	−0.004 3 (0.017 0)
户主受教育年限	−0.001 3 (0.001 5)	−0.001 3 (0.001 5)	−0.001 2 (0.001 5)	−0.001 5 (0.001 8)	−0.001 5 (0.001 8)	−0.001 0 (0.001 8)
户主健康状况	−0.014 0 *** (0.003 4)	−0.014 0 *** (0.003 4)	−0.013 9 *** (0.003 4)	−0.014 2 *** (0.004 1)	−0.014 3 *** (0.004 1)	−0.012 6 *** (0.004 3)
户主参与社会 医疗保险	0.007 9 (0.012 3)	0.007 9 (0.012 3)	0.017 5 (0.012 4)	0.011 4 (0.014 7)	0.011 2 (0.014 7)	0.103 2 ** (0.051 0)
户主参与社会 养老保险	0.007 4 (0.008 4)	0.007 4 (0.008 4)	0.010 6 (0.008 4)	0.008 9 (0.010 4)	0.009 2 (0.010 5)	0.039 5 ** (0.019 7)
家庭规模	0.008 1 ** (0.003 7)	0.007 9 ** (0.003 7)	0.011 2 ** (0.003 7)	0.015 3 *** (0.005 7)	0.013 3 *** (0.005 1)	0.044 2 ** (0.019 3)
64 岁以上老人占比	0.018 8 (0.016 6)	0.018 7 (0.016 6)	0.013 4 (0.016 6)	0.003 3 (0.021 2)	0.001 8 (0.021 5)	−0.045 8 * (0.039 3)
16 岁以下小孩占比	−0.019 7 (0.030 2)	−0.019 5 (0.030 2)	−0.021 9 (0.030 2)	−0.007 6 (0.042 0)	−0.003 9 (0.042 3)	−0.032 5 (0.043 5)
家庭总收入	0.024 8 *** (0.001 1)	0.024 8 *** (0.001 1)	0.024 6 *** (0.001 1)	0.025 4 *** (0.001 6)	0.025 3 *** (0.001 5)	0.023 1 *** (0.001 7)
家庭净资产	−0.003 1 *** (0.000 8)	−0.003 1 *** (0.000 8)	−0.003 2 *** (0.000 8)	−0.003 1 *** (0.000 9)	−0.003 1 *** (0.000 9)	−0.003 5 *** (0.000 9)
家庭固定效应	控制	控制	控制	控制	控制	控制
年份固定效应	控制	控制	控制	控制	控制	控制
观测值	21 249	21 249	21 249	21 249	21 249	21 249
Within R^2	0.027 7	0.027 7	0.029 0			
一阶段 F 值				18.11	16.46	787.53
工具变量 T 值				9.43	9.54	5.26

注:对家庭商业保险支出变量进行了上下 1% 缩尾处理。

　　然而,本章的基准计量模型依然可能存在遗漏变量、逆向因果等内生性问题,可能会导致估计结果有偏。首先,尽管本章从户主层面、家庭层面尽可能多地控制了影响家庭财务脆弱性的重要因素,但计量模型仍然可能遗漏一些同时影响商业保险参与和财务脆弱性的随时间变化的不可观测变量,导致估计结果有偏。例如,家庭成员的性格特征过于保守会使家庭更有可能购买商业保险来对冲未知风险,同时,家庭成员的性格特征也会直接对家庭消费支出、家庭成员就业选择等产生影响,进而影响家庭财务脆弱性,而且家庭成员的性格特征通常会随着外界事物的发展而变化。其次,模型中还可能存在逆向因果问题。一般来说,财务脆弱性越高,购买商业保险的意愿越强,但随着财务脆弱性困境的不断深化,家庭购买商业保险的能力也可能会下降。

　　为克服潜在的内生性问题,本章选用社区层面除本家庭以外其他家庭商业保险的参保率作为工具变量,估计结果汇报在表 14.3 后三列,结果显示,在克服内生性问题的影响后,商业保险参与能够显著降低财务脆弱性,证实了估计结果的稳健性。

14.3-2　商业保险类型分析

　　此外,本章将商业保险具体分类,并研究了不同类型的商业保险参与对家庭财务脆弱性的影响,估计结果汇报在表 14.4。其中,仅 2019 年和 2021

表 14.4　商业保险类型对家庭财务脆弱性的影响

	(1) FE	(2) FE	(3) FE	(4) FE
商业人寿保险参与	−0.014 9 (0.009 5)			
商业健康保险参与		−0.034 2 *** (0.010 5)		
商业意外伤害保险参与			−0.023 1 (0.015 3)	
商业财产保险参与				−0.060 1 *** (0.008 3)
控制变量	控制	控制	控制	控制
家庭固定效应	控制	控制	控制	控制
年份固定效应	控制	控制	控制	控制
样本量	21 249	21 249	25 192	25 192
Within R^2	0.027 5	0.027 7	0.030 2	0.032 1

年数据采集了意外伤害保险和财产保险情况,故后两列使用 2019 年和 2021 年数据进行分析。估计结果显示,各类型商业保险参与对家庭财务脆弱性均产生了一定的抑制作用,尽管从统计意义上看,第(1)(3)列未达到 10％ 临界值水平要求的 T 统计量,但与其较为接近。整体来看,各类型商业保险参与对降低家庭财务脆弱性均产生了积极影响。

14.3-3 机制探讨

接下来,本章进一步探讨了商业保险降低家庭财务脆弱性的机制。商业保险是一种有效的风险分散机制,当预期或未预期到的风险事件发生时,商业保险能够抵消一部分冲击对家庭经济状况的影响。为检验这一假说,本章定义了两类变量:一是商业保险赔付款占流动性资产的比重,二是汽车赔付占流动性资产的比重。表 14.5 的估计结果显示,在挽回损失方面,家庭商业保险参与对总赔付款和以汽车保费赔付为代表的赔付金额产生了显著的提升作用,表明商业保险参与在一定程度上挽回了损失,降低了不利事件对家庭财务脆弱性造成的冲击。

表 14.5 商业保险对家庭财务脆弱性的影响:机制探讨

	(1) FE	(2) FE	(3) LPM	(4) LPM
	$\dfrac{Reim}{Liquidasset}$		$\dfrac{Vehrepair}{Liquidasset}$	
家庭商业保险参与	0.021 4 *** (0.003 7)		0.005 5 * (0.003 0)	
家庭商业保险参与率		0.005 3 *** (0.000 9)		0.001 7 ** (0.000 8)
控制变量	控制	控制	控制	控制
家庭固定效应	控制	控制		
年份固定效应	控制	控制	控制	控制
省份固定效应			控制	控制
样本量	16 704	16 704	37 060	37 060
R^2/Within R^2	0.006 4	0.006 2	0.002 6	0.002 7

注:剔除了流动性资产为 0 的样本。由于商业保险赔付和汽车保险理赔样本量较小,因而对被解释变量进行的是上下 0.1％ 缩尾。

此外,本章也从流动性约束的角度探讨了影响机制。根据 Zeldes(1989) 的定义方式,家庭陷入流动性困境可以用家庭金融资产总价值低于两个月的永久收入来衡量。结合 CHFIS 问卷,本章计算了该比例,其中,2017 年流动性约束家庭占比 41.81%,而 2019 年流动性约束家庭占比 45.43%,2021 年流动性约束家庭占比 42.11%。表 14.6 的估计结果显示,商业保险参与有效降低了家庭陷入流动性约束的概率,进而有效缓解了家庭财务脆弱性。尽管第(1)列未达到 10% 临界值水平要求的 T 统计量,但 T 值为 -1.61,与 10% 临界值水平较为接近。综合来看,商业保险参与通过降低风险事件对家庭财务状况的冲击,缓解了家庭的流动性约束,从而改善了家庭财务脆弱性。

表 14.6　商业保险对家庭陷入流动性约束的影响:机制探讨

	(1) FE	(2) FE
家庭商业保险参与	$-0.017\,6$ $(0.010\,9)$	
家庭商业保险参与率		$-0.004\,7^{*}$ $(0.002\,8)$
控制变量	控制	控制
家庭固定效应	控制	控制
年份固定效应	控制	控制
样本量	15 903	15 903
Within R^2	0.014 2	0.014 3

14.3-4　异质性分析

接下来,本章将分别从生命周期阶段、健康风险和教育支出三个角度,探讨商业保险对家庭财务脆弱性影响的异质性。

(1)家庭生命周期阶段异质性。

根据家庭所处的生命周期阶段,可以将家庭划分为中青年家庭和老年家庭。通常来说,老年家庭处于生命周期的后期阶段,更多面临来自身体状况、就业等方面的不利影响,且应对冲击的能力相对更弱,对于保障的需求更大。中青年家庭则处于生命周期的发展阶段,具有相对较强的韧性,能够较快在不利事件中恢复。为探讨商业保险参与对不同生命周期阶段家庭财务脆弱性影响的异质性,本章根据户主年龄将样本划分为中青年家庭和老年家庭。考虑到 60 岁以上家庭参与商业保险面临年龄门槛,本章将户主年龄为 50 岁及以上的家庭定义为老年家庭,将户主年龄在 50 岁以下的家庭定义为中青年家庭,表 14.7 汇报了分样本的估计结果。结果显示,商业保险对家庭财务脆弱性的影响仅在老年家庭样本中产生了显著的抑制效应,而对中青年家庭并未产生显著影响。

表 14.7　家庭生命周期异质性

	(1) (年龄≥50)	(2) (年龄＜50)	(3) (年龄≥50)	(4) (年龄＜50)
家庭商业保险参与	−0.029 0 *** (0.010 3)		−0.007 3 *** (0.002 6)	
家庭商业保险参与率		−0.006 6 (0.013 1)		−0.002 3 (0.003 4)
控制变量	控制	控制	控制	控制
家庭固定效应	控制	控制	控制	控制
年份固定效应	控制	控制	控制	控制
样本量	15 237	6 009	15 237	6 009
Within R^2	0.034 5	0.023 3	0.034 5	0.023 3

(2)家庭健康风险异质性。

健康风险的经济成本包括直接增加家庭的医疗支出,也包括间接减少劳动供给和可支配收入。健康无法被保险,但健康的经济成本如医疗支出风险取决于医疗保险的覆盖状况,具有投保的可能性(何兴强、史卫,2014)。为了检验商业保险对家庭财务脆弱性影响的健康状况异质性,本章根据家庭中受访者有无慢性病,定义了慢性病家庭和非慢性病家庭,并引入商业保险参与和慢性病的交互项,研究了其异质性,估计结果汇报在表 14.8。结果显示,商业保险参与对受访者为慢性病的家庭财务脆弱性产生了更为显著的抑制作用,说明商业保险参与通过抵消潜在的医疗支出风险,有效弱化了不利事件的冲击对家庭财务脆弱性的影响。

表 14.8　健康风险异质性

	(1)	(2)
家庭商业保险参与	−0.029 6***	−0.007 1***
	(0.009 6)	(0.002 4)
家庭商业保险参与×慢性病	−0.035 3**	−0.009 2**
	(0.014 3)	(0.003 6)
慢性病	0.069 5***	0.069 6***
	(0.006 3)	(0.006 3)
控制变量	控制	控制
样本量	21 487	21 487
Pseudo R^2	0.073 3	0.073 3

（3）家庭教育支出异质性。

教育支出属于刚性支出,尤其是在特定的教育阶段下,家庭将面临较大的支出压力。在义务教育背景下,家庭的教育支出在幼儿园、高中及以上阶段通常会更高,同时考虑到也有诸多家庭会为子女提供课外补习,故本章将幼儿园、高中及以上阶段或有课外培训支出的家庭定义为教育支出高的家庭,否则定义为教育支出低的家庭,分组估计结果汇报在表 14.9。由于 2017 年和 2019 年数据采集了子女教育支出的信息,故该部分分析使用两年样本展开。结果显示,商业保险参与对家庭财务脆弱性的影响仅体现在教育支出高的组,对教育支出较低的组没有呈现出显著影响。这表明,在面临较大的教育支出压力下,商业保险参与能够帮助家庭有效抵御风险,提升高教育支出家庭的经济韧性,降低其财务脆弱性。

表 14.9　子女教育支出异质性

	(1) 教育支出高	(2) 教育支出低	(3) 教育支出高	(4) 教育支出低
家庭商业保险参与	−0.039 7***	−0.013 5		
	(0.014 0)	(0.008 7)		
家庭商业保险参与率			−0.010 8***	−0.003 5
			(0.003 8)	(0.002 2)
控制变量	控制	控制	控制	控制
家庭固定效应	控制	控制	控制	控制
年份固定效应	控制	控制	控制	控制
样本量	8 633	25 743	8 633	25 743
Within R^2	0.026 0	0.042 7	0.026 1	0.042 7

14.4 进一步讨论

14.4-1 亲友帮扶的效果评估

社会网络,尤其是亲戚朋友等强社会关系是家庭应对风险和冲击的有效方式。中国是讲究亲缘血缘关系的国家,社会网络一直以来被认为对居民经济行为具有显著影响,可以提供物资资本、信息和情感支持。本章要研究的问题是,亲友给予的转移性收入能否弱化商业保险对家庭财务脆弱性的影响,从而对商业保险的效应起到一定的削弱作用? 为检验这一问题,本章根据问卷定义了两个变量:一是有亲友转移性收入哑变量,二是亲友转移性收入金额的对数值,并在计量模型中分别引入商业保险参与变量与上述两个变量的交互项,估计结果汇报在表 14.10 中。结果显示,商业保险参与对

表 14.10　亲友转移性收入

	(1)	(2)	(3)	(4)
家庭商业保险参与	−0.015 8 (0.009 9)	−0.014 2 (0.009 8)		
家庭商业保险参与率			−0.030 0* (0.015 9)	−0.025 8 (0.015 8)
家庭商业保险参与× 有亲友转移性收入	−0.012 1 (0.012 7)			
家庭商业保险参与率× 有亲友转移性收入		−0.002 1 (0.001 6)		
家庭商业保险参与×ln (亲友转移性收入金额)			−0.001 6 (0.019 4)	
家庭商业保险参与率×ln (亲友转移性收入金额)				−0.001 4 (0.002 4)
有亲友转移性收入	0.022 4*** (0.006 4)	0.003 6*** (0.000 8)		
ln(亲友转移性收入金额)			0.020 3*** (0.006 2)	0.003 3*** (0.000 8)
控制变量	控制	控制	控制	控制
家庭固定效应	控制	控制	控制	控制
年份固定效应	控制	控制	控制	控制
样本量	21 249	21 249	21 249	21 249
Within R^2	0.028 3	0.028 7	0.028 2	0.028 5

家庭财务脆弱性具有抑制作用,而交互项的系数为负,并未产生显著影响。该结果表明,亲友转移性收入并未有效弱化商业保险对家庭财务脆弱性的影响,也反映出商业保险在降低财务脆弱性上发挥着难以被社会网络所替代的重要角色。

14.4-2　政府帮扶的效果评估

除亲友间转移性收入外,政府转移支付也是家庭转移性收入的重要组成部分,在再分配和降低相对贫困方面意义重大(解垩、李敏,2020)。本章关注的是,当家庭获取的政府转移支付增加时,能否起到弱化商业保险对家庭财务脆弱性的作用,从而发挥替代商业保险功能的效果。为检验政府转移支付的影响,本章根据问卷定义了两个变量:一是家庭有政府转移性收入哑变量,二是政府转移性收入金额的对数值,并在计量模型中分别引入商业保险参与变量和上述两个变量的交互项,估计结果汇报在表 14.11 中。结果显

表 14.11　政府转移性收入

	(1)	(2)	(3)	(4)
家庭商业保险参与	−0.017 8**	−0.016 0**		
	(0.008 1)	(0.008 0)		
家庭商业保险参与率			−0.024 6*	−0.021 9*
			(0.012 7)	(0.012 7)
家庭商业保险参与× 有政府转移性收入	−0.016 8			
	(0.019 2)			
家庭商业保险参与率× 有政府转移性收入		−0.003 9		
		(0.002 6)		
家庭商业保险参与×ln (政府转移性收入金额)			−0.031 1	
			(0.031 1)	
家庭商业保险参与率×ln (政府转移性收入金额)				−0.006 7
				(0.004 4)
有政府转移性收入	0.028 1***	0.005 6***		
	(0.009 2)	(0.001 3)		
ln(政府转移性收入金额)			0.028 1***	0.005 5***
			(0.009 0)	(0.001 2)
控制变量	控制	控制	控制	控制
家庭固定效应	控制	控制	控制	控制
年份固定效应	控制	控制	控制	控制
样本量	21 249	21 249	21 249	21 249
Within R^2	0.028 2	0.028 8	0.028 1	0.028 7

示,商业保险参与对家庭财务脆弱性依然具有显著的抑制作用,而交互项的系数并不显著,说明政府转移性收入并未对商业保险的效应起到替代作用,也证实了商业保险在降低财务脆弱性上具有重要意义。

14.5　小结

本章利用 2017 年、2019 年和 2021 年 CHFIS 数据,实证研究了商业保险对家庭财务脆弱性的影响。研究发现:(1)商业保险参与显著降低了家庭财务脆弱性,使用工具变量克服潜在的内生性问题,本章的研究结论保持稳健。(2)此外,商业人寿保险、商业健康保险、商业意外伤害保险以及商业财产保险对家庭财务脆弱性均具有一定程度的缓解作用。(3)机制分析表明,商业保险参与通过使家庭在冲击中获取更多赔付、降低家庭自付金额,从而缓解了家庭面临的流动性约束,降低了家庭财务脆弱性。(4)异质性分析结果表明,商业保险对老年家庭、高健康风险和高教育支出家庭的财务脆弱性有更大的降低作用。(5)进一步研究发现,商业保险在降低家庭财务脆弱性上的影响并未被亲友间和政府的转移性收入弱化,这一方面反映了商业保险在弱化家庭财务脆弱性方面起到了难以替代的作用,另一方面也反映出转移性收入不足以有效覆盖冲击对家庭的不利影响。根据本章研究结论,提出如下建议:

一是政府应鼓励和引导商业保险行业健康发展。商业保险在弱化家庭财务脆弱性方面起到了重要作用,但当前中国居民家庭商业保险参保比例偏低,仍有大量家庭由于参保成本偏高和参保意识不足等原因未能购买商业保险产品。政府应引导和支持保险机构健康发展,为保险机构提供更加良性的营商环境,并出台相关政策引导和鼓励居民购买符合自身需求的商业保险产品,推动国家保障体系更多向市场化模式转型。

二是企业应着力提升商业保险覆盖面,合理压缩居民商业保险参保成本。企业应加大对商业保险产品的宣传力度,打造差异化竞争优势,提升商业保险体系的服务能力,着力提高商业保险覆盖面;同时,应合理压缩居民商业保险参保成本,以提高居民参保意愿。商业保险作为社会保险的有力补充,在提供有效保障的同时,也给参保家庭造成了较高的参保压力。高龄群体、高健康风险、高教育支出家庭面临相对更高的支出压力和不确定性,商业保险支出进一步加大了家庭的支出压力。因此,在引导居民参保意愿方面,保险机构仍需把重点放在降低商业保险参保成本上。

15

结　语

15.1　研究结论

　　家庭经济风险不容忽视。家庭是社会的基本细胞，根据第七次全国人口普查数据，中国共有家庭户 49 416 万户。党的十八大以来，以习近平总书记为核心的党中央高度重视家庭建设。习近平总书记指出："家庭的前途命运同国家和民族的前途命运紧密相连。"家庭部门同时作为生产者和消费者，在生产、消费、就业、经营以及投资等经济活动中，面临着诸多风险，比如经济周期变动、收入波动、投资经营损失造成的家庭收入风险，意外事故、过度负债造成的家庭支出风险，公司裁员、离职导致的家庭失业风险，身体健康受损或死亡导致的家庭健康风险，以及自然灾害等意外冲击对家庭的不利影响。系统研究中国家庭经济风险，是中国在可持续高质量发展过程中防范化解经济风险不可或缺的重要一环，不仅有利于帮助家庭识别其经济行为背后的风险，降低风险对家庭造成的损失，切实维护家庭的利益，还有助于提高宏观调控的科学性和有效性，推进国家治理体系和治理能力现代化。基于此，本书深入研究了中国家庭经济风险的内涵、来源、特征、测度以及影响。

15.1-1 中国家庭经济风险的来源

本书从家庭收入风险、支出风险、失业风险、健康风险以及外生冲击五个方面分析中国家庭经济风险的来源,并深入分析了上述风险来源的内涵、特征以及不同群体异质性。具体来看:

家庭收入风险呈波动状态。收入风险是家庭众多背景风险的来源。本书基于 2011—2021 年 CHFIS 数据,分析了收入风险的来源,运用组内方差连乘方法测度家庭收入风险,探讨了 2011—2021 年家庭收入风险的变化和不同群体特征,并从家庭消费、家庭参与金融市场、家庭借出角度分析了收入风险与家庭金融行为的关系。研究结果发现,第一,家庭收入风险呈波动趋势。描述性统计结果表明,2011—2013 年,家庭的收入风险呈上升趋势,2013—2015 年转为下降趋势,2017—2021 年又返回上升趋势。第二,新冠疫情使得家庭收入风险加大。受到新冠疫情等外在因素冲击,2019—2021 年家庭收入风险上升幅度较大。第三,家庭收入风险存在户主工作性质、受教育水平、年龄方面的异质性,家庭财富水平、社会网络、社会保险异质性以及地区异质性。描述性统计结果表明,首先,户主在体制外工作、受教育程度较低的家庭以及老年家庭面临较高的收入风险。其次,财富水平较低、社会网络程度较低以及社会保险占比较低的家庭面临较高的收入风险。最后,三线及以下城市、农村地区以及西部地区的家庭面临较高的收入风险。第四,收入风险会降低消费、抑制金融市场参与以及民间借出。描述性统计结果表明,低收入风险家庭的消费水平、金融市场参与程度、民间借出参与率均显著高于高收入风险家庭。

家庭支出风险呈上升趋势。支出风险是家庭众多背景风险的来源。本书基于 2011—2021 年 CHFIS 数据,使用家庭非预期支出和家庭负债收入比两个指标反映家庭面临的支出风险,全面分析了家庭支出现状、家庭支出风险的测度以及不同群体家庭支出风险分布。研究结果发现,第一,2011—2021 年,家庭总支出不断增加,家庭消费差距整体处于较高水平,且 2021 年消费差距进一步扩大。第二,家庭支出风险不断增加。描述性统计结果表明,2011—2021 年,家庭非预期支出和过度负债比例均显著增加。第三,中国家庭支出风险存在户主工作性质、受教育水平、婚姻状况、年龄方面的异质性,家庭财富水平、社会网络、社会保险参与和商业保险参与异质性以及地区异质性。描述性统计结果表明,就家庭非预期支出而言,户主在外企工作、受教育年限较高、已婚、老年、高财富水平、未拥有住房、低社会网络、参与社保、未购买商业保险、位于城镇、东部地区以及北方地区的家庭非预期支出较高。就家庭过度负债比例来看,户主在外企工作、受教育年限较高、已婚、青年、高财富水平、拥有住房、低社会网络、未参与社保、购买商业保险、位于农村、西部地区以及南方地区的家庭过度负债比例较高。

家庭的就业形势不容乐观。就业是最基本的民生,事关人民群众的切身利益,事关国家发展大局和社会和谐稳定。本书基于 2011—2021 年 CHFIS 数据,分析了中国家庭的就业现状及家庭失业风险的测度、分布与现状。研究结果发现,第一,劳动参与率整体呈不断下降的态势。一方面,劳动适龄人口的劳动参与率在持续下降。另一方面,家庭层面统计的就业人口数量和平均每户就业面在下降,就业者的负担在增加。第二,新冠疫情等外在因素加重了城镇家庭的失业风险。本书以失业和失业概率两种方式定义失业风险,分别计算了"户主失业概率""城镇家庭平均失业人数""城镇家庭失业率"和"失业概率"四个指标表示失业风险。描述性统计结果表明,2011—2019 年家庭失业风险呈下降态势,但新冠疫情等外在因素的冲击使得 2021年家庭失业风险大幅上升,甚至超过了之前年份的最高水平。第三,家庭失业风险存在户主受教育水平、性别、年龄、婚姻状况、家庭社会网络方面的异质性以及地区异质性。描述性统计结果表明,首先,户主受教育程度较低、女性户主、青年家庭、未婚或离异以及户主有慢性病的家庭面临较高的失业风险。其次,财产性收入低、转移性收入低、财富水平低、有负债以及低社会网络家庭面临较高的失业风险。最后,从地理位置看,中西部地区的家庭相比东部地区的家庭面临更高的失业风险。从城市等级角度看,二线城市的家庭面临的失业风险最高,其次是三线及以下城市,最后是一线城市。

家庭健康风险呈缓慢波动上升趋势。健康风险是重要的背景风险。本书基于 2011—2021 年 CHFIS 数据,从大病冲击、自评健康、因病丧失劳动能力风险、家庭医疗负担和慢性病等角度刻画家庭健康风险,分析了家庭健康风险的内涵、测度及现状和家庭健康风险的分布。研究结果发现,第一,家庭健康风险呈波动上涨的态势。描述性统计结果表明,从客观的健康冲击来看,遭受大病冲击的家庭比例在 2018 年后稳步提高,2020 年遭受大病冲击的家庭比例最高,2011—2021 年家庭因病丧失劳动能力的成员比例在增加,户主患慢性病的比例在提高,家庭的医疗负担也在逐年加重。从主观的健康感受来看,2011—2019 年家庭成员的健康感受向"消极"方向发展,第二,新冠疫情导致家庭健康风险上升。疫情冲击使得 2021 年家庭成员的自评健康反而向"积极"方向发展,结合客观的健康冲击表现,本书认为,家庭的健康风险在 2021 年并未降低,反而仍处在上升趋势。这可能是由于新冠疫情期间就医相对不便,减少了就医次数,导致人们对自身健康水平产生较高评价。第三,家庭健康风险呈现户主工作性质、婚姻状况、受教育水平、性别、年龄,家庭商业保险参与、财富水平以及收入水平方面的异质性。描述性统计结果表明,就户主层面异质性而言,户主在体制外工作、未婚或离异、受教育程度较低、女性户主以及老年家庭面临较高的健康风险。就家庭层面异质性而言,购买商业健康保险、低财富以及低收入家庭面临较高的健康风险。第四,家庭健康风险地区差异较大。描述性统计结果表明,从城乡来看,农村家庭相比城镇家庭健康风险更高。从地理位置来看,中西部地区的家庭相比东部地区的家庭面临更高的健康风险。从城市等级角度来看,三线及以下城市的家庭面临的健康风险最高。

　　外生冲击显著增加了家庭经济风险。理解外生冲击的经济效应,可以帮助家庭制定更加合理的消费和储蓄计划,帮助企业更好地评估市场风险,帮助政府更好地制定应对措施,维护宏观经济平稳和社会稳定。本书回顾了外生冲击的内涵与类型,外生冲击主要包括自然灾害和重大疾病。经济主体面临的外生冲击是那些来自外部环境的、无法被经济主体预测或者控制的事件。其中,自然灾害、重大疾病是中国家庭经济行为的重要影响因素。基于 2021 年 CHFIS 数据,本书考察外生冲击对家庭收入、支出的影响及异质性特征。研究结论如下,第一,外生冲击对家庭收入的影响呈现人力资本、物质资本和地区方面的异质性。描述性统计结果表明,就自然灾害冲击而言,自然灾害对已婚、高人力资本、高物质资本、城镇、东部地区、南方地区以及老年家庭收入的负向影响更大。就重大疾病冲击而言,重大疾病对低人力资本、低社会资本、高物质资本、东部地区、北方地区以及老年家庭收入的负向影响更大。第二,外生冲击对家庭支出影响呈现户主年龄、户主婚姻状况、家庭社会资本、家庭人力资本、家庭物质资本方面的异质性。描述性统计结果表明,就户主特征而言,重大疾病对老年家庭支出的正向影响更大,自然灾害对老年家庭支出的负向影响更大,多次外生冲击对已婚家庭支出的正向影响更大。就家庭特征而言,重大疾病对低人力资本家庭、低社会资本家庭、低物质资本家庭支出的正向影响更大,自然灾害对高物质资本家庭支出的负向影响更大,多次外生冲击对高社会资本家庭、低物质资本家庭支出的正向影响更大。第三,外生冲击对家庭支出影响的地区差异较大。就区域特征而言,重大疾病对农村家庭、中西部地区家庭、南方地区家庭支出的正向影响更大,自然灾害对东部地区家庭支出的负向影响更大,多次外生冲击对东部地区家庭、南部地区家庭支出的正向影响更大。

15.1-2　中国家庭经济风险的状况

如前文所述,从单一风险测度来看,家庭经济风险的主要来源可以分为收入风险、支出风险、健康风险、失业风险、外生冲击风险。家庭经济风险的多样性决定了单一风险因素无法测度家庭经济风险,因此需要综合考虑家庭的财务状况。基于此,本书从家庭贫困脆弱性、财务脆弱性以及破产风险三个维度反映中国家庭经济风险状况,并从收入风险、支出风险、失业风险、健康风险和外生冲击五个方面选取指标,构建中国家庭经济风险指数;在测度家庭经济风险的基础上,深入分析了家庭经济风险的特征和不同群体异质性。此外,本书基于美国、意大利和其他欧洲国家家庭层面微观调查数据,比较分析各国家庭经济风险的特征与现状。具体来看:

家庭财务脆弱性呈上升趋势。家庭财务脆弱性是指家庭未来陷入财务困境的可能性,全面分析家庭财务脆弱性问题不仅有助于实现共同富裕目标,而且可以对防范贫困户返贫提供支持。本书基于 2011—2021 年 CHFIS 数据,使用"财务保证金"定义家庭财务脆弱性,全面分析了家庭财务脆弱性的内涵、测度、现状以及分布。研究结果表明,第一,家庭财务脆弱性比例整体呈上升趋势。描述性统计结果表明,2011—2021 年,财务脆弱家庭比例显著增加,2011—2017 年间则较为稳定,自 2017 年后财务脆弱家庭的比例不断升高。第二,分地区来看,家庭财务脆弱性比例均在增长,且地区差距呈扩大趋势。描述性统计结果表明,2011—2021年,城镇和农村家庭财务脆弱性均显著增加,二者差距呈扩大趋势。此期间,东部地区和中西部地区家庭财务脆弱性差距较为稳定,南方家庭和北方家庭财务脆弱性差距显著扩大。第三,家庭财务脆弱性存在户主受教育水平、户主婚姻状况、户主年龄、家庭收入、家庭财富、家庭社会网络异质性以及地区异质性。描述性统计结果表明,就户主特征异质性而言,户主受教育程度较低、未婚、中年以及个体工商户家庭财务脆弱性比例较高。就家庭层面异质性而言,低收入、低财富水平、未拥有住房、低社会网络、未参与社保、未购买商业保险家庭财务脆弱性比例较高。就地区异质性而言,农村家庭的财务脆弱性显著高于城镇家庭。西部地区家庭财务脆弱比例最高,东部地区家庭财务脆弱比例最低。南方地区家庭财务脆弱性比例显著高于北方地区家庭。

家庭贫困脆弱性呈下降趋势。消除贫困、实现共同富裕是社会主义的本质要求,也是中国共产党的重要使命。根据国务院扶贫办统计数据,已脱贫人口中有近200万人存在返贫风险,边缘人口中近300万人存在致贫风险。本书基于2011—2021年CHFIS数据,使用VEP的方式测度贫困脆弱性,全面分析了中国家庭贫困脆弱性的变化和不同群体异质性特征,并从数字金融、普惠金融及电子商务角度分析了减小贫困脆弱性的方式。研究结果表明,第一,家庭贫困脆弱性整体呈下降趋势。描述性统计结果表明,2011年以来,家庭贫困脆弱性整体呈下降趋势,尤其是2015年精准扶贫政策在全国范围内开展以来,贫困脆弱的家庭大幅减少,到2019年处于贫困脆弱的家庭仅为3.73%。第二,新冠疫情使得家庭贫困脆弱性加大。2020年受到新冠疫情等因素冲击,生产生活受到极大影响,具有贫困脆弱性的家庭增加。第三,家庭贫困脆弱性存在户主工作性质、户主受教育水平、户主年龄、家庭收入水平、家庭社会网络、家庭商业保险参与异质性以及地区异质性。描述性统计结果表明,就户主特征异质性而言,户主在体制外工作、受教育程度较低以及老年家庭的贫困脆弱性比例较高。就家庭层面异质性而言,低收入、低财富水平、低社会网络、社会养老保险占比较低、社会医疗保险占比较低、未购买商业保险以及遭受外生冲击的家庭贫困脆弱性比例较高。就地区异质性而言,中西部地区家庭贫困脆弱性比例显著高于东部地区家庭。第四,数字经济有助于防范返贫风险。描述性统计结果表明,未参与数字金融的家庭贫困脆弱比例显著高于参与数字金融家庭,未参与电子商务的家庭贫困脆弱比例显著高于参与电子商务家庭,表明参与电子商务能显著缓解家庭贫困脆弱性。

家庭破产风险呈逐年上升趋势。中国虽然现阶段在国家破产立法层面还存在较大的空白,且尚未出台全国范围内统一实行的个人破产法,但在深圳经济特区已经存在个人破产制度的"试点"。本书结合美国、英国、德国、中国香港等国家和地区的个人破产制度,将资不抵债定义为家庭面临破产风险。各国建立个人破产制度的宗旨是为了给予诚信的债务人实现经济再生的机会。关于破产申请的条件,不同国家和地区主要考虑债务人的总资产、总债务、到期债务、收入等状况。本书综合考虑其他国家和地区的个人破产制度与 CHFIS 的数据可能性,依据《深圳经济特区个人破产条例》中债务人破产申请条件包含的"资产不足以清偿全部债务"内涵,将家庭出现总资产小于总负债的情况定义为该家庭存在面临破产的风险。

基于 2011—2021 年 CHFIS 数据,本书分析了家庭破产风险的内涵、测度及现状。研究结果发现,第一,家庭破产风险比例总体呈现缓慢波动上升趋势。描述性统计结果表明,2011—2021 年,家庭总资产和总负债均呈现逐年上升的趋势。家庭有破产风险的比例总体呈现缓慢波动上升趋势,存在破产风险的家庭占比在 1.2%—3.2% 左右。在 2021 年遭受新冠疫情冲击后,有破产风险的家庭比例达到近十年内最高值 3.24%。第二,家庭破产风险存在户主受教育水平、户主工作性质、户主婚姻状况、户主年龄、家庭商业保险购买、家庭收入、家庭社会网络、家庭社保参与异质性。描述性统计结果表明,就户主特征异质性而言,户主受教育程度较低、在体制外工作、未婚以及中青年家庭面临的破产风险概率更高。就家庭层面异质性而言,未购买商业保险、低收入、低社会网络、未参与社保以及拥有住房家庭面临的破产风险概率更高。第三,家庭破产风险存在地区异质性。就地区异质性而言,农村家庭有破产风险的比例显著高于城镇家庭。中西部地区家庭有破产风险的比例高于东部地区家庭,北方家庭有破产风险的比例在新冠疫情发生前高于南方家庭。

家庭经济风险呈略微下降趋势。为了对家庭经济风险进行科学化、规范化的测度,我们应该尽可能选取合适的指标对家庭经济风险进行刻画。本书基于 CHFIS 数据,从收入风险、支出风险、失业风险、健康风险和外生冲击五个方面选取指标,使用熵权法,构建中国家庭经济风险指数;在指数构建基础上,又根据中国社会发展现状和家庭特征,对家庭经济风险进行了横向和纵向上的对比与描述。研究结果发现,第一,家庭经济风险总体上保持稳定,略有下降。描述性统计结果表明,2011—2021 年,家庭经济风险总体上保持稳定,呈略微下降趋势;尤其是 2013—2019 年,下降趋势明显。第二,新冠疫情使家庭经济风险升高。在 2021 年,受到新冠疫情的冲击,家庭经济风险指数增加,家庭的经济风险加大。第三,老年家庭和低人力资本家庭面临较高的家庭经济风险。描述性统计结果表明,相较于户主年龄 40 岁及以下的青年家庭,户主年龄在 40 岁及以上的家庭风险更高,尤其是户主年龄在 60 岁以上的老年家庭的经济风险指数的平均值最高。户主未受过义务教育或仅有小学及以下学历的家庭经济风险较大。相较于无老人且无 16 周岁以下子女的家庭,有老人的家庭平均经济风险更高。第四,中西部地区和经济发展水平较低的省份面临的家庭经济风险较高。相较于东部地区家庭,中西部地区家庭的经济风险更大。这与不同地区的经济发展背景息息相关。对比所在省份生产总值较高的家庭,处于较低生产总值省份的家庭的经济风险更大,平均经济风险指数更高。

中国与欧美各国家庭经济风险水平存在较大差异。本书基于美国、意大利和其他欧洲国家家庭层面微观调查数据,比较分析了各国家庭经济风险的特征与现状。研究结果发现,第一,中国家庭经济风险显著低于美国。描述性统计结果表明,在所研究的样本期间,从家庭财务状态、破产风险和过度负债情况来看,美国的相应指标均远高于中国。第二,中国家庭经济风险显著低于意大利。描述性统计结果表明,虽然意大利具有破产风险的家庭比例与中国相近,且过度负债家庭比例相对于中国较低,但从家庭财务状态来看,2012—2020 年,意大利财务脆弱家庭比例远高于中国财务脆弱家庭比例。第三,中国家庭经济风险显著低于欧元区国家。描述性统计结果表明,从收支情况来看,欧元区国家收入仅能覆盖支出及入不敷出家庭比例的均值较高,明显高于中国;从破产风险来看,欧洲国家有破产风险的家庭比例普遍高于中国;从过度负债来看,虽然欧元区国家有债家庭负债收入比总体略低于中国,但是少数欧洲国家如西班牙、荷兰、葡萄牙等存在着比中国家庭更加严重的过度负债情况。第四,各国家庭经济风险呈现出异质性特征。从家庭财务状态来看,美国户主为黑人及非洲裔、西班牙裔和拉丁裔的家庭财务脆弱比例更高。欧元区国家无房家庭收入等于支出及入不敷出的比例最高。从破产风险来看,美国户主为青年、黑人或非洲裔的家庭以及无房、社会医疗保险未全覆盖和低社会网络家庭申请破产和有破产风险的比例更高。意大利户主为青年、未婚或户主为退休和无工作者的家庭以及无房和低社会网络家庭有破产风险的比例更高。欧元区国家青年家庭有破产风险的比例最高,无房家庭有破产风险的比例最高。从过度负债状况来看,美国户主为青年、已婚、户主为干部或经理的家庭以及高收入和高社会网络家庭过度负债的比例更高。意大利户主为青年、已婚或户主为干部或经理的家庭以及高收入和高社会网络家庭过度负债的比例更高。

15.1-3　中国家庭经济风险的影响

家庭所面临的经济风险不仅会对家庭造成一定影响,还可能通过一系列渠道传导到宏观部门,进而影响宏观经济的平稳发展,造成巨大的经济波动,甚至引发经济危机。家庭经济风险对家庭的直接影响体现在,它不仅破坏家庭经济活动的正常进行,还会削弱家庭本身存在的抵抗各种风险的能力。家庭风险不仅会对家庭造成直接影响,还会间接跨部门对其他部门造成影响,危及金融稳定和国家经济安全。基于此,本书全面分析了中国家庭经济风险对家庭消费及消费不平等的影响以及商业保险对家庭财务脆弱性的影响。具体来看:

家庭经济风险显著扩大家庭消费不平等。全面提振消费,缩小消费不平等是扩大内需,推动共同富裕,建设中国式现代化国家的必由之路。本书使用 2015—2019 年 CHFIS 数据,从收入视角、支出视角、人力资本视角及外部冲击视角出发,使用因子分析的方法构建了家庭经济风险指数,运用双向固定效应模型研究了家庭经济风险对家庭消费及消费不平等的影响。研究发现,第一,家庭经济风险可以显著降低家庭消费,扩大家庭消费不平等。第二,加大流动性约束及提高风险厌恶是家庭经济风险发挥作用的重要渠道。第三,家庭经济风险对低收入家庭、低教育程度家庭、老年家庭及农村家庭消费的负向影响更大。第四,签订劳动合同及参与商业保险能够转移家庭经济风险从而提高家庭消费,社会网络及参与失业保险则能发挥风险分担的作用从而释放家庭消费潜力。

商业保险能够显著降低家庭财务脆弱性。商业保险作为一种重要的风险分散工具,在提升家庭的风险应对能力、促进经济社会平稳健康发展等方面具有重要作用。商业保险通过提供保障设计完善、内容丰富多元的保险产品,满足了家庭多元化的保险需求,形成了对于基本社会保险制度的有益补充。与此同时,商业保险也是一种重要的金融工具,商业保险的发展对于完善中国金融体系、激活经济主体活力起到十分重要的意义。本书利用2017 年、2019 年和 2021 年 CHFIS 数据,研究了商业保险对家庭财务脆弱性的影响。研究发现,第一,商业保险参与显著降低了家庭财务脆弱性,使用工具变量克服潜在的内生性问题后,研究结论保持稳健。第二,商业人寿保险、商业健康保险、商业意外伤害保险以及商业财产保险对家庭财务脆弱性均具有一定程度的缓解作用。第三,参与商业保险通过使家庭在冲击中获取更多赔付、降低家庭自付金额,缓解了家庭面临的流动性约束,降低了家庭财务脆弱性。第四,商业保险对老年家庭、高健康风险和高教育支出家庭的财务脆弱性有更大的降低作用。第五,商业保险在降低家庭财务脆弱性上的影响并未被亲友间和政府的转移性收入弱化,这一方面反映了商业保险在弱化家庭财务脆弱性方面起到了难以替代的作用,另一方面也反映出转移性收入无法有效覆盖冲击对家庭的不利影响。

15.2 对策建议

家庭的幸福美满与国家和民族的前途命运紧密相连。在新冠疫情冲击、全球经济增速放缓、中国老龄化程度加深的背景下,全面研究中国家庭经济风险的内涵、来源、特征、测度以及影响,不仅是巩固脱贫攻坚胜利成果的必行之举,也是在中国可持续高质量发展过程中防范化解经济风险的必经之路。根据本书研究结论,本章提出如下对策建议:

第一,完善商业保险市场。本书研究发现,家庭购买商业保险能够显著缓解家庭贫困脆弱性、财务脆弱性以及减少破产风险,因此政府应鼓励和引导商业保险行业健康发展。商业保险在弱化家庭经济风险方面起到了重要作用，但如今中国居民家庭商业保险参保比例偏低，仍有大量家庭由于参保成本偏高和参保意识不足等原因未能购买商业保险产品。政府应引导和支持保险机构健康发展，为保险机构提供更加良性的营商环境，并出台相关政策引导和鼓励居民购买符合自身需求的商业保险产品，推动国家保障体系更多向市场化模式转型。同时，企业应着力提升商业保险覆盖面，合理压缩居民商业保险参保成本。企业应加大对商业保险产品的宣传力度，打造差异化竞争优势，提升商业保险体系的服务能力，着力提高商业保险覆盖面，从而提高居民参保意愿。商业保险作为社会保险的有力补充，在提供有效保障的同时，也给参保家庭造成了较高的参保压力。高龄群体、高健康风险、高教育支出家庭面临相对更高的支出压力和不确定性，商业保险支出进一步加大了家庭的支出压力；因此，在引导居民参保意愿方面，保险机构仍需把重点放在降低商业保险参保成本上。此外，建议结合地区差异完善商业保险市场。一方面，由于各地区经济发展水平不一致，政府应鼓励保险公司对于不同地区制定相应的保费标准。另一方面，不同家庭的经济状况、面临的风险、参保意愿等都具有特殊性，保险业也应进行供给侧改革，使市场上可供选择的保险产品多元化，确保家庭选购的保险产品能与自身风险和偏好达到更佳的匹配，充分发挥商业保险的损失补偿效应。

第二，完善最低生活保障制度。本书研究表明，已脱贫人口中有近 200 万人存在返贫风险，边缘人口中近 300 万人存在致贫风险。同时，家庭经济风险存在显著的城乡差异。因此，本书建议可从以下几个方面加强生活保障制度建设。首先，提高最低生活保障标准。最低生活保障作为一种补差额式给予现金的社会救助，当前的标准只能满足贫困家庭的基本生活所需，对于非贫困家庭具有一定风险抵御作用，但对于提高贫困家庭应对风险冲击的能力有限。因此，对于低保户应适当提高最低生活保障标准，以防止脱贫后返贫。其次，统一城乡最低生活保障制度。农村与城镇在最低生活保障标准、配套制度等方面存在着较大的差异。本书研究发现，相较于城镇家庭，农村家庭贫困脆弱性以及财务脆弱性比例更高。与此同时，统筹安排城乡的基本公共服务制度也是乡村振兴的重点工作。鉴于此，应当加强农村最低生活保障制度建设，缩小城乡最低生活保障制度差距。再次，加强最低生活保障资源分配的公平性。由于政策识别不够精准,在最低生活保障资格的获取上出现了遗漏、错报,部分家庭未能被准确发放最低生活保障资源,并且鉴于出现了"精英俘获"等情况,部分拥有更多社会资源的家庭获得了最低生活保障资源,政府应通过科学的技术手段进行信息审核和资格认定,来保证最低生活保障政策施行过程中的公平正义。

第三,完善社会保险体系建设。本书研究发现,家庭参与社会保险能够显著缓解家庭收入风险、支出风险、失业风险、健康风险、贫困脆弱性、财务脆弱性以及破产风险。建议相关部门进一步完善社会保障体系,包括养老保险、医疗保险、失业保险制度等,具体来看:(1)加大对养老保险制度的改革和完善,提高养老金的支付水平和覆盖范围。政府可以增加对养老保险基金的投入,确保养老金的可持续性,并提供更好的退休福利保障。(2)扩大医疗保险的覆盖范围和保障水平,降低个人医疗支出的风险。政府可以提供全面的医疗保险计划,包括基本医疗保险、大病保险和医疗救助等,确保家庭在面对医疗支出时能够得到必要的保障。(3)加强失业保险制度,提供更好的失业救济和就业援助。政府可以提高失业保险金的支付水平和覆盖范围,加强就业培训和再就业支持,帮助失业家庭度过经济困难时期。(4)加大对低收入家庭的补贴和保障力度,确保低收入群体基本生活的需求。政府可以通过提供直接的现金补贴、住房补贴和教育补助等方式,减轻低收入家庭的经济压力。(5)为家庭提供子女教育和托育的经济支持。政府可以提供教育补贴和托育服务补贴,降低家庭在子女教育和照顾方面的经济负担。(6)完善异地就医报销制度,帮助家庭在需要异地就医时能够享受到相应的医疗保障。此外,建立完善的社会救助体系,为突发意外、自然灾害等情况下受灾家庭提供及时的援助和救济。(7)加大对社会保障政策的宣传和解释力度,确保家庭充分了解并能够享受相关的社会保障权益。同时,加强信息公开,提供透明的社会保障政策执行和管理情况,增加社会的信任度和参与度。

第四,加强金融教育和金融培训。本书研究发现,受教育程度较低的家庭面临着更高的收入风险、支出风险、失业风险、健康风险、贫困脆弱性、财务脆弱性以及破产风险。通过加强金融教育和金融培训,家庭可以提升金融素养和技能,更好地应对经济风险,做出更明智的金融决策,实现家庭财务稳定和可持续发展。具体来看：（1）开展金融素养教育，帮助家庭了解金融知识、理解金融产品和服务，学习如何进行有效的金融规划和管理。相关部门可以通过学校课程、金融机构的培训项目、社区活动等形式进行。（2）普及传播家庭理财规划的基本原则和技巧，帮助家庭建立预算和储蓄计划，合理分配收入和支出。相关部门可以开设家庭如何设置目标、制定预算、追踪支出和储蓄，以及评估投资选择等课程。（3）相关部门可提供针对普通家庭的金融产品和服务解读，帮助家庭理解各种金融产品（例如储蓄账户、债券、保险、投资基金等）的特点、风险和收益，以便做出明智的金融决策。（4）相关部门可提供基础的投资教育，让家庭了解不同类型的投资工具和策略，包括股票、债券、房地产等。教育家庭如何评估投资风险、制定投资目标、分散投资风险等，以帮助家庭做出明智的投资决策。（5）相关部门可为有创业意愿的家庭提供小微企业培训，包括商业计划编制、市场营销、财务管理等方面的培训，帮助家庭提高创业成功率，增加收入来源和经济稳定性。（6）相关部门可提供关于金融科技应用的培训，帮助家庭了解和使用移动支付、互联网银行等新兴的金融科技工具和平台，提高金融服务的便捷性和效率。

第五，扩大普惠金融覆盖范围。本书研究发现，数字金融、普惠金融以及电子商务发展能够显著缓解家庭经济风险。建议相关部门进一步扩大普惠金融覆盖面，推出金融支持政策，为家庭提供更多的贷款、低息贷款和小额信贷等金融产品。首先，相关部门可以推动金融机构扩大服务的覆盖面，特别是在农村和边远地区，以便更多的家庭能够获得金融服务。这包括建设更多的银行分支机构、智能金融服务点和移动金融服务设施，以方便家庭获取金融服务。其次，相关部门可以通过设立特殊金融机构或专项基金，为小微企业和农民工提供贷款和融资支持。这将帮助他们扩大业务规模，增加就业机会，从而降低家庭的经济风险。同时，鼓励金融机构创新普惠金融产品，包括低门槛的存款、贷款和保险产品。这些产品应该满足不同收入和风险承受能力的家庭需求，提供灵活的还款和理赔方式，并具有合理的利率和费用结构。此外，建议相关部门提供普惠金融教育和培训，增强家庭对金融知识和技能的掌握。政府可以通过学校教育、社区培训和媒体宣传等途径，向家庭传授金融管理和风险意识方面的知识，使其能够更好地利用金融工具来管理经济风险。加强金融机构的监管力度，确保普惠金融服务的安全性和可靠性,也是必不可少的一环。相关部门可以建立健全的监管框架和风险管理机制,防范金融风险的发生,保护家庭的利益。考虑到新兴技术的发展,也需要鼓励数字金融技术的创新和应用,提供更便捷、高效和安全的金融服务。例如,推动移动支付、移动银行和互联网金融等技术的普及,使家庭能够更方便地进行存款、转账、贷款和投资等操作。

第六,加大对经济欠发达地区的支持。本书研究发现,相较于经济发达地区,中国经济欠发达地区家庭面临着更高的收入风险、支出风险、失业风险、健康风险、贫困脆弱性、财务脆弱性以及破产风险。通过逐步缩小地区差异,改善贫困地区和欠发达地区家庭的经济状况,降低经济风险的发生概率和影响,可以促进全国经济的整体稳定和可持续发展。具体来看:(1)加大对经济欠发达地区的支持,促进区域经济的均衡发展。相关部门可以采取措施鼓励投资和企业发展,提供税收优惠、基础设施建设和人力资源培训等支持,推动经济发展和就业机会的增加。(2)加强教育资源的平衡配置,确保贫困地区和偏远地区的家庭能够获得良好的教育机会。相关部门可以增加对教育设施的投资,提供教育补助和奖学金,鼓励优秀教师到边远地区任教,缩小地区间的教育差距。(3)加大对基础设施建设的投资,改善落后地区的基础设施条件。这包括交通、能源、水利等基础设施的建设和改善,提高地区的生产力和竞争力,促进经济发展和就业增长。(4)加强农村扶持工作,提高贫困地区农民的收入和生活水平。相关部门可以提供农业技术培训、农业金融支持和市场拓展等措施,帮助农民提高农业生产能力和经营管理水平,增加农产品的附加值和市场竞争力。(5)加强与完善贫困地区和偏远地区的医疗卫生设施建设和资源配置。相关部门可以增加对医疗设施和人才的投入,提供医疗补助和健康保险,改善医疗服务的覆盖范围和质量,减少贫困地区家庭因病致贫的风险。(6)促进资金和资源在地区间的流动和共享。相关部门可以提供财政和税收政策的支持,鼓励跨地区投资和合作,推动资源的配置优化和经济的互补发展。

参考文献

白重恩、吴斌珍、金烨:《中国养老保险缴费对消费和储蓄的影响》,《中国社会科学》
　　2012 年第 8 期。

边燕杰:《城市居民社会资本的来源及作用:网络观点与调查发现》,《中国社会科
　　学》2004 年第 3 期。

才国伟、刘剑雄:《收入风险、融资约束与人力资本积累——公共教育投资的作用》,
　　《经济研究》2014 年第 7 期。

陈彩云、李盈璇、汤湘希:《R&D 投资与经营风险》,《投资研究》2019 年第 4 期。

陈华、杨铖:《商业保险、流动性约束与家庭风险金融资产选择》,《投资研究》2021 年
　　第 7 期。

楚克本、刘大勇、段文斌:《健康冲击下农村家庭平滑消费的机制——兼论外部保障
　　与家庭自我保障的关系》,《南开经济研究》2018 年第 2 期。

丁继红、应美玲、杜在超:《我国农村家庭消费行为研究——基于健康风险与医疗保
　　障视角的分析》,《金融研究》2013 年第 10 期。

丁梦、冯宗宪:《健康风险对城镇家庭消费的影响研究——基于中国 5640 个家庭的
　　实证分析》,《东北大学学报》(社会科学版)2020 年第 2 期。

杜鹏程、徐舒、吴明琴:《劳动保护与农民工福利改善——基于新〈劳动合同法〉的视
　　角》,《经济研究》2018 年第 3 期。

樊纲、王小鲁:《消费条件模型和各地区消费条件指数》,《经济研究》2004 年第 5 期。

樊丽明、解垩:《公共转移支付减少了贫困脆弱性吗?》,《经济研究》2014 年第 8 期。

樊潇彦、袁志刚、万广华:《收入风险对居民耐用品消费的影响》,《经济研究》2007 年
　　第 4 期。

范兆媛、周少甫:《城镇化、人口年龄结构对居民消费的影响及区域差异》,《消费经
　　济》2016 年第 4 期。

方黎明:《农村中老年居民的健康风险及其社会决定因素》,《保险研究》2017 年第

5 期。

方黎明、郭静：《中老年"农转非"城市居民的健康风险更高吗？》，《财经研究》2018 年第 1 期。

方意、和文佳、荆中博：《中美贸易摩擦对中国金融市场的溢出效应研究》，《财贸经济》2019 年第 6 期。

冯必扬：《社会风险：视角、内涵与成因》，《天津社会科学》2004 年第 2 期。

冯彦明、侯洁星：《欧美个人破产制度对商业银行的影响与启示》，《银行家》2020 年第 11 期。

甘犁、尹志超、贾男、徐舒、马双：《中国家庭金融调查报告》，西南财经大学出版社 2012 年版。

甘犁、尹志超、贾男、徐舒、马双：《中国家庭资产状况及住房需求分析》，《金融研究》2013 年第 4 期。

甘犁、赵乃宝、孙永智：《收入不平等、流动性约束与中国家庭储蓄率》，《经济研究》2018 年第 12 期。

高娟：《家庭社会经济地位如何影响大学生就业风险——父母参与和学业成就的中介效应》，《南开经济研究》2022 年第 7 期。

高梦滔、姚洋：《健康风险冲击对农户收入的影响》，《经济研究》2005 年第 12 期。

龚忆楠：《参保选择对流动人口失业风险感知的影响》，《合作经济与科技》2022 年第 19 期。

郭颂平、赵春梅：《保险学》，高等教育出版社 2014 年版。

郭巍青、张艺：《责任风险视域下的避责行为：要素、情境及逻辑》，《公共行政评论》2021 年第 4 期。

郭晓亭、蒲勇健、林略：《风险概念及其数量刻画》，《数量经济技术经济研究》2004 年第 2 期。

杭斌、郭香俊：《基于习惯形成的预防性储蓄——中国城镇居民消费行为的实证分析》，《统计研究》2009 年第 3 期。

何诚颖、闻岳春、常雅丽、耿晓旭：《新冠病毒肺炎疫情对中国经济影响的测度分析》，《数量经济技术经济研究》2020 年第 5 期。

何平、高杰、张锐：《家庭欲望、脆弱性与收入-消费关系研究》，《经济研究》2010 年第 10 期。

何兴强、史卫：《健康风险与城镇居民家庭消费》，《经济研究》2014 年第 5 期。

胡龙海、黄炜、任昶宇、周翌：《风险感知、网络搜索与消费扭曲》，《经济学（季刊）》2023 年第 2 期。

胡振、臧日宏：《收入风险、金融教育与家庭金融市场参与》，《统计研究》2016 年第 12 期。

黄诚、陈成文:《城镇化进程中土地开发的社会风险及其治理机制》,《经济地理》2016 年第 4 期。

黄送钦、吕鹏、范晓光:《疫情如何影响企业发展预期?——基于压力传导机制的实证研究》,《财政研究》2020 年第 4 期。

黄宵、向国春、李婷婷、顾雪非:《医疗保障对降低城市贫困家庭慢性病经济风险的效果研究》,《卫生经济研究》2017 年第 8 期。

黄燕芬、张超、田盛洁:《人口年龄结构和住房价格对城镇居民家庭消费的影响机理》,《人口研究》2019 年第 4 期。

贾珅、申广军:《企业风险与劳动收入份额:来自中国工业部门的证据》,《经济研究》2016 年第 5 期。

江艇:《因果推断经验研究中的中介效应与调节效应》,《中国工业经济》2022 年第 5 期。

蒋海、吴文洋、韦施威:《新冠肺炎疫情对全球股市风险的影响研究——基于 ESA 方法的跨市场检验》,《国际金融研究》2021 年第 3 期。

蒋和平、杨东群、郭超然:《新冠肺炎疫情对我国农业发展的影响与应对举措》,《改革》2020 年第 3 期。

金烨、李宏彬、吴斌珍:《收入差距与社会地位寻求:一个高储蓄率的原因》,《经济学(季刊)》2011 年第 3 期。

寇恩惠、侯和宏:《消费平滑、收入波动和局部保险——基于农村居民数据的分析》,《财贸经济》2015 年第 9 期。

李波、朱太辉:《债务杠杆、金融素养与家庭金融脆弱性——基于中国家庭追踪调查 CFPS2014 的实证分析》,《国际金融研究》2020 年第 7 期。

李波、朱太辉:《债务杠杆、财务脆弱性与家庭异质性消费行为》,《金融研究》2022 年第 3 期。

李凤、罗建东、路晓蒙、邓博夫、甘犁:《中国家庭资产状况、变动趋势及其影响因素》,《管理世界》2016 年第 2 期。

李蕾、吴斌珍:《家庭结构与储蓄率 U 型之谜》,《经济研究》2014 年第 S1 期。

李丽、白雪梅:《我国城乡居民家庭贫困脆弱性的测度与分解——基于 CHNS 微观数据的实证研究》,《数量经济技术经济研究》2010 年第 8 期。

李俏君、严晋、郭莉莉、张忠林、郝黎、耿庆山:《新冠疫情对公立医院门诊患者就医体验的影响——基于患者满意度调查数据》,《现代医院》2021 年第 6 期。

李社环:《企业风险管理的国际新趋势——整体风险管理》,《当代财经》2003 年第 11 期。

李涛、陈斌开:《家庭固定资产、财富效应与居民消费:来自中国城镇家庭的经验证据》,《经济研究》2014 年第 3 期。

李涛、郭杰:《风险态度与股票投资》,《经济研究》2009 年第 2 期。

李晓飞、臧旭恒:《"多轨制"养老金与家庭消费相对剥夺》,《经济评论》2022 年第 4 期。

李彦龙、沈艳:《数字普惠金融与区域经济不平衡》,《经济学(季刊)》2022 年第 5 期。

李运达、张玉婷:《储蓄、偿债压力与金融稳定》,《经济学动态》2022 年第 10 期。

廖娟:《收入风险、教育水平与职业选择——基于北京市部分用人单位职工的调研》,《教育发展研究》2011 年第 17 期。

廖理、廖冠民、沈红波:《经营风险、晋升激励与公司绩效》,《中国工业经济》2009 年第 8 期。

廖宇航:《健康风险冲击对劳动参与的影响——一个反事实的因果分析》,《人口与经济》2019 年第 4 期。

林光华:《农户收入风险与预防性储蓄——基于江苏农户调查数据的分析》,《中国农村经济》2013 年第 1 期。

刘畅、邓铭、苏华清、蔡宇、张雪梅:《家庭农场经营风险测度及其影响因素研究》,《农业现代化研究》2018 年第 5 期。

刘宏、马金秋:《劳动保护与农民工消费福利——基于〈劳动合同法〉的准自然实验》,《世界经济文汇》2022 年第 6 期。

刘靖、陈斌开:《房价上涨扩大了中国消费不平等吗?》,《经济学(季刊)》2021 年第 4 期。

刘雪颖、王亚柯:《商业健康保险对家庭风险金融资产投资的影响研究》,《财贸研究》2021 年第 5 期。

刘兆博、马树才:《基于微观面板数据的中国农民预防性储蓄研究》,《世界经济》2007 年第 2 期。

刘祚祥:《农户健康风险与新型农村合作医疗制度创新——以湖南望城官埠口村为例》,《财贸研究》2008 年第 1 期。

陆杰华、刘柯琪:《长寿时代中国百岁老人死亡风险影响因素探究》,《人口与经济》2020 年第 5 期。

路晓蒙、李阳、甘犁、王香:《中国家庭金融投资组合的风险——过于保守还是过于冒进?》,《管理世界》2017 年第 12 期。

罗楚亮:《经济转轨、不确定性与城镇居民消费行为》,《经济研究》2004 年第 4 期。

马崇明:《证券投资组合理论在中国的运用》,《中南财经大学学报》2001 年第 3 期。

马光荣、周广肃:《新型农村养老保险对家庭储蓄的影响:基于 CFPS 数据的研究》,《经济研究》2014 年第 11 期。

马健囡:《赡养上一辈对中年家庭发展能力的影响路径——基于 CFPS 家庭配对数据的分析》,《人口与发展》2021 年第 1 期。

马小勇、白永秀:《中国农户的收入风险应对机制与消费波动:来自陕西的经验证据》,《经济学(季刊)》2009年第4期。

马艳林:《教育水平对失业风险影响的实证研究——"民工荒"和"大学生就业难"现象的再解释》,《人口与经济》2016年第1期。

马忠东、王建平:《劳动力流动对城镇失业的影响研究》,《中国人口科学》2011年第3期。

孟生旺、刘乐平、肖争艳、高光远编著:《非寿险精算学(第四版)》,中国人民大学出版社2019年版。

孟醒、董有德:《社会政治风险与我国企业对外直接投资的区位选择》,《国际贸易问题》2015年第4期。

莫玮俏、史晋川:《就业稳定性、风险预防与女性工作时间》,《经济理论与经济管理》2020年第2期。

南永清、贺鹏皓、周勤:《商业保险对居民消费影响研究——基于中国省级面板数据的经验证据》,《保险研究》2020年第3期。

潘敏、刘知琪:《居民家庭"加杠杆"能促进消费吗?——来自中国家庭微观调查的经验证据》,《金融研究》2018年第4期。

秦芳、谢凯、王剑程:《电子商务发展的创业效应:来自微观家庭数据的证据》,《财贸经济》2023年第2期。

任国强、尚明伟、潘秀丽:《参照群与群间相对剥夺:理论与实证》,《财经研究》2014年第8期。

邵全权、郝天琪:《健康风险、医疗保险与消费》,《保险研究》2020年第12期。

申朴、刘康兵:《中国城镇居民消费行为过度敏感性的经验分析:兼论不确定性、流动性约束与利率》,《世界经济》2003年第1期。

沈冰清、郭忠兴:《新农保改善了农村低收入家庭的脆弱性吗?——基于分阶段的分析》,《中国农村经济》2018年第1期。

沈坤荣、谢勇:《不确定性与中国城镇居民储蓄率的实证研究》,《金融研究》2012年第3期。

盛来运、方晓丹、冯怡琳、刘洪波:《家庭人口结构变动对居民消费的影响研究——基于微观家庭面板数据的分析》,《统计研究》2021年第11期。

隋钰冰、尹志超、何青:《外部冲击与中国城镇家庭债务风险——基于CHFS微观数据的实证研究》,《福建论坛(人文社会科学版)》2020年第1期。

孙凤、王玉华:《中国居民消费行为研究》,《统计研究》2001年第4期。

孙祁祥、王向楠:《家庭财务脆弱性、资产组合与人寿保险需求:指标改进和两部回归分析》,《保险研究》2013年第6期。

孙祁祥:《保险学(第六版)》,北京大学出版社2017年版。

谭章平、喻臻、唐云、王明月、叶盛、熊宇、漆莉、凌华、陈爽：《新型冠状病毒肺炎疫情防控措施对重庆市流行性感冒传播和流行的影响》，《中国热带医学》2023年第2期。

唐双宁：《关于投资风险和风险点问题》，《经济研究》1986年第11期。

田玲、王童阳：《自然灾害冲击、居民主观风险偏好与实际风险承担》，《中国软科学》2022年第10期。

童星：《社会管理创新八议——基于社会风险视角》，《公共管理学报》2012年第4期。

庹国柱：《保险学》，首都经济贸易大学出版社2011年版。

万广华：《不平等的度量与分解》，《经济学（季刊）》2009年第1期。

万广华、张茵、牛建高：《流动性约束、不确定性与中国居民消费》，《经济研究》2001年第11期。

王春超、袁伟：《社会网络、风险分担与农户储蓄率》，《中国农村经济》2016年第3期。

王貂、徐舒、杨汝岱：《消费保险视角下农村扶贫政策的福利效应分析》，《中国工业经济》2021年第2期。

王海军、刘宇涵、于明哲：《中国家庭债务风险的跨部门溢出效应研究》，《国际金融研究》2023年第1期。

王萍、潘霜、王静：《家庭结构变动对农村老年人死亡风险的年龄差异影响》，《人口研究》2020年第6期。

王晓彦、胡德宝：《移动支付对消费行为的影响研究：基于不同支付方式的比较》，《消费经济》2017年第5期。

王伊琳、陈先洁、孙蓉：《健康风险认知偏差对商业健康保险购买决策的影响——基于行为经济学视角》，《中国软科学》2021年第9期。

王永中：《收入不确定、股票市场与中国居民货币需求》，《世界经济》2009年第1期。

魏世勇、沈利生：《收入风险对居民耐用品消费影响的经验分析》，《统计与决策》2015年第7期。

温兴祥：《失业、失业风险与农民工家庭消费》，《南开经济研究》2015年第6期。

吴本健、郭晶晶、马九杰：《社会资本与农户风险的非正规分担机制：理论框架与经验证据》，《农业技术经济》2014年第4期。

吴锟、吴卫星、王沈南：《信用卡使用提升了居民家庭消费支出吗？》，《经济学动态》2020年第7期。

吴卫星、丘艳春、张琳琬：《中国居民家庭投资组合有效性：基于夏普率的研究》，《世界经济》2015年第1期。

吴卫星、王睿、赵梦露：《劳动合同、保险覆盖与家庭金融市场参与——基于微观调查数据的实证分析》,《财经问题研究》2022 年第 4 期。

吴卫星、吴锟、王琎:《金融素养与家庭负债——基于中国居民家庭微观调查数据的分析》,《经济研究》2018 年第 1 期。

吴雨、李晓、李洁、周利:《数字金融发展与家庭金融资产组合有效性》,《管理世界》2021 年第 7 期。

伍耀规、任红:《家庭农场经营风险评估研究》,《农村经济与科技》2019 年第 11 期。

肖望喜、陶建平、张彩霞:《农户禀赋、风险可控制感与农户自然风险认知》,《统计与决策》2020 年第 1 期。

解垩:《中国老年家庭的经济脆弱性与贫困》,《人口与发展》2014 年第 2 期。

解垩、李敏:《相对贫困、再分配与财政获益:税收和转移支付的作用如何?》,《上海财经大学学报》2020 年第 6 期。

许玲丽、龚关、周亚虹:《老年居民健康波动、医疗支出风险与医疗保险风险分担》,《财经研究》2012 年第 10 期。

许荣、赵昶、常嘉路:《特别重大事故影响个体风险偏好吗?——基于中国家庭金融调查的资产配置实证》,《保险研究》2020 年第 12 期。

杨碧云、王艺璇、易行健:《数字鸿沟与消费鸿沟——基于个体消费不平等视角》,《经济学动态》2023 年第 3 期。

杨碧云、魏小桃、易行健、张凌霜:《数字经济对共享发展影响的微观经验证据:基于消费不平等的视角》,《国际金融研究》2022 年第 10 期。

杨继军、张二震:《人口年龄结构、养老保险制度转轨对居民储蓄率的影响》,《中国社会科学》2013 年第 8 期。

杨胜利、姚健:《中国流动人口失业风险变动及影响因素研究》,《中国人口科学》2020 年第 3 期。

杨文、孙蚌珠、王学龙:《中国农村家庭脆弱性的测量与分解》,《经济研究》2012 年第 4 期。

杨志海、麦尔旦·吐尔孙、王雅鹏:《健康冲击对农村中老年人农业劳动供给的影响——基于 CHARLS 数据的实证分析》,《中国农村观察》2015 年第 3 期。

杨紫薇、邢春冰:《教育、失业与人力资本投资》,《劳动经济研究》2019 年第 2 期。

姚东旻、许艺煊:《自然灾害与居民储蓄行为——基于汶川地震的微观计量检验》,《经济学动态》2018 年第 5 期。

姚东旻、许艺煊、张鹏远:《灾难经历、时间偏好与家庭储蓄行为》,《世界经济》2019 年第 1 期。

姚健、臧旭恒:《中国家庭收入不平等与消费不平等——基于收入冲击和消费保险视角的研究》,《经济学(季刊)》2022 年第 4 期。

姚玲珍、张雅淋:《家庭债务、金融素养与消费——基于 CHFS 数据的实证研究》,

《统计与信息论坛》2020 年第 9 期。

易行健、陈仁静、来特、杨碧云:《户主受教育水平的提高是否显著提高了家庭储蓄
率》,《上海金融》2017 年第 11 期。

易行健、张波、杨汝岱、杨碧云:《家庭社会网络与农户储蓄行为:基于中国农村的实
证研究》,《管理世界》2012 年第 5 期。

易行健、周利:《数字普惠金融发展是否显著影响了居民消费——来自中国家庭的
微观证据》,《金融研究》2018 年第 11 期。

尹志超、蒋佳伶、宋晓巍:《社会网络对家庭借贷行为的影响——基于京津冀家庭微
观数据的实证研究》,《东北师大学报(哲学社会科学版)》2019 年第 5 期。

尹志超、蒋佳伶、严雨:《数字鸿沟影响家庭收入吗》,《财贸经济》2021 年第 9 期。

尹志超、李青蔚、张诚:《金融知识与家庭财务脆弱性——基于中国家庭金融调查数
据的实证研究》,《财经问题研究》2023 年第 2 期。

尹志超、刘泰星、严雨:《劳动力流动能否缓解农户流动性约束——基于社会网络视
角的实证分析》,《中国农村经济》2021 年第 7 期。

尹志超、刘泰星、张诚:《农村劳动力流动对家庭储蓄率的影响》,《中国工业经济》
2020 年第 1 期。

尹志超、刘泰星、张逸兴:《劳动力流动如何影响农户借贷:基于社会网络的分析》,
《世界经济》2021 年第 12 期。

尹志超、仇化、潘学峰:《住房财富对中国城镇家庭消费的影响》,《金融研究》2021 年
第 2 期。

尹志超、仇化、沙叶舟:《互联网金融与收入波动:来自中国家庭的证据》,《管理科学
学报》2022 年第 9 期。

尹志超、宋全云、吴雨:《金融知识、投资经验与家庭资产选择》,《经济研究》2014 年
第 4 期。

尹志超、严雨:《保险对中国家庭储蓄率的影响》,《经济科学》2020 年第 5 期。

尹志超、严雨、蒋佳伶:《收入波动、社会网络与家庭商业保险需求》,《财经问题研
究》2021 年第 8 期。

尹志超、杨皓然、张诚:《社会网络对家庭金融排斥的影响》,《国际金融研究》2023 年
第 5 期。

尹志超、张栋浩:《金融普惠、家庭贫困及脆弱性》,《经济学(季刊)》2020 年第 5 期。

余静文、姚翔晨:《人口年龄结构与金融结构——宏观事实与微观机制》,《金融研
究》2019 年第 4 期。

于也雯、龚雅娴、陈斌开:《财产和生命双重风险约束下的家庭资产选择——基于地
震风险的研究》,《中国工业经济》2022 年第 5 期。

袁志刚、宋铮:《人口年龄结构、养老保险制度与最优储蓄率》,《经济研究》2000 年第

11 期。

岳崴、王雄、张强：《健康风险、医疗保险与家庭财务脆弱性》，《中国工业经济》2021
年第 10 期。

臧日宏、王春燕：《信贷约束与家庭投资组合有效性》，《华南理工大学学报（社会科
学版）》2020 年第 6 期。

臧旭恒、易行健：《中国居民消费不足与新发展格局下的消费潜力释放（上）》，《消费
经济》2023 年第 1 期。

曾志耕、何青、吴雨、尹志超：《金融知识与家庭投资组合多样性》，《经济学家》2015
年第 6 期。

张安全、凌晨：《习惯形成下中国城乡居民预防性储蓄研究》，《统计研究》2015 年第
2 期。

张楚、王怡欢：《慢性病与灾难性卫生支出风险研究——基于 2018 年 CHARLS 数
据》，《中国卫生政策研究》2021 年第 4 期。

张大永、曹红：《家庭财富与消费：基于微观调查数据的分析》，《经济研究》2012 年第
S1 期。

张栋浩、尹志超：《金融普惠、风险应对与农村家庭贫困脆弱性》，《中国农村经济》
2018 年第 4 期。

张海洋、韩晓：《数字金融能缓和社会主要矛盾吗？——消费不平等的视角》，《经济
科学》2022 年第 2 期。

张号栋、尹志超、彭嫦燕：《金融普惠和京津冀城镇居民失业——基于中国家庭金融
调查数据的实证研究》，《经济与管理研究》2017 年第 2 期。

张洪涛、郑成功：《保险学》，中国人民大学出版社 2004 年版。

张华初、刘胜蓝：《失业风险对流动人口消费的影响》，《经济评论》2015 年第 2 期。

张冀、史晓：《京津冀协同发展政策效果评估——以家庭经济风险为例》，《北京社会
科学》2022 年第 10 期。

张冀、史晓、曹杨：《动态健康冲击下的中老年家庭金融风险评估》，《财经研究》2022
年第 2 期。

张冀、祝伟、王亚柯：《家庭经济脆弱性与风险规避》，《经济研究》2016 年第 6 期。

张梦林、李国平：《商业保险降低家庭贫困脆弱性的政策效应评估与作用机制分
析》，《当代经济研究》2020 年第 11 期。

张晓玫、董文奎、韩科飞：《普惠金融对家庭金融资产选择的影响及机制分析》，《当
代财经》2020 年第 1 期。

张雅淋、吴义东、姚玲珍：《住房财富"寡"而消费"不均"？——青年群体住房财富对
消费相对剥夺的影响研究》，《财贸经济》2022 年第 3 期。

张雅淋、姚玲珍：《家庭负债与消费相对剥夺——基于住房负债与非住房负债的视

角》,《财经研究》2020 年第 8 期。

张郁杨、袁微:《养老金能否降低农村老人的健康风险?——兼论社区养老服务的协同作用》,《财经研究》2022 年第 11 期。

张中祥、胡雅慧:《数字普惠金融如何影响家庭过度负债?——基于主客观双重视角的微观证据》,《经济学(季刊)》2023 年工作论文。

章元、刘茜楠:《"活在当下"还是"未雨绸缪"?——地震对中国城镇家庭储蓄和消费习惯的长期影响》,《金融研究》2021 年第 8 期。

章元、刘茜楠、段白鸽:《地震冲击对风险偏好的影响:来自中国城镇家庭的证据》,《世界经济》2022 年第 2 期。

赵思健、张峭、王克:《农业生产风险评估方法评述与比较》,《灾害学》2015 年第 3 期。

赵先信:《特定风险、市场风险以及政府与市场的边界——对〈随机性金融挤兑的合约分析——泰隆城市信用社的案例〉一文的评论》,《浙江社会科学》2005 年第 6 期。

钟慧、邓力源:《风险态度、社会网络与家庭消费》,《消费经济》2015 年第 4 期。

曾志耕、何青、吴雨、尹志超:《金融知识与家庭投资组合多样性》,《经济学家》2015 年第 6 期。

周广肃、樊纲、申广军:《收入差距、社会资本与健康水平——基于中国家庭追踪调查(CFPS)的实证分析》,《管理世界》2014 年第 7 期。

周广肃、张牧扬、樊纲:《地方官员任职经历、公共转移支付与居民消费不平等》,《经济学(季刊)》2020 年第 1 期。

周吉梅、舒元:《失业风险与城镇居民消费行为》,《中山大学学报(社会科学版)》2004 年第 3 期。

周钦、袁燕、臧文斌:《医疗保险对中国城市和农村家庭资产选择的影响研究》,《经济学(季刊)》2015 年第 3 期。

周钦、臧文斌、刘国恩:《医疗保障水平与中国家庭的医疗经济风险》,《保险研究》2013 年第 7 期。

朱小平、叶友:《审计风险、商业风险、业务关系风险、经营失败与审计失败》,《审计研究》2003 年第 3 期。

祝福云、陈媛、周颖:《健康中国背景下健康风险与城镇居民家庭消费》,《中国发展》2019 年第 1 期。

卓志、周志刚:《巨灾冲击、风险感知与保险需求——基于汶川地震的研究》,《保险研究》2013 年第 12 期。

邹静娴、贾珅、邱雅静、邱晗:《经营风险与企业杠杆率》,《金融研究》2020 年第 12 期。

邹静娴、张斌、魏薇、董丰:《信贷增长如何影响中国的收入和财富不平等》,《金融研究》2023 年第 1 期。

Agarwal, S., J. He, T. F. Sing and J. Zhang, 2018, "Gender Gap in Personal Bankruptcy Risks: Empirical Evidence from Singapore", *Review of Finance*, 2, 813—847.

Agarwal, S., S. Chomsisengphet and Chunlin Liu, 2010, "Consumer Bankruptcy and Default: The Role of Individual Social Capital", *Journal of Economic Psychology*, 4, 632—650.

Ampudia, M., H. Van Vlokhoven and D. Żochowsk, 2016, "Financial Fragility of Euro Area Households", *Journal of Financial Stability*, 27, 250—262.

Anderloni, L., E. Bacchiocchi and D. Vandone, 2012, "Household Financial Vulnerability: An Empirical Analysis", *Research in Economics*, 3, 284—296.

Atella, V., M. Brunetti and N. Maestas, 2012, "Household Portfolio Choices, Health Status and Health Care Systems: A Cross-country Analysis Based on SHARE", *Journal of Banking and Finance*, 5, 1320—1335.

Azman-Saini, W. N. W. and P. Smith, 2011, "Finance and Growth: New Evidence on the Role of Insurance", *South African Journal of Economics*, 2, 111—127.

Barro, R. J., 1974, "Are Government Bonds Net Wealth?", *Journal of Political Economy*, 6, 1095—1117.

Bauchet, J. and D. Evans, 2019, "Personal Bankruptcy Determinants Among U. S. Households During the Peak of the Great Recession", *Journal of Family and Economic Issues*, 4, 1—15.

Baydas, M. M., R. L. Meyer and N. Aguilera-Alfred, 1994, "Discrimination Against Women in Formal Credit Markets: Reality or Rhetoric?", *World Development*, 7, 305—326.

Becker, G. S., 1974, "A Theory of Social Interactions", *Journal of Political Economy*, 6, 1063—1093.

Bernheim, B. D., L. Forni, J. Gokhale and L. J. Kotlikoff, 2003, "The Mismatch between Life Insurance Holdings and Financial Vulnerabilities: Evidence from the Health and Retirement Study", *The American Economic Review*, 1, 354—365.

Bettocchi, A., E. Giarda, C. Moriconi, F. Orsini and R. Romeo, 2018, "Assessing and Predicting Financial Vulnerability of Italian Households: a Micro-macro Approach", *Empirica*, 3, 587—605.

Bharath, S. T., and D. Cho, 2023, "Do Natural Disaster Experiences Limit Stock Market Participation?", *Journal of Financial and Quantitative Analysis*, 58,

29—70.

Bressan, S., N. Pace and L. Pelizzon, 2014, "Health Status and Portfolio Choice: Is Their Relationship Economically Relevant?", *International Review of Financial Analysis*, 32, 109—122.

Brown, S. and K. Taylor, 2008, "Household Debt and Financial Assets: Evidence from Germany, Great Britain and the USA", *Journal of the Royal Statistical Society. Series A (Statistics in Society)*, 3, 615—643.

Brunetti, M., E. Giarda and C. Torricelli, 2016, "Is Financial Fragility a Matter of Illiquidity? An Appraisal for Italian Households", *Review of Income and Wealth*, 4, 628—649.

Campbell, J. Y. and N. G. Mankiw, 1991, "The Response of Consumption to Income: A Cross-Country Investigation", *European Economic Review*, 4, 723—767.

Carrol, C. D., J. Overland and D. N. Weil, 2000, "Saving and Growth with Habit Formation", *American Economic Review*, 90, 341—355.

Carroll, C., R. Hall and S. Zeldes, 1992, "The Buffer-Stock Theory of Saving: Some Macroeconomic Evidence", *Brookings Papers on Economic Activity*, 2, 61—156.

Chaudhuri, S., J. Jalan and A. Suryahadi, 2002, "Assessing Household Vulnerability to Poverty from Cross-Sectional Data: A Methodology and Estimates from Indonesia".

Christelis, D., T. Jappelli, O. Paccagnella and G. Weber, 2010, "Income, Wealth and Financial Fragility in Europe", *Journal of European Social Policy*, 4, 359—376.

Christiaensen, L., and K. Subbarao, 2005, "Towards an Understanding of Household Vulnerability in Rural Kenya". *Journal of African Economies*, 14, 520—558.

Cole, S., A. Paulson and G. K. Shastry, 2014, "Smart Money? The Effect of Education on Financial Outcomes", *The Review of Financial Studies*, 7, 2022—2051.

Currie, J. and B. C. Madrian, 1999, "Health, Health Insurance and the Labor Market", *Handbook of Labor Economics*, 3, 3309—3416.

Davis, K., 2007, "Increasing Household Financial Risk: an Increasing Social Risk?", *Dialogue (Academy of the Social Sciences in Australia)*, 3, 19—32.

Dawsey, A. E, 2014, "Externalities among Creditors and Personal Bankruptcy", *Journal of Financial Economic Policy*, 1, 2—24.

De Nardi, M., E. French and J. B. Jones, 2010, "Why do the Elderly Save? The Role of Medical Expenses", *Journal of Political Economy*, 1, 39—75.

Deaton, A., 1991, "Saving and Liquidity Constraints", *Econometrica*, 5, 1221—1248.

Dercon, S. and P. Krishnan, 2000, "Vulnerability, Seasonality and Poverty in Ethiopia", *Journal of Development Studies*, 6, 25—53.

Dey, S., R. Djoudad and Y. Terajima, 2008, "A Tool for Assessing Financial Vulnerabilities in the Household Sector", *Bank of Canada Review*, 45—54.

Dick, A. A. and A. Lehnert, 2010, "Personal Bankruptcy and Credit Market Competition", *The Journal of Finance*, 2, 655—686.

Domowitz, I. and R. L. Sartain, 1999, "Determinants of the Consumer Bankruptcy Decision", *The Journal of Finance*, 1, 403—420.

Dynan, K. E., J. Skinner and S. P. Zeldes, 2004, "Do the Rich Save More?", *Journal of Political Economy*, 2, 397—444.

Edwards, R. D., 2008, "Health Risk and Portfolio Choice", *Journal of Business and Economic Statistics*, 4, 472—485.

Fay, S., E. Hurst and M. J. White, 2002, "The Household Bankruptcy Decision", *The American Economic Review*, 3, 706—718.

Fisher, J. D., 2005, "The Effect of Unemployment Benefits, Welfare Benefits, And Other Imcome on Personal Bankruptcy", *Contemporary Economic Policy*, 4, 483—492.

Fisher, J. D., 2019, "Who Files for Personal Bankruptcy in the United States?", *Journal of Consumer Affairs*, 4, 2003—2026.

Filipski, M., L. Jin, X. Zhang and K. Z. Chen, 2019, "Living like There's No Tomorrow: The Psychological Effects of an Earthquake on Savings and Spending Behavior", *European Economic Review*, 116, 107—128.

Friedman, M., 1957, *Theory of the Consumption Function*, Princeton: Princeton University Press.

Gao, Q., S. Yang and S. Li, 2012, "Labor Contracts and Social Insurance among Migrant Workers in China", *China Economic Review*, 23, 1195—1205.

Gathergood, J. and R. F. Disney, 2011, "Financial Literacy and Indebtedness: New Evidence for UK Consumers", *SSRN*, 1851343.

Gathergood, J., 2011, "Unemployment Risk, House Price Risk and the Transition into Home Ownership in the United Kingdom", *Journal of Housing Economics*, 3, 200—209.

Gerdtham, U. G. and M. Johannesson, 1999, "New Estimates of the Demand for

Health: Results Based on a Categorical Health Measure and Swedish Micro Data", *Social Science and Medicine*, 10, 1325—1332.

Giarda, E., 2013, "Persistency of Financial Distress Amongst Italian Households: Evidence from Dynamic Models for Binary Panel Data", *Journal of Banking & Finance*, 9, 3425—3434.

Gignoux, J. and M. Menéndez, 2016, "Benefit in the Wake of Disaster: Long Run Effects of Earthquakes on Welfare in Rural Indonesia", *Journal of Development Economics*, 118, 26—44.

Glewwe, P. and G. Hall, 1998, "Are Some Groups More Vulnerable to Macroeconomic Shocks than Others? Hypothesis Tests based on Panel Data from Peru", *Journal of Development Economics*, 1, 181—206.

Gollier, C. and J. W. Pratt, 1996, "Risk Vulnerability and the Tempering Effect of Background Risk", *Econometrica*, 5, 1109—1123.

Gollier, C. and J. W. Pratt, 1996, "Risk Vulnerability and the Tempering Effect of Background Risk", *Journal of the Econometric Society*, 5, 1109—1123.

Golmant, J. and J. A. Woods, 2010, "Aging and Bankruptcy Revisited", *American Bankruptcy Institute Journal*, 7, 34—35.

Gross, D. B. and N. S. Souleles, 2002, "An Empirical Analysis of Personal Bankruptcy and Delinquency", *The Review of Financial Studies*, 1, 319—347.

Gross, T. and M. J. Notowidigdo, 2011, "Health Insurance and the Consumer Bankruptcy Decision: Evidence from Expansions of Medicaid", *Journal of Public Economics*, 7, 767—778.

Gross, T., M. J. Notowidigdo and J. L. Wang, 2014, "Liquidity Constraints and Consumer Bankruptcy: Evidence from Tax Rebates", *The Review of Economics and Statistics*, 3, 431—443.

Gröger, A. and Y. Zylberberg, 2016, "Internal Labor Migration as a Shock Coping Strategy: Evidence from a Typhoon", *American Economic Journal: Applied Economics*, 2:125—153.

Guiso L., J. Tullio and T. Daniele, 1992, "Earnings Uncertainty and Precautionary Saving", *Journal of Monetary Economics*, 2, 307—337.

Guiso, L., T. Jappelli and D. Terlizzese, 1996, "Income Risk, Borrowing Constraints, and Portfolio Choice", *The American Economic Review*, 1, 158—172.

Gunther, I., and K. Harttgen, 2009, "Estimating Households Vulnerability to Idiosyncratic and Covariate Shocks: A Novel Method Applied in Madagascar", *World Development*, 7, 1222—1234.

Hanaoka, C., H. Shigeoka and Y. Watanabe, 2018, "Do Risk Preferences Change? Evidence from the Great East Japan Earthquake", *American Economic Journal: Applied Economics*, 10, 298—330.

Hanappi, D., V. A. Ryser, L. Bernardi and J. M. Le Goff, 2017, "Changes in Employment Uncertainty and the Fertility Intention-Realization Link: An Analysis Based on the Swiss Household Panel", *European Journal of Population*, 3, 381—407.

Haynes, J., 1895, "Risk as an Economic Factor", *The Quarterly Journal of Economics*, 4, 409—449.

Himmelstein, D. U., E. Warren, D. Thorne and S. Woolhandler, 2005, "Illness and Injury as Contributors to Bankruptcy", *Health affairs(Project Hope)*, 2, W5.

Hong, H., J. D. Kubik and J. C. Stein, 2004, "Social Interaction and Stock-Market Participation", *The Journal of Finance*, 1, 137—163.

Hornbrook, M. C. and M. J. Goodman, 1996, "Chronic Disease, Functional Health Status, and Demographics: A Multi-dimensional Approach to Risk Adjustment", *Health Services Research*, 3, 283.

Jappelli, T., M. Pagano and M. Maggio, 2013, "Households' Indebtedness and Financial Fragility", *Journal of Financial Management, Markets and Institutions*, 1, 23—46.

Jappelli, T. and L. Pistaferri, 2010, "Does Consumption Inequality Track Income Inequality in Italy?", *Review of Economic Dynamics*, 1, 133—153.

Jappelli, T., J. Pischke and N. S. Soulele, 1998, "Testing for Liquidity in Euler Equations with Complementary Data Sources", *The Review of Economics and Statistics*, 2, 251—262.

Jensen, M. C., 1968, "The Performance of Mutual Funds in the Period 1945—1964", *The Journal of Finance*, 2, 389—416.

Johansson, M. W. and M. Persson, 2006, *Households' Indebtedness and Ability to Pay: a Household Level Study*, Press Commun, 30, 234.

Jorgensen, B. and M. C. Paes De Souza, 1994, "Fitting Tweedie's Compound Poisson Model to Insurance Claims Data", *Scandinavian Actuarial Journal*, 1, 69—93.

Kakwani, N., 1984, "The Relative Deprivation Curve and Its Applications", *Journal of Business and Economic Statistics*, vol.2, pp.384—394.

Knight, F. H., 1921, *Risk, Uncertainty, and Profit*, Boston: Houghton Mifflin Press.

Kollias, C., S. Papadamou and A. Stagiannis, 2010, "Terrorism and Capital

Markets: The Effects of the Madrid and London Bomb Attacks", *International Review of Economics and Finance*, 4, 532—541.

Krueger, D. and F. Perri, 2006, "Does Income Inequality Lead to Consumption Inequality?", *Evidence and Theory*, *Review of Economic Studies*, 73, 163—193.

Leika, M. and D. Marchettini, 2017, *A Generalized Framework for the Assessment of Household Financial Vulnerability*, International Monetary Fund.

Leland, H. E., 1968, "Saving and Uncertainty: The Precautionary Demand for Saving", *Quarterly Journal of Economics*, 3, 465—473.

Levchenko, A. A., 2005, "Financial Liberalization and Consumption Volatility in Developing Countries", *IMF staff Papers*, 52, 237—259.

Ligon, E. and L. Schechter, 2003, "Measuring Vulnerability", *The Economic Journal*, 486, C95—C102.

Livshits, I., J. C. Mac Gee and M. Tertilt, 2016, "The Democratization of Credit and the Rise in Consumer Bankruptcies", *The Review of Economic Studies*, 4, 1673—1710.

Love, D. A. and P. A. Smith, 2010, "Does Health Affect Portfolio Choice?", *Health Economics*, 12, 1441—1460.

Lusardi, A. and P. Tufano, 2015, "Debt Literacy, Financial Experiences, and Over-indebtedness", *Journal of Pension Economics and Finance*, 4, 332—368.

Lusardi, A., J. S. Daniel and P. Tufano, 2011, "Financially Fragile Households: Evidence and implications", *National Bureau of Economic Research*, 1, 83—134.

March, J. G. and Z. Shapira, 1987, "Managerial Perspectives on Risk and Risk Taking", *Management Science*, 11, 1404—1418.

Markowitz, H., 1952, "Portfolio Selection", *The Journal of Finance*, 1, 77—91.

Martínez, F., C. Madeira, R. Poblete-Cazenave and R. Cifuentes, 2013, "Measurement of Household Risk with the Survey of Household Finances", *Working Papers Central Bank of Chile*, 75, 717—725.

Meng, X., 2003, "Unemployment, Consumption Smoothing, and Precautionary Saving in Urban China", *Journal of Comparative Economics*, 3, 465—485.

Michelangeli, V. and P. Pietrunt, 2014, "A Microsimulation Model to Evaluate Italian Households' Financial Vulnerability", *International Journal of Microsimulation*, 3, 53—79.

Modigliani, F. and R. Brumberg, 1954, "Utility Analysis and the Consumption Function: An interpretation of Cross-section Data", *Franco Modigliani*, 1, 388—436.

Mowbray, A. H., R. H. Blanchard and C. A. Williams, 1995, *Insurance 4th ed*, New York: McGraw-Hill Press.

Noerhidajati, S., A. B. Purwoko and H. Werdaningtyas, 2020, "Household Financial Vulnerability in Indonesia: Measurement and Determinants", *Economic Modelling*, 96(prepublish).

O'Connor, G. E., C. E. Newmeyer and N. Y. C. Wong, et al., 2019, "Conceptualizing the Multiple Dimensions of Consumer Financial Vulnerability", *Journal of Business Research*, 100, 421—430.

Pfeffer, I., 1956, *Insurance and Economic Theory*, Homewood, Ill.: Irwin Press.

Podder, N., 1996, "Relative Deprivation, Envy and Economic Inequality", *Kyklos*, 49, 353—376.

Porter, K. and D. Thorne, 2006, "The Failure of Bankruptcy's Fresh Start", *Cornell Law Review*, 1, 67—128.

Seckin, Z, 1999, A. *Essays on Consumption with Habit Formation*, Carleton University.

Sharpe, W. F., 1966, "Mutual Fund Performance", *The Journal of Business*, 1, 119—138.

Skinner, J., 1988, "Risky Income, Life Cycle Consumption, and Precautionary Savings", *Journal of Monetary Economics*, 2, 237—255.

Sprangers, M. A. G., E. B. de Regt and F. Andries, 2000, "Which Chronic Conditions Are Associated with Better or Poorer Quality of Life?", *Journal of Clinical Epidemiology*, 9, 895—907.

Syed Nor, S. H., I. Shafinar and Y. B. Wah, 2019, "Personal Bankruptcy Prediction using Decision Tree Model", *Journal of Economics, Finance and Administrative Science*, 47, 157—170.

Thompson, J. P. and J. Bricker, 2014, "Does Education Loan Debt Influence Household Financial Distress? An Assessment using the 2007-09 SCF Panel", Federal Reserve Bank Finance and Economics Discussion Series(FEDS) Working Paper.

Tong, V. T., M. Zotti and J. Hsia, 2011, "Impact of the Red River Catastrophic Flood on Women Giving Birth in North Dakota, 1994—2000", *Maternal and Child Health Journal*, 15, 281—288.

Wang, J., Z. Yin, and J. Jiang, 2023, "The Effect of The Digital Divide on Household Consumption in China", *International Review of Financial Analysis*, 87, 1—15.

Wei, S. J. and X. Zhang, 2011, "The Competitive Saving Motive: Evidence from Rising Sex Ratios and Savings Rate in China", *Journal of Political Economy*, 119, 511—564.

Willett, A. H., 1901, *The Economic Theory of Risk and Insurance*, New York Chichester, West Sussex: Columbia University Press.

Williams, C. A. and R. M. Heins, 1985, *Risk Management and Insurance*, New York: McGraw-Hill Press.

Williams, F. S., 1964, "Capital Asset Prices: A Theory of Market Equilibrium Under Conditions of Risk", *The Journal of Finance*, 3, 425—442.

Xiao, J. J. and R. Yao, 2014, "Consumer debt delinquency by family lifecycle categories", *International Journal of Bank Marketing*, 1, 43—59.

Yin, Z., Y. Yan, X. Chen and T. Liu, 2022, "Earthquake and household energy consumption: Evidence from the Wenchuan earthquake in China", *Energy Economics*, 111, 106061.

Yitzhaki, S., 1979, "Relative Deprivation and the Gini Coefficient", *The Quarterly Journal of Economics*, 93, 321—324.

Zeldes, S. P., 1989, "Consumption and Liquidity Constraints: An Empirical Investigation", *Journal of Political Economy*, 97, 305—346.

Zhu, N., 2011, "Household Consumption and Personal Bankruptcy", *The Journal of Legal Studies*, 1, 1—37.

后　记

　　此刻，我对于完成《中国家庭经济风险研究》一书的旅程感到无比欣慰。这是一项挑战巨大的任务，但也是一次充满启发和收获的经历。在研究中，我们深入探讨了中国家庭面临的经济风险，力求为政策制定者、学者以及普通家庭提供有价值的见解和建议。

　　在本书的研究中，我们深入分析了中国家庭所面临的经济风险的成因，测度了家庭经济风险指数，剖析了经济风险的微观经济效应。首先，本书从收入风险、支出风险、失业风险、健康风险、外部冲击等方面考察了家庭经济风险成因，并根据上述指标测度了家庭经济风险指数，为后续研究提供了参考。然后，本书从财务脆弱性、贫困脆弱性及破产风险等视角探讨了家庭经济风险的具体表现。最后，本书从家庭消费、消费不平等、商业保险等视角分析了经济风险发挥的微观经济效应。通过大量的数据收集和分析，我们得以全面了解经济风险对于家庭的影响，并提出了一些应对策略和建议，希望能够为政府和社会各界提供参考。

　　在这个过程中，我们也遇到了一些挑战和困难。数据收集的复杂性、分析方法的选择以及结果的解释都是我们需要认真思考和解决的问题。但正是这些挑战激发了我们对于研究的热情和动力，让我们更加深入地理解中国家庭经济风险的本质。

　　随着这项研究的完成，我对于未来的研究方向也有了一些新的想法。我们可以进一步深入探讨不同地区、不同群体所面临的经济风险差异，以及这些差异背后的原因和影响。同时，我们也可以结合新的数据和方法，不断完善和扩展我们的研究，为中国家庭的经济安全贡献更多的智慧和力量。

　　最后,我要感谢所有参与这项研究的人员,无论是直接的还是间接的支持和帮助,你们的贡献都是不可或缺的。感谢甘犁教授、吴卫星教授、梁琪教授、李涛教授、易行健教授、周铭山教授、沈吉教授、何青教授、黄薇教授、倪金兰教授、唐成教授等对本研究的意见和建议。感谢吴子硕、郭润东、郭沛瑶、王瑞、张安、仇化、刘嘉怡、栗传正、刘泰星博士等参与数据采集和初稿撰写,魏梦颖、左宥、冷泠博士参与校对、排版。希望我们的努力能够为中国家庭经济发展尽绵薄之力。本书的研究仅仅是一个开始,期待未来有越来越多的学者关注家庭经济风险问题。限于各种约束,本书的研究还有许多不足和缺憾,希望读者指正!

图书在版编目(CIP)数据

中国家庭经济风险研究 / 尹志超等著. -- 上海 ：
格致出版社 ：上海人民出版社, 2024. -- (当代经济学
系列丛书 / 陈昕主编). -- ISBN 978-7-5432-3583-0

Ⅰ. F063.4

中国国家版本馆 CIP 数据核字第 2024GA6277 号

责任编辑 程筠函
装帧设计 王晓阳

中国家庭经济风险研究

尹志超 等著

出　　版　格致出版社
　　　　　　上海三联书店
　　　　　　上海人民出版社
　　　　　（201101　上海市闵行区号景路 159 弄 C 座）
发　　行　上海人民出版社发行中心
印　　刷　上海商务联西印刷有限公司
开　　本　710×1000　1/16
印　　张　20.75
插　　页　2
字　　数　313,000
版　　次　2024 年 8 月第 1 版
印　　次　2024 年 8 月第 1 次印刷
ISBN 978 - 7 - 5432 - 3583 - 0/F·1584
定　　价　88.00 元

当代经济学文库